人体下肢能量收集管理与跨肢体能量迁移研究

周欣 著

Research on Energy Harvesting Management and Migration across Human Lower Limbs

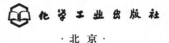

·北京·

内容简介

本书着力体现机械系统和生命本体的深度融合，强调人体运动能量的收集与精准管理，探索人体运动能量在生命体与机械体之间的产生、存储和释放机理，通过运动状态感知匹配，构建生机一体的能量精准收集与迁移系统，提出基于人体下肢膝关节做功的能量收集与跨肢体能量迁移方法，在人体运动过程中实现功能增强或者功能代偿。

本书可供机器人工程、机械结构设计、运动与康复医学工程、康复医疗器械开发、工业产品设计的科研工作者和相关工程技术人员阅读使用，也可作为高等院校相关专业师生的教学参考书。

图书在版编目（CIP）数据

人体下肢能量收集管理与跨肢体能量迁移研究 / 周欣著. -- 北京：化学工业出版社, 2024.9. -- ISBN 978-7-122-46594-8

Ⅰ. G804.62

中国国家版本馆 CIP 数据核字第 2024XH0645 号

责任编辑：陈　喆　　　　　　文字编辑：毛亚囡
责任校对：边　涛　　　　　　装帧设计：孙　沁

出版发行：化学工业出版社
　　　　　（北京市东城区青年湖南街 13 号　邮政编码 100011）
印　　装：涿州市般润文化传播有限公司
710mm×1000mm　1/16　印张 18¼　字数 297 千字
2025 年 2 月北京第 1 版第 1 次印刷

购书咨询：010-64518888　　　　　售后服务：010-64518899
网　　址：http://www.cip.com.cn
凡购买本书，如有缺损质量问题，本社销售中心负责调换。

定　　价：128.00 元　　　　　　　　　版权所有　违者必究

前言

随着科学技术不断进步,人类对于未知领域不断探索,机械设计学科在过去几十年里得到了快速发展。从最初的简单机械装置到如今复杂精密的机械系统,机械设计的进步不仅推动了工业生产的发展,也深刻影响着我们日常生活的方方面面。作者致力于探索机械设计在外骨骼开发领域的应用。外骨骼作为一种能够增强人类生理能力和提升工作效率的技术,正在受到越来越多研究者的关注。

本书还将深入探讨人体能量收集技术的最新进展。随着能源问题的日益突出,如何有效地收集和利用人体产生的能量成为了一个备受关注的话题。通过结合机械设计和人机工程学原理,深入分析各种可能的人体能量收集技术,并探讨其在实际应用中的可行性和效果。传感测试技术在机械设计和外骨骼开发中也起着至关重要的作用。传感器的精准测量和数据采集为机械装置的性能优化和改进提供了关键支持。本书将介绍各种传感测试技术的原理和应用,并探讨其在外骨骼装置中的具体应用案例。

本书将通过详细的实验测试验证所提出的机械设计方案和技术手段的可行性和有效性。通过严谨的实验设计和数据分析、一系列可靠的实验结果,为机械设计和外骨骼开发领域的研究提供有力支持。本书将以全面系统的方式介绍机械设计、外骨骼开发、人体能量收集技术、传感测试技术以及实验测试验证等方面的最新进展和研究成果。作者期待通过这些内容的分享和交流,为推动人体能量收集与人体穿戴技术在设计领域发展贡献更大的力量。

本书是在国家纵向课题与企业横向课题的支持下,在该领域开展的一系列科学研究工作总结,研究项目包括中央军委科技委项目、陕西省教育厅科学研究计划项目、陕西省自然科学基础研究计划一般项目等。

本书的相关研究工作获得了西北工业大学、陕西科技大学、西安理工大学、西安交通大学与西安航空学院等众多高校科研工作人员的支持,在此深表谢意。

本书参考、引用了作者团队合作伙伴以及国内外同行的相关成果,在此向他们致谢。学生罗强、姚元宸、薛强强、芦鹏波、乔凯、韩烁、李杰、赵小康、王辰希、李睿梓、安家乐等对本书的研究做出了贡献,学生郝嘉鑫、李松昊、安科豪与金昱娴参与了书稿的整理工作,在此一并表示感谢。

感谢西安理工大学艺术与设计学院工业设计系的国家一流专业(工业设计、产品设计)学科培养经费的支持。

人体能量收集与利用技术、人体穿戴外骨骼技术正在飞速发展,本书仅是对作者前一研究阶段工作的一个总结,难免存在不完善之处,敬请读者批评指正。

著者

目 录

第 1 章　绪论　　　　　　　　　　　　　　　　　　　　　001
　　1.1　引言　　　　　　　　　　　　　　　　　　　　001
　　1.2　研究背景和意义　　　　　　　　　　　　　　　001
　　1.3　人体能量收集与存储机理　　　　　　　　　　　004
　　　　1.3.1　人体能量代谢机理　　　　　　　　　　　004
　　　　1.3.2　人体能量收集方式与原理　　　　　　　　008
　　　　1.3.3　人体能量存储方式与原理　　　　　　　　009
　　1.4　人体运动能量收集研究现状　　　　　　　　　　010
　　　　1.4.1　振动式能量收集器研究现状　　　　　　　010
　　　　1.4.2　电磁感应式能量收集器研究现状　　　　　011
　　　　1.4.3　压电感应式能量收集器研究现状　　　　　014
　　　　1.4.4　摩擦发电式能量收集器研究现状　　　　　015
　　1.5　人体能量迁移研究现状　　　　　　　　　　　　018
　　　　1.5.1　上肢能量迁移研究现状　　　　　　　　　019
　　　　1.5.2　下肢能量迁移研究现状　　　　　　　　　020
　　1.6　穿戴式下肢康复外骨骼研究　　　　　　　　　　021
　　1.7　现有研究中存在的主要问题　　　　　　　　　　023
　　1.8　本书主要研究内容　　　　　　　　　　　　　　024
　　参考文献　　　　　　　　　　　　　　　　　　　　026

第 2 章　人体下肢能量收集方法研究　　　　　　　　　　034
　　2.1　引言　　　　　　　　　　　　　　　　　　　　034
　　2.2　人体下肢运动特性分析　　　　　　　　　　　　035
　　　　2.2.1　人体肌骨模型研究　　　　　　　　　　　036
　　　　2.2.2　人体下肢步态研究　　　　　　　　　　　037

2.2.3	人体下肢关节做功研究	046
2.3	**人体下肢能量收集原理与方法**	**049**
2.3.1	收集原理	049
2.3.2	收集方法	051
2.4	**患者受损步态与运动康复需求分析**	**054**
2.4.1	偏瘫步态运动特点	055
2.4.2	康复训练方法策略	056
2.4.3	康复训练阶段	058
2.4.4	康复训练治疗的作用	060
2.4.5	康复训练研究任务	061
2.4.6	康复训练现存问题	061
2.5	**行走数据采集与下肢运动仿真研究**	**063**
2.5.1	行走数据采集实验	063
2.5.2	下肢运动仿真分析	074
2.6	**人体下肢力学模型与人机交互机理**	**099**
2.6.1	人体下肢运动学与动力学分析	103
2.6.2	人机交互机理与力学分析	118
2.7	**本章小结**	**129**
	参考文献	130

第 3 章 人体跨肢体能量迁移方法研究与系统设计　　135

3.1	**引言**	**135**
3.2	**人体能量迁移方法研究**	**136**
3.2.1	能量流动理论	136
3.2.2	能量迁移方法	136
3.3	**机械传动系统设计**	**139**
3.3.1	摆动凸轮式传动装置结构设计	142
3.3.2	端齿离合式传动装置结构设计	148
3.4	**人体穿戴结构设计**	**157**
3.5	**人机交互感知识别方法**	**165**

	3.5.1	位置姿态测试研究	166
	3.5.2	足底压力测试研究	190
	3.5.3	肌电信号测试研究	192
3.6		人机交互控制系统设计	196
	3.6.1	控制系统设计	196
	3.6.2	控制系统测试	201
3.7		本章小结	204
		参考文献	205

第4章 人体下肢能量收集与迁移系统特性研究   209

4.1		引言	209
4.2		平面蜗卷弹簧力学模型	210
	4.2.1	平面蜗卷弹簧应力分析	215
	4.2.2	平面蜗卷弹簧储能分析	218
4.3		平面蜗卷弹簧储能研究	220
	4.3.1	平面蜗卷弹簧柔性体模型构建	220
	4.3.2	平面蜗卷弹簧有限元仿真分析	221
4.4		传动系统力学建模与分析	227
	4.4.1	绳索传动力学模型构建	227
	4.4.2	人机耦合振动力学模型构建	232
	4.4.3	传动系统动力学仿真研究	234
	4.4.4	人机耦合动力学仿真研究	239
4.5		本章小结	241
		参考文献	243

第5章 人体下肢能量收集与迁移系统测试评价   244

5.1	引言	244
5.2	人体能量传动系统性能测试与评价	245
5.3	人体能量收集存储性能测试与评价	247
5.4	人体穿戴实验测试与评价	248

	5.4.1	位置姿态测试与分析	249
	5.4.2	肌电信号测试与分析	254
	5.4.3	足底压力测试与分析	266
5.5		本章小结	275
参考文献			276

第 6 章　总结与展望　　　　　　　　　　　　　　　　278

6.1	研究工作总结	278
6.2	本书创新点	281
6.3	现有研究的不足与展望	282
6.4	未来可能的研究方向	283

第 1 章
绪　论

1.1　引言

本书是在国家纵向课题与企业横向课题的支持下，在该领域开展的一系列科学研究工作总结，重点研究人体下肢运动能量收集、能量精准管理与人体下肢关节机械做功，最终实现跨肢体能量迁移。

1.2　研究背景和意义

生机一体是生命与机械体相融合，能与作业环境、人和其他机器人自然交互，自主适应复杂动态环境并协同作业，该装置融合了生命体和机械体的特征，如图 1-1 所示。围绕生机一体的基础理论和设计方法，通过机械、信息、力学和医学等多学科交叉，重点解决刚-柔-软耦合柔顺结构设计与动力学、多模态环境感知与人体相互适应协作、群体智能与分布式机器人操作系统等关键问题[1,2]。通过开展生命体与机械体的能量收集、转换、分配和迁移机理研究，增强使用者的负重和运动能力，修复使用者的身体机能，从而实现外骨骼机械体和生命本体的智力/体力共享，具有重要的理论意义和军事及医疗康复价值[3]。

随着对人体外骨骼系统研究的不断深入，人们正在追求更高层次的生机融

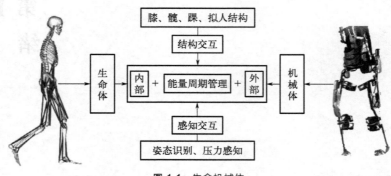

图 1-1 生命机械体

合,以满足对助力、助残等的需求。探究能量在生命体内的变换机理及循环过程,实现生命机械体的能量自供给与自循环,是目前研究的热点和难点。如今,能源收集技术经过多年的快速发展,已成为一个重要的跨学科研究领域。随着材料科学、传感技术和控制技术的高速发展,能量收集器已广泛应用于辅助人体运动、健康监测、医疗嵌入式传感器和电子产品电池电源等领域。因此,研究具有深远的意义和广阔的应用前景。

在人体外骨骼系统研究领域中,康复训练外骨骼是一个重要分支。康复训练外骨骼与人共融,需要外骨骼与患者在同一自然空间中紧密协调,实现与患者、理疗师的交互,并保证患者在康复训练中的安全。其中,人机之间有直接的运动耦合和动力耦合,涉及机械结构接触顺应性、作业姿态拟人性、作业力控制交互柔顺性、运动姿态稳定性、患者形态差异的自适应性等。

为引导我国机器人产业健康可持续发展,工业和信息化部、财政部、国家发展和改革委员会三部委联合印发《机器人产业发展规划(2016—2020 年)》[4],推动外骨骼机器人在行动障碍人群中的试点示范作用,大力推进机器人在助老助残、医疗康复等领域的推广应用。在此政策指引下,国家自然科学基金委发布的"共融机器人基础理论与关键技术研究"重大研究计划明确了研究的科学目标为:面向高端制造、医疗康复、国防安全等领域对共融机器人的需求,开展共融机器人结构、感知与控制的基础理论与关键技术研究。

外骨骼作为一种将人体智能延伸到机械装置上的设备,贴附在穿戴者身体之上,按照穿戴者的意图进行协同助力运动,可以作为弱能人群行走时的辅助助力设备[5-7]。下肢外骨骼的关节配置与人体相对应,可安装传感系统检测人体运动意图与外骨骼运动状态，并通过驱动下肢外骨骼关节实现与穿戴者的协同行走，达到助力助行或康复训练，甚至负重行走的目的[8-10]。从人机一体化系统理论出发，下肢外骨骼系统是一种人主机辅的人机一体化系统[11]，该系统可以利用自身的机械结构及运动控制特点拓展人体自身运动能力[12]。下肢外骨骼技术具有很大的应用发展需求，主要体现在以下几个方面。

第一，从民众需求角度而言，人口数量的增长导致社会人口老龄化程度日益加重[13]。随着年龄增加，老年人的身体机能将会下降，关节与肌肉机能减弱，身体平衡和感知能力下降，最终造成活动能力受限。截至2023年底，全国60岁及以上人口超过2.6亿，占全国总人口的18.70%[14]。根据《国家积极应对人口老龄化中长期规划》的举措[15]，发展老年人群生活辅助及功能代偿的可穿戴产品对提高老年服务科技化、信息化水平，推动实施智慧老龄化工程都具有非常积极的意义。

第二，从康复工程需求角度而言，下肢外骨骼可以为下肢伤病患者提供帮助，包括调整康复训练方式、满足训练强度、实现训练精度、完成高重复性的康复训练。我国现有各类肢体残疾患者超过2400万，其中80%的患者存在肢体功能障碍[16-18]。另外，由交通事故造成的人体腿部伤残人数也在逐年增加。肢体残疾患者的运动功能重建、下肢的运动功能恢复已成为当今残障人士的迫切需求。

第三，从军事领域需求角度而言，下肢外骨骼可以作为单兵武器装备系统，帮助士兵携带更多的设备、武器、弹药及物资，以更快的速度行进，确保以更强的战斗力作战，同时降低士兵自身的体能消耗，提高士兵的作战效率。

近年来，国内外许多科研机构在该领域做了大量研究工作，相继开发了外骨骼原理样机或实验样机模型，但都存在集成功能较多、整机重量大、驱动器重量与体积比较大、主动驱动关节多、对传感器系统依赖性强及控制策略复杂等问题，在外骨骼轻量化、节能化、穿戴舒适性、步态柔顺性、运动灵活性、电池续航能力等方面仍存在不足。

虽然下肢外骨骼技术发展迅速，但是驱动与能源问题一直是限制外骨骼发展的关键瓶颈。能源是人类社会赖以生存和发展的重要物质基础。环境中虽然广泛存在能量，但是存在能量密度低、间歇性大、随机性、强波动强和地域差异大等问题。

为了解决下肢外骨骼续航能力，同时充分发挥人体自身运动与关节做功的特点，结合人体下肢康复理论，设计一种人体能量收集装置，应用于人体下肢外骨骼机构，实现人体能量的收集与迁移，最终降低人体代谢，提高人体行走效率。本书提出一种辅助人体下肢运动的能量收集与迁移的能量收集器，在人体行走时，为人体提供行走助力，降低人体代谢损耗，尤其是为下肢运动障碍患者提供助力。

本书着力体现机械系统和生命本体的深度融合，强调能量的精准收集及迁移。以能量在生命体与机械体间的柔性自适应转换为目标，对弹性储能材料、机械传动结构设计与人体穿戴结构设计、人体能量收集方式等进行研究，探索能量在生命体与机械体之间的产生、存储和释放机理，形成人体能量精准收集和迁移的技术途径和总体方案。在此基础上，开展系统结构、控制、感知融合等系统研究，研制原理样机，并进行实验测试验证与穿戴功能性测试评价。

1.3　人体能量收集与存储机理

能源是人类赖以生存的基础和社会发展进步的动力，人体是一个潜在的能量来源[19]。人体生命活动是细胞在不断地进行物质代谢和能量代谢，维持着呼吸、消化、循环、肌肉运动等各种生理功能。在物质代谢过程中，释放50%的以上能量转化为热能，用于维持体温，剩下不到50%的能量以高能磷酸键［主要是ATP（腺苷三磷酸）］的形式储存。人体每天摄入的能量，大部分在体内转化为代谢能，食物经过人体消化，可通过肌肉转化为约25%的主动机械能[20]。代谢能分为基本代谢能和运动代谢能，其中，基本代谢能维持生命正常活动，运动代谢能为人体运动提供必需的能量。

1.3.1　人体能量代谢机理

① 肌肉耗能分析　人体能量代谢流动系统如图1-2所示。它包括能源系统输入、输出、存储和传输。肌肉消耗代谢能量产生机械功来完成各种运动功能。肌肉的能量损失用热量 Q 表示。在机械系统中，肌腱与肌肉和骨骼进行能量的交换，身体进行动能和重力势能的交换，具有很高的机械效率。机械能的耗散是热能。根据能量守恒定律，人体能量代谢如图1-2所示。

② 肌肉收缩时的能量消耗　肌肉收缩时，出力方向与载荷的运动方向相同，

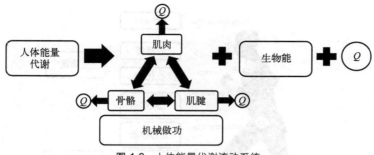

图 1-2 人体能量代谢流动系统

视为做正功。在肌肉收缩做功的阶段,肌肉总的产热率由四项组成,分别是:静态产热量,维持当前肌肉活跃度所需的最低产热量;动态产热量,表示在同等的肌肉活跃度下,肌肉的产热量随时间 t 变化;缩短产热量,表示肌肉缩短过程产生的热量;热弹性热量,热弹效应引起产热量。肌肉收缩过程的耗能功率随肌力增大而增加。

③ 肌肉舒张时的能量消耗　肌肉舒张时,出力方向与载荷运动方向相反,肌肉对外做负功,吸收外部机械能并将其转化为热量[21]。肌肉舒张过程的耗能功率随肌力增加而上升。

综上所述,无论是在收缩阶段还是在舒张阶段,肌肉的能耗随肌力增加而增加,降低肌力可以降低肌肉的耗能功率。因此,从肌肉能量代谢的角度而言,人体能量收集器的核心思想应该是要降低肌肉的肌力,这样就可以降低肌肉的能量消耗,从而提高人体对于能量的利用率,提高人体运动的效率。

人体活动代谢能量通常包括三种:人体热交换、呼吸运动以及肌肉做功。人体在正常行走过程中,代谢能依据代谢途径可分为生物能和机械能,人体能量代谢途径如图 1-3 所示。

人体在新陈代谢过程中产生代谢能,并转化为人在运动中的机械能。在行走过程中,机械能内部的动能和势能之间也在不断进行转化,但总是存在着能量损耗,并主要以热能的形式消散,同时还存在克服外界阻力做功,以及关节内部软组织的磨损等。其中,肌肉对关节和肢体做负功造成的损失可以通过人体能量收集器来进行储存,并在肌肉做正功需要能量时释放,达到助力效果,从而降低代谢能。

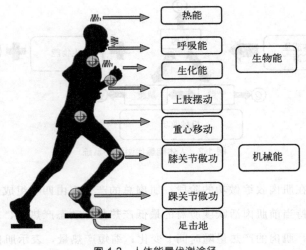

图 1-3 人体能量代谢途径

（1）人体生理活动代谢

人体的生命活动是细胞不断地进行物质代谢和能量代谢，维持着呼吸、消化、循环、肌肉运动等各种生理功能。在物质代谢过程中，释放的能量有50%以上转化为热能，用于维持体温，剩下的不到50%以高能磷酸键（主要是ATP）的形式储存在体内供身体使用。

① **人体热交换**　人体肌肉利用ATP的自由能量收缩和放松，完成各种动作。除了骨骼肌做的机械功外，其余的能量最终转化为热量。人具有完善的体温调节机制，其产热过程和散热过程由神经和体液的调节作用来调节，从而使热量的产生和散热保持动态平衡。人体散热的主要部位是皮肤，当环境温度低于人体温度时，人体的大部分热量通过皮肤进行辐射、传导和对流，约占人体总热量的70%[22]。

② **呼吸运动**　呼吸运动是一种有节奏的活动。其深度和频率随内外环境条件的变化而变化[23,24]。在工作或运动时，增强代谢，加深和加速呼吸，增加肺通气，吸收更多的O_2，排出更多的CO_2，以适应代谢水平[25,26]。

③ **肌肉做功**　骨骼肌由细小的肌纤维组成，每根肌纤维又包含成千上万个由肌小节的圆柱单元组成的肌原纤维。肌小节是由粗肌丝和细肌丝组成的，粗肌丝主要由肌球蛋白构成，如图1-4所示。人体的各种动作都是通过骨骼肌的收缩

来完成的[27]，在骨骼和关节的配合下，通过骨骼肌的收缩和放松完成各种身体动作。

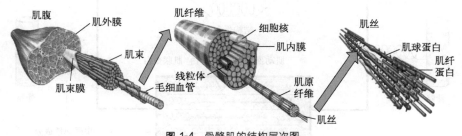

图1-4　骨骼肌的结构层次图

在神经系统的刺激下，肌小节内的收缩蛋白引起整个肌肉的收缩或舒张。肌动蛋白和肌球蛋白由结构蛋白和其他非收缩性细胞外结缔组织包裹，如图1-5所示。肌小节内部分为肌肉并联和串联弹性成分，串联弹性成分由一系列肌腱和结构蛋白的肌节组成，如图1-6所示。并联弹性成分是位于整个肌肉中的细胞外结缔组织和其他结构蛋白。

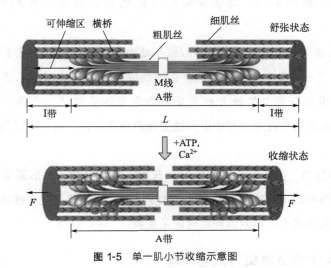

图1-5　单一肌小节收缩示意图

（2）人体运动机械做功

人体运动由肌肉驱动，在能量上表现为代谢能向机械能的转换，机械能主要体现在四肢摆动、人体重心上下移动、膝关节弯曲、踝关节与地面碰撞[28]。人体在运动过程中会产生高达200W的动能[29]，因此，行走产生的能量可以被收

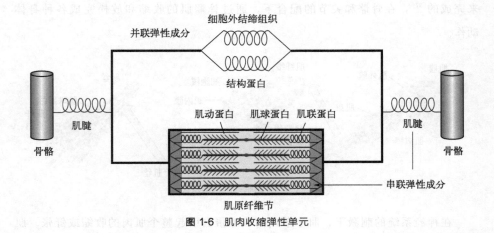

图 1-6 肌肉收缩弹性单元

集、转化并妥善储存[30,31]。

① 人体重心移动　行走可以被描述为一系列失去平衡和恢复平衡的过程[32]，人体可以看作是一个倒立摆[33]，为了使身体受到更小的力支撑，身体质心沿弧线自由运动。在此期间，动能和势能之间的循环传递使步行的代谢成本最低[34,35]。

② 足击地　在步态周期中，脚后跟与地面的碰撞接触，一些学者认为是塑性碰撞[36]，另一些学者认为运动中存在弹性成分[37]。研究发现，当外力作用在鞋底时，作用在鞋底上的最大地面反力约为身体重量的 1.2 倍。因此，如果 50%～80% 的能量在行走过程中以弹性势能的形式储存，则可使用的最大能量约为 2W。

③ 肢体摆动　步态周期从站姿阶段开始，脚跟着地，然后脚尖着地，摆动阶段脚离开地面。下肢的关节强度远远大于上肢，其中膝关节在摆动和屈曲的过程中产生的负功最大，以减慢伸膝前的足接触。

1.3.2　人体能量收集方式与原理

肌肉做正功消耗的代谢能高于肌肉做负功消耗的代谢能，正功带动关节运动，推动肢体前进，而负功大多以热形式散失浪费，因此，重点考虑收集肌肉做负功时的能量。当一个人稳步行走时，身体会产生相对稳定并有规律的连续振动。振动能量收集器可以从振动中提取收集能量，主要包括质量弹簧振动、电磁效应、压电效应和摩擦发电。

能量收集是指从已知环境周围，按照一定的收集和存储规律进行能量收集。人体能量收集即人体代谢能、机械能与热能向电能转换的过程。一方面，人体代谢能、机械能与热能可直接转换为电能；另一方面，由于外界环境对人体的摩擦、振动和冲击而造成的能量损失也可以进行收集利用。

常见能量收集器的原理包括机械振动、压电效应、电磁感应、摩擦发电、热能转化、生物能利用等[38]。目前，能量收集器经过多年的发展，已成为研究的热点，研究人员根据不同的工作原理，结合人体的生理结构和运动特点，开发了各种能量收集器[39]，如图1-7所示。

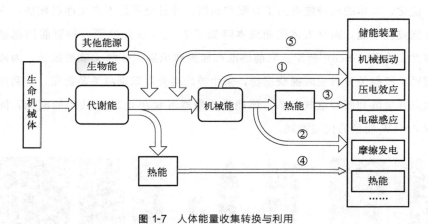

图1-7 人体能量收集转换与利用

1.3.3 人体能量存储方式与原理

人体能量可分为代谢能、机械能和热能。代谢能是指通过消化将食物分解产生的能量。机械能包含动能和势能。热能由食物代谢和肢体器官摩擦损耗等产生。人在运动过程中这些能量是在不断变化和转化的。研究人体能量的收集及存储方法，可实现生命机械体能量的自供给和自循环，为生命机械体的"无限"动力奠定基础。人体能量的收集具有多种途径，包含人体自身运动能量的收集和外界环境对人体运动能量造成的损失。目前，相关研究主要集中在机械能、热能、代谢能等能量的收集。常用的能量收集存储方法是利用热电式、压电式、电磁式、静电式等。

1.4 人体运动能量收集研究现状

1.4.1 振动式能量收集器研究现状

人体经过多年进化发展，已经进化出了适合运动的肌肉、骨骼和神经系统。在运动时，人体会根据环境学习，调整运动策略，保持低能量，尽量减少能量消耗，在短时间内适应环境[40,41]。Sawicki设计了一个轻量的弹性装置[42]，如图1-8(a)所示。它与使用者的小腿肌肉平行操作，以释放肌肉能量，步行的经济性得到了优化，人体的机械能得到了分配和利用。外骨骼不但不产生净机械功，不消耗电能或化学能，而且人体代谢成本降低了7%。Cai开发了一种智能的能量收集器[43]，如图1-8(b)所示。它能够准确捕捉和识别人体踝关节的运动。为避免在摆动阶段踝关节后屈时捕获正功，采用单向离合器识别踝关节前屈，并利用机械触点开关阵列断开电气负载。该能量收集器可收获0.35W功率的电能，同时减少0.84W能量的代谢消耗。

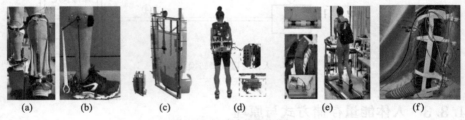

图1-8 振动式能量收集器

行走时人体的运动就像倒立摆，一只脚放下，然后身体在它上面拱起，使臀部上下移动4～7cm。根据这一原理，设计了许多背包式能量收集器，利用背包内负荷的垂直振动来发电。Rome等人开发了一种悬挂式背包[44,45]，如图1-8(c)所示。它在衬套上可以上下移动，齿条连接到负载板，与齿轮直流电机上的小齿轮啮合，负重板在行走过程中将人体垂直运动的机械能转换为7.4W的电能。

Martin设计了一种新型的背包[46]，如图1-8(d)所示。它利用阻尼质量振荡调节装置进行工作。该设备可以产生0.22W的电能，行走时可以携带9kg的负载。谢龙汉等人设计了一种安装在背包中的管状能量收集器[47]，如图1-8(e)所示，人体的能量通过弹簧质量阻尼系统转化为电能。实验表明，在负载5kg的条件下，可以产生约7W功率的电能，平均转换效率为36%。刘更等人设计了一款下肢外骨骼[48]，如图1-8(f)所示。通过电磁开关控制弹簧的收缩，可以收集和存储膝关节负功的能量，在膝关节做正功期间释放，达到助力目的。

1.4.2　电磁感应式能量收集器研究现状

电磁感应技术可以用于人类能量收集器的开发与设计，但能量转换效率往往受到结构和尺寸的限制。与静电和压电相比，电磁的效率通常更高，方案加成熟，功率更大，电源电阻相对较低，非常适合从人体运动中获取能量。

在行走过程中，肌肉是能量获取的来源，肌肉不仅仅消耗能量推动肢体前进，同时也在吸收剩余动能和关节制动所需的负功。肌肉在做正功的过程中，肌纤维扩张后收缩，将化学能转化为机械能。肌肉在做正功的效率仅有25%。当肌肉做负功时，肌肉纤维被外力强迫拉长。

Li研制了一种能量收集器[49]，如图1-9(a)所示。它能有效地将间歇、双向、大转矩、低速的机械能转化为电能。该装置在摆臂延伸的末端发电，产生4.8W功率的电能，效率达54.6%。谢龙汉等人收集膝关节产生的能量[50]，辅助行走，降低人体代谢的同时发电。核心设计思想是建立一个带螺旋弹簧和发电机的弹簧阻尼机构，如图1-9(b)所示。它可以降低膝关节力矩，模拟膝关节行走时的肌肉行为和功能。该装置可降低3.6%的人体能量代谢，收集2.4W功率的电能。Chen通过膝关节的屈伸获得生物力学能量[51]，如图1-9(c)所示。传动系统可以将发电机的双向膝关节旋转输入转换为单向旋转输入，膝关节运动的大力矩和低角速度通过齿轮传动传递给发电机。该装置可以获得3.6W功率的电能。Alon基于再生制动概念[52]，可以自适应地改变能量收集器的制动轮廓以获得最佳能量，匹配人体自然运动，如图1-9(d)所示。

Fan设计了一种安装在人体膝关节上的轻型电缆滑轮能量收集器[53]，如图1-9(e)所示。利用钢丝绳滑轮传动，通过滚珠丝杠装置将膝关节的伸展和弯曲转化为直线运动。设备采用全周期发电，平均输出功率为4.1W，同时，用户的代谢率增长得较慢。Rubinshtein发现发电机惯性矩是收集能量的关键驱动因素[54]，如图1-9(f)所示。通过将能量收集延迟到加速阶段，可以减小施加在膝关节上的瞬时转矩，因此设计了一种基于无刷发电机的机电采集系统，通过单向离合器驱动齿轮系统将膝关节运动传递给发电机。Michael 设计了一种能量收集器来捕捉步态摆动阶段腿部的运动[55]，如图 1-9(g) 所示，捕捉臀部和脚踝之间的线性位移并发电。下肢循环的摆动拉动绳索，绳索的一端连接胫骨末端，另一端连接滑轮。在滑轮的帮助下，关节的旋转运动可以转化为缆索的直线运动。该设备可以产生约 9W 功率的电能。Gao 设计了一种基于轻质大纤维复合材料（MFC）的能量收集器[56]，如图 1-9(h) 所示，质量仅为 307g，通过人体膝关节的自然运动获得能量。该结构的设计思想是利用曲柄滑块机构，将膝关节的旋转运动转化为直线运动，并利用弯曲梁将直线运动转化为弯曲变形，弯曲梁上的两片 MFC 片产生弯曲变形，从而转化为电能。能量收集器可以在不增加行走负担的情况下，产生 1.6mW 功率的电能。

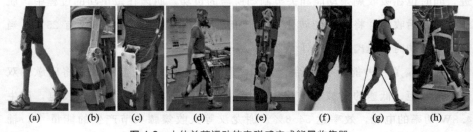

图 1-9 人体关节运动的电磁感应式能量收集器

谢龙汉等人开发了一种作用于鞋底的磁性能量收集器[57]，如图 1-10(a) 所示。它可以收集人脚撞击地面产生的能量。为了补偿脚的低频冲击，采用齿轮组加速运动，最终驱动微型发电机发电，平均输出功率约为 1W。类似地，Purwadi 开发了一种能量收集装置[58]，主要用于步态期间脚跟对地面的冲击。工作原理是将鞋跟的垂直运动转化为旋转运动，然后通过交流电机产生 1.1W 功率的电能。Ylli 设计了一种冲击式能量收集器[59]，如图 1-10(b) 所示，当鞋跟撞击地面时，使用频率转换来激发弹簧负载的磁路的共振。由于尺寸较小，可集成在鞋底。Dai 提出并实现了一种液态金属磁钟发电系统[60]，如图 1-10(c) 所示。该系统采用液态金属作为能量载体，行走时双脚交替按压脚底前后的两个液态金属泵，最大输出功率为 80mW。

人体会产生丰富的低频、不规则运动，伴随产生的能量可以收集和利用。在行走和跑步时，手臂会前后摆动。手臂运动由两部分组成，前臂与上臂的相对运动,躯干与上臂的相对运动,包括肘关节角度和肩关节角度的变化。在人体感应驱动下,利用人体关节的摆动可以收集到不规则的低频振动。基于电磁线圈感应原理,可以设计一种管状结构来获取能量。

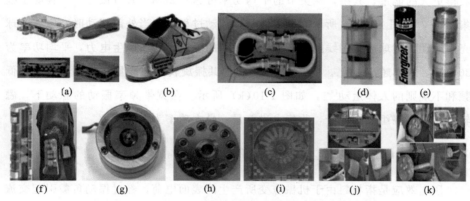

图 1-10 人体足底压力和振动特性的电磁感应式能量收集器

采用非线性磁弹簧结构,当手在低而不规则的频率振动时获取能量。Liu 设计了一种具有良好握手输出性能的能量收集器[61],如图 1-10(d) 所示,外部环境的振动引起中心运动磁体的振荡,造成线圈上磁通量的变化,从而在铜线圈中产生电流,最终获得 568.66μW 功率的电能。Halim 设计了一种电磁能量收集器[62,63],如图 1-10(e) 所示。它使用两个磁场引导的磁堆栈从人体运动中获取能量。利用螺旋压缩弹簧实现感应运动,采用一个低频振子,通过人体诱发振动,耦合作用到两个高频振子上。Geisler 设计了一种针对非线性惯性运动的能量收集器[64],如图 1-10(f) 所示,由两个互斥磁铁组成。安装在人体的手臂、腰部、臀部和腿部进行测试,在电阻负载下平均功率为 4.95mW。该能量收集器可以为蓝牙低耗能无线传感器提供电能。

针对人体行走产生的低频激励,可以利用偏心弹簧转子获取人体关节摆动运动时的能量。Halim 利用弹簧加载偏心转子,设计了一种能量收集器[65],如图 1-10(g) 所示。安装在受试者的手腕上,收集日常活动过程中的能量。弹簧偏心转子结构中的电磁换能器可以在人体行走产生的低频激励下,将捕捉到的机械能转化为 61.3μW 功率的电能。Yan 提出了一种基于膝关节旋转的磁致伸缩发生器[66],如图 1-10(h) 所示。该收集器由人体膝关节驱动,固定在轴上,在 0.91Hz 低频旋转下可产生 60~80V 的感应电压。

Romero提出了一种微型旋转能量收集器拓扑结构[67]，如图1-10(i)所示，从人体关节运动中提取电能。利用惯性基轴向磁通机构制造了多个永久磁极和堆叠的微平面线圈，机体运动引起的外部运动转化为振动或旋转，并在高速奔跑时获得更大的能量，其中，踝关节的平均功率可达472μW。Rao设计了一种能量收集器[68]，如图1-10(j)所示。在人体日常活动过程中，当外部振动时，磁球在球壳内运动。磁球在周围线圈中运动产生时变的磁通，从而产生电力，平均功率为300μW，效率超过40%。Liu提出了一种非共振旋转电磁能量收集器，以消除低频和不规则的人体运动[69]，如图1-10(k)所示。在宽带频率振动的驱动下，磁转子与周围绕组线圈耦合，收集电磁能量，最大功率为10.4mW。

1.4.3 压电感应式能量收集器研究现状

压电效应是指材料由于机械应变所产生的表面电荷，经过振动负载引起交流电压。当外力作用时，压电材料发生变形，电偶极子运动引起电荷，产生交流电压，因此，机械运动可以转化为电能。压电式能量收集器因其能量密度高、安装方便而得到广泛应用。在人体行走过程中，脚跟与地面之间存在周期性的碰撞，脚跟处于交替压缩的状态[70]。鞋跟垂直移动约1cm，足部撞击时脚跟会受到很大的冲击力[71]。因此，鞋子里的能量收集器被设计成周期性地向脚撞击的方向移动，驱动发电机发电[72]。

Moro设计了一种基于脚后跟加速度激励下的压电收集器[73]，如图1-11(a)所示。在标准加速度信号激励下，计算了鞋形双晶体悬臂梁的捕获功率和瞬态机电响应。Fan提出了一种非线性压电能量收集器[74]，该结构由压电悬臂梁、铁磁球和横梁组成，如图1-11(b)所示。压电悬臂梁感知沿胫骨轴的振动信号，可以将不同方向的激发源转换为0.35mW功率的电能。谢龙汉等人设计了一种压电式能量收集器[75]，如图1-11(c)所示，可以在低输入频率下，收集脚步产生的冲击能量。该收集器由一个压电双晶片和一个特殊的放大机构组成。当脚踩压时，放大机构使压电双晶片变形，产生机械应变后输出电压，可以收集脚部冲击，减少对脚部的损害，并在脚跟处提供反弹力。Shenck开发了一种能量收集器[76]，如图1-11(d)所示，采用一种柔性压电箔片，收集鞋底弯曲的能量。

除了足部的能量收集器，也可以利用压电变换来收集人体关节运动能量。Xue设计了一个三维旋转收集器[77]，如图1-11(e)所示，在手腕的运动过程中，

图 1-11 人体压电感应式能量收集器

利用压电梁进行能量转换，平均功率为 $3.8\mu W$。Yang 收集行走时膝关节的运动能量[78]，如图 1-11(f) 所示，通过无线传输将能量传输给传感器，监测身体状况。膝关节运动带动内外环旋转，固定在外环上的主磁体通过磁力牵引压电悬臂梁。

1.4.4 摩擦发电式能量收集器研究现状

由于不同物体的原子核束缚原子核外电子的能力是不同的，因此，当两个表面材料不同的物体相互摩擦时，一个物体失去电子，另一个物体得到电子，在这个过程中，产生电荷移动。人体皮肤之间、皮肤和织物之间总会发生摩擦，与其他材料相比，人类皮肤更容易失去电子，更适合开发基于摩擦原理的能量收集器。

Dong 将能量收集器和自供电传感器集成到电子皮肤中[79]，如图 1-12(a) 所示，可以将 170 个 LED 灯点亮，并为各种电容器充电，驱动微电子产品。它也是一种自供电的多功能传感器，用于监测人体的脉搏、声音等生理信号。Rasel 开发了一种基于聚二甲基硅氧烷（PDMS）的摩擦能量收集器[80,81]，如图 1-12(b) 所示。这是一种新型的低成本微结构 PDMS 膜，具有生物相容性、高柔韧性、热稳定性和表面改性能力等优点。摩擦发电不仅可以获得生物能量，还可以作为一种自供电的触觉传感器系统。Wang 开发了一种高度灵活、透明、适应性强的生物能收集器[82]，如图 1-12(c) 所示。基于混合弹性体和聚乙烯醇水凝胶作为带电层和集电极，收集人体运动能量。该装置可以通过弯曲、卷曲或简单的敲击来传递能量。

除了利用人体皮肤摩擦来收集能量外，还可利用不同材料特性与人体运动特点。Maharjan 设计了一种混合电磁摩擦纳米发电机[83,84]，如图 1-12(d) 所示。

它在人体运动驱动下,将人体手臂摆动转化为磁球滚动。这款手表可以利用人体跑步 5s 后所产生的能量持续供能工作 410s。Jaewon 设计了一种由手柄驱动运动的能量收集器,如图 1-12(e)所示,可以在短时间内连续产生能量[85]。Khushboo 将尼龙、聚四氟乙烯(PTFE)和聚全氟乙丙烯(FEP)作为摩擦发电材料,选择铝/铜作为垂直和滑动运动电极,可将人体运动能量转化为电能[86],如图 1-12(f)所示,可为传统低功耗电子产品提供无限续航。

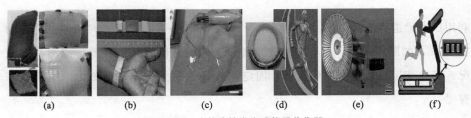

图 1-12　人体摩擦发电式能量收集器

对上述能量收集器进行整理,从比重、结构设计与材料等三个角度进行系统性梳理与分析。

就比重因素而言,能量采集器的一个重要评价指标是重量与输出功率的关系。理想的能量采集器是输出能力高、重量轻、身体舒适、行动自由。对比分析表明,基于振动原理和电磁原理的机械式能量收集器具有较高的能量收集能力,但代价是设备重量也较大,对人体运动的干扰较多。基于压电原理的能量采集器重量小,但输出能力有限。对于生物能源的收集,生物燃料电池几乎是失重的,但是它的输出能力是最低的,所以它只能应用于检测人体生命信号的传感器上。基于热电发电的能量收集器,由于身体与皮肤直接接触,是一项具有挑战性的工作。目前,它更多的是关于原理的证明。基于人类生命活动,生物能量收集器的开发利用将在未来取得更大进步。

就机械结构设计而言,因为肌肉可以有效地进行负功,获得膝关节的能量将消耗更少的代谢能量。膝关节是连接大腿和小腿的关键部位,对步态的干扰最小。相对于髋关节、膝关节和踝关节,膝关节的自由度最小。它在矢状面弯曲和伸展,并在横切面内外旋转。由于膝关节早期冠状面活动范围受生理限制在 6.7°左右,膝关节可简化为矢状面自由。因此,人们一般利用下肢运动来收集能量,尤其是利用膝关节。

利用振动收集人体能量的设备通常安装在人体的关节处，如脚踝、膝盖、手腕或前臂。首先，人体关节处的运动范围很大，这些部位往往会产生振动，可以直接获得更多的能量。其次，系统安装在人体的关节处，不会干扰人体的正常活动。在人体的关节处，装置安装拆卸方便，更适合人体佩戴。最后，人体关节为能量收集装置提供了良好、可靠、稳定的支点，适合长期佩戴。

下肢的温度一般低于上肢的温度。上半身有许多器官，靠近人体的动脉。胸部、头部和手腕是人体最温暖的部位，有利于能量的收集。在较低的环境温度下，虽然皮肤温度较低，但佩戴在手腕上可以获得最大的功率。可穿戴生物电子产品通常与人体密切接触，因此有必要开发具有必要柔韧性和伸缩性的人体顺应平台。纺织品与人体皮肤接触时间长，表面积大。它可以将各种生物燃料电池以各种串联和并联组合进行集成，产生可观的能量。

就使用材料而言，能量收集器将朝着重量更轻、强度更大、可塑性更强、柔韧性更强的方向发展。能量采集器对材料的综合性能要求很高。大面积的纺织品为可穿戴设备提供了足够的空间。各种织物，如羊毛、棉花和尼龙，可用于集成能量收集器。此外，纺织品是惰性的，不影响电化学行为，是集成多个传感器的合适平台。传感器还能很好地附着在织物上，在正常和严重磨损条件下都能理想地工作。织物材料在重复的机械应力和洗涤条件下反应良好。最重要的是织物可以与皮肤保持密切接触。

压电材料可分为四种。第一种是应用最广泛的压电聚合物，例如 PVDF，一半是晶体，一半是无定形结构。它是一种具有高能量密度的材料，属于半结晶高密度聚合物。尼龙材料具有近似的弹性模量，可作为人体可穿戴设备的柔性材料，具有机械强度高、耐酸性、耐腐蚀、微波段压电效应强的优点。第二种是压电单晶材料，制作简单、成本低，但功率密度有限。第三种是 $Pt/Ti/SiO_2/Si$ 晶片上的压电薄膜，具有压电系数高、成本低、晶体结构好、化学计量可控性好等优点。最后一种是压电多晶陶瓷，压电电压系数较大，但合成成本较高。

由于电磁铁在电磁发电机中有电流，所以消耗电能，产生热效应。因此，在微能量收集方面，电磁铁将不再适用于小功率器件。人们选择使用由铁磁性材料制成的永磁体或磁化后仍保持磁性的铁磁性材料。磁铁一般有磁钢、陶瓷磁铁、SmCo 磁铁和钕铁硼磁铁四种。特别是钕铁硼磁铁具有最高的最大能量积和最大的磁场强度，并且不会因发电机的振动而退磁，因此成为首选材料。然而，其工作温度低、不耐腐蚀。在热电材料中，以铋、锑、碲或硒为基础的合金是最合适的。热电转换要求材料具有极高的灵敏度、极大的热源元件的面积、极好的材料柔韧性和渗透性。同时，对于小型设备，所需的温差更大，受环境温度的影响更大。

当通过人体关节的屈曲或摆动进行机械能存储时，旋转磁发生器通常高速旋转，而典型的关节角速度较低。传动比越高，摩擦带来的损失越大，设备的重量也越大。传统的结构往往伴随着高功率密度、大体积和质量。大型工业电磁发电的发展越来越成熟，而减小比例的电磁器件的性能却并非如此。微能量采集器在提高转换效率方面还存在许多困难和挑战。

振动源只有一小部分能从人体运动中转化为电能。它对驱动信号的频率敏感，能在固定的窄带内提供峰值功率，然后迅速衰减。随着功率、质量、加速度和功率密度的增大，零部件的疲劳应力增大，使用寿命受到限制。

作为具有一定重量和反作用力的外部装置，它可能会扰乱人体的运动学和动力学，导致一些明显的物理变化，长期磨损可能对人体造成潜在的危害。佩戴者可能会感到疲劳，甚至肌肉拉伤。系统缺乏过载保护。关节支撑会引起关节应力变化和关节磨损。最后，许多绷带用于固定，这不利于血液循环和皮肤呼吸。

对于机械式能量采集器，其规模仍然有限，其固有的机电转换效率通常低于5%。脚的垂直运动也受到限制。脚底的压力能量采集器会降低可操作性、稳定性和安全性。用于人体关节的压电能量采集器在灵活性、延伸性和低压范围上都有限制，因此在弯曲物体或人体中缺乏封装稳定性。

1.5 人体能量迁移研究现状

上述各种工作原理的人体能量收集器大多数都是利用人体运动特点，对人体运动能量进行收集，经过存储转换为电能。人体自身能量迁移是指人体在不借助外界能量参与肢体驱动的前提下，通过储能元件，将收集到的人体自身能量通过机械传动结构驱动或辅助肢体运动，达到降低人体代谢，实现助力助行的目的。

人体自身能量迁移属于外骨骼的一个分支，即无动力外骨骼助力机器人，不借助能源设备及其他非自然的外力进行驱动，利用使用者自身来操作的外骨骼。外骨骼助力机器人由机械传动系统、弹性储能元件及人体穿戴结构组成，对应于骨骼肌中的骨骼、肌肉和肌腱，是仿生学、人体动力学和机械设计相结合的产物。

根据人体肌肉和肌腱配合，肌肉收缩通过肌腱牵引骨骼产生关节运动。与此同时，利用储能元件将收集的能量进行短暂储存，当关节有助力需求时，释放能量、传导形变势能，将能量转化为辅助力，从而降低穿戴者自身的能量消耗。另外，外骨骼结构需要人机交互设计，通过科学合理的机械传动结构，对力进行有效传导，伴随人体步态周期，实现周期性循环工作。根据人体能量迁移范围，人体能量收集外骨骼主要分为上肢能量迁移外骨骼、下肢能量迁移外骨骼两部分。

1.5.1 上肢能量迁移研究现状

人体上肢关节运动范围广，自由度较大，往往跟随人体进行复杂精密性的肢体动作。因此，上肢能量迁移外骨骼的使用对象大多是具有一定的独立运动能力，并且长时间抬臂工作和长时间从事重复性动作的工作人员。借助上肢能量迁移外骨骼可以为身体提供支撑、肢体保护和维持运动稳定，减轻负重，降低职业病风险。

Ekso Bionics 公司研发设计了一款商用上半身外骨骼 EksoVest[87]，如图 1-13 (a) 所示。主要由背部支架、腰部的固定贴、穿戴护臂等结构组成。使用时，助力弹簧激活后驱动器产生的反作用力，通过传动连杆传导，将抬起手臂的力量分散到臀部和腰部。类似的还有 Levitate 公司研发设计的外骨骼 Airframe[88]，如图 1-13(b) 所示，帮助工人在流水线上工作，减轻工作强度。德国斯图加特工程研究机构 Fraunhofer IAO 开发设计了一款无动力外骨骼系统 Robo-Mate[89]，

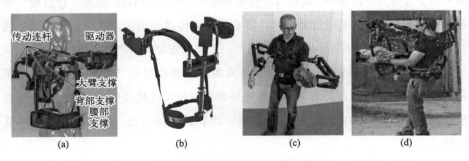

图 1-13 上肢人体能量迁移外骨骼

如图 1-13(c) 所示，可跟随肢体运动，为手臂提供支撑。肢体模组设计精巧，在搬移重物时力量增大 10 倍，同时保护使用者的背部和脊柱，避免扭伤脊椎或椎间盘。深圳市 Tilta 科技公司发布了一款外骨骼背负系统 Armor Man Ⅲ[90]，如图 1-13(d) 所示，将摄影机沉重负荷转移分散，减少手臂和下背部压力并保持相机稳定。该系统采用双功能减震手臂设计，臂体采用三角力学结构，背心式绑缚系统受力点分布均匀合理，通过调节腰部三角连接杆，调整弯腰幅度和上身长度。

1.5.2 下肢能量迁移研究现状

人体下肢肢体运动范围有限，关节执行动作单一稳定，并且人体下肢比人体上肢拥有更强的力量，更利于能量收集。同时下肢承担了人体的全部载荷，更易劳损，因此下肢人体能量迁移外骨骼的使用范围更广。首先，可以帮助运动功能受损患者恢复肌肉强度。其次，可以协助老年人及残疾人站立，辅助行走。最后，可以为士兵、救援等负重人员增强身体承载能力，降低工作强度，提高工作效率。

来自 MIT 的 Walsh 等人采用准被动设计理念设计了一款典型的下肢外骨骼[91]，如图 1-14(a) 所示，包括脚跟弹簧、踝关节足底屈曲弹簧、膝关节可变阻尼器、髋关节屈曲和外展弹簧等。在外骨骼的关节上不使用驱动装置，利用行走过程中关节做负功时存储在弹簧中的能量来提供动力，外骨骼可将 80% 的负荷传至地面。加拿大 Bionic Power 公司设计了一种被动型可穿戴柔性外骨骼 Power Walk[92]，如图 1-14(b) 所示，利用膝关节弯曲带动发电机转动进行储能。该设备不但可以为电子设备充电，还能在士兵下坡时减少肌肉疲劳。由洛克希德·马丁公司开发的 Fortis 无动力外骨骼系统[93] 如图 1-14(c) 所示，通过髋、膝和踝的一系列机械关节将负载从操作者身体直接传递到地面，减少士兵所承受的装备重力。该外骨骼应用在美国海军船厂，可以有效提高生产效率，防止工伤。

澳大利亚国防部发布 OX 新型无动力柔性外骨骼系统[94]，如图 1-14(d) 所示。外骨骼利用从肩部到脚部的两条鲍登钢缆实现柔性载荷传递，将背部背包负重转移至地面，平均助力效率超过 50%。该装置结构小巧、持久耐用、成本低等特点。

华中科技大学康复与医疗机器人研究所的 Zhou 等人设计了一款多关节无动

力髋关节外骨骼[95]，如图 1-14(e) 所示。它采用双关节弹簧-离合器机构对髋关节和膝关节进行能量回收和能量传递。在腰部和大腿连杆采用两个滑动轴承旋转关节串联连接，实现髋关节内收外展和屈伸。在髋关节负功期间，弹簧随着髋关节伸展到最大伸展位置储存能量；在髋关节正功期间，弹簧释放储存的能量，降低步行代谢能量。

美国加州 SuitX 公司发布了一款无源机械外骨骼系统 MAX[96]，包含 BackX、ShoulderX 和 LegX 三个模块，可以将用户的背部、肩部及腿部肌肉和骨骼进行支撑，如图 1-14(f) 所示，可以为工人的肌肉和骨骼带来强有力的支撑，轻松完成下蹲、肢体弯曲或手臂抬升等重复艰苦的体力劳作。MAX 外骨骼在建筑工地、工厂和仓库工人身上等进行试用。

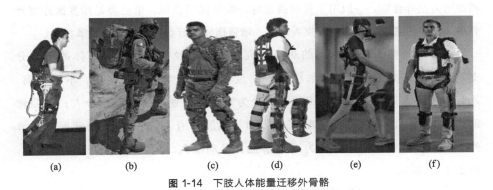

图 1-14　下肢人体能量迁移外骨骼

1.6　穿戴式下肢康复外骨骼研究

国外从 20 世纪 60 年代就开始对外骨骼助力机器人技术进行研究，早期的代表如美国康奈尔航空实验室的 Man-Amplifier 外骨骼[97]，以及美国通用电气公司的 Hardiman 外骨骼[98-100]。由于受到传感、计算机、控制及能源等技术的限制，未能有实际应用和进展。随后，美国国防高级研究计划局（DARPA）于 2000 年启动了"增强人体体能外骨骼（EHPA）"计划[101-103]，将外骨骼助力机器人的研究推向高潮。

计算机技术及机电一体化技术的发展带动了外骨骼的研究，外骨骼逐步应用于医疗康复领域，发展成为了康复外骨骼[104]。康复外骨骼的出现降低了偏瘫患者对理疗师的依赖程度,将理疗师从重复、繁重的体力劳动中解放出来。外骨骼中集合了传感器技术,理疗师可根据传感系统反馈数据评估患者肢体功能状况和病情的康复情况,并调整及制定个性化的康复计划。

穿戴式下肢康复外骨骼是作用于医疗康复领域的一种下肢外骨骼,作为现今的一个研究热点,覆盖了医疗、机械等多个学科,受到研究人员的广泛关注,有望在未来代替医生的工作,独立协助患者完成康复训练。目前,国内外的科研人员对下肢康复外骨骼都做了不少的研究,部外骨骼甚至已经投入市场,进行定制步行康复治疗。

目前,可穿戴式外骨骼的发展主要分为三类:第一类是载荷负重型外骨骼,可增强健康人体的负载能力,一般用于增强士兵负重能力,偏向军事领域;第二类是辅助增力型外骨骼,一般用于货物搬运等,偏向民用领域。第三类是康复医疗型外骨骼,用于患者康复、辅助残疾人运动、增强伤残及行动不便的人的关节力量。

外骨骼机器人作为当前的热点研究主题,已经衍生出很多具体的研究分支,各分支研究方向对外骨骼机器人的设计目标与需求各有侧重、不尽相同。外骨骼机器人面向不同的应用领域,分为军事、工业、医疗以及个人;按照辅助或助力部位,分为下肢(髋、膝、踝)、上肢(肩、肘、腕)、腰背等单关节外骨骼;依据实现功能,分为运动增强、运动耐久、运动辅助和运动康复等,如图 1-15 所示。

图 1-15 外骨骼分类及其作用

1.7 现有研究中存在的主要问题

本书对人体能量收集与利用方式进行整理，从质量、效率、尺寸和穿戴等因素出发评价能量收集器的性能。目前，人体能量收集与迁移的相关研究尚存在一些关键问题与研究难点亟待解决，主要体现在人体能量高效收集、能量储存、能量伴随步态周期精准释放，并在时间与空间维度迁移等。能量收集器的优缺点如表 1-1 所示。

表 1-1 能量收集器的优缺点

类型		优点	缺点
机械能收集器		效率高、支撑稳定、便携拆装、能量源丰富	频率较低、振幅不定、重量重、尺寸大、结构灵活性差、运动干涉大
生物能收集器	热电收集器	尺寸小、重量轻、人体运动能力无要求、能源持久稳定、无固定结构	汗液散热、皮肤粘连排斥、体温不均、环境因素影响大
	生物燃料电池	生物燃料易获取、酶活性高、贴合性与柔性好、运动干涉小	生物酶稳定性差、环境因素影响大、生物燃料不稳定、化学反应慢

国内外学者在人体能量收集与利用方面进行了大量研究，为本书提供了理论依据和参考，但机械式能量收集器仍存在以下不足。

① 目前国内外人体机械能量收集器的体积和重量较大。旋转式磁力发电机通常以高速旋转，而典型关节的转动角速度较低。齿轮传动比越高，摩擦造成的损失越大，重量也越大。传统机械结构往往伴随着较高的功率密度，体积与质量的比值较大。

② 大多数能量收集器是牺牲人体运动功能、增加人体代谢来获取能量的。从机械振动中收集能量，只能将振源的很小部分转化为电能。对驱动信号频率比较敏感，能在固定的窄带内提供峰值功率，然后迅速衰减。随着功率、质量和加速度的增加，功率密度增加，元器件疲劳应力一定会增加，使用寿命缩短。

③ 人体肢体能量收集与利用多集中在单关节或邻近关节，下肢两侧之间能

量互传研究是盲区，相邻关节大多利用膝关节与踝关节进行能量收集与利用。膝关节借助关节角度变化，承受载荷大，且关节缺乏肌肉包裹，容易受伤。而踝关节借助足底压力变化储能，但脚垂直移动的距离非常有限，鞋底和鞋跟挤压，会导致可操作性和稳定性以及安全性下降。压电式能量收集器在灵活性、可拉伸性等方面受到限制。

④ 现有的康复外骨骼研究中，大多数针对具体的单一患者设计，通用性差。并且欠缺人机工程设计与分析，穿戴体验感较差。能量作为具有一定重量和反作用力的外部装置，可能会打乱人体的运动学和动力学，导致一些显著的物理变化，长时间佩戴可能对人体构成潜在的危害。长时间产生巨大的反作用力，佩戴者可能会疲劳，甚至肌肉拉伤。而且，系统没有安全装置，缺少过载保护。长时间利用关节支撑，会造成关节受力改变，关节磨损。最后，固定方式多采用绷带式，不利于血液循环、皮肤呼吸。

⑤ 现有能量收集器将能量最终转化为电能进行存储。中间环节较多，能量存储效率较低，并且能量再次利用率较低。目前大多数能量收集器的效率在20%以下，而且使用条件严格受限，容易造成能量的二次浪费。因此，从下肢运动障碍患者的角度看，收集人体能量的目的在于辅助人体行走，尽可能实现独立行走。

⑥ 能量收集器的受用群体不明确，实际应用意义不大，使用推广受限。大多数仅停留在理论证明、点亮 LED 或生物传感器自供电等应用领域，微弱电量的收集与存储限制了能量再次利用的前景。

1.8 本书主要研究内容

本书主要针对人体单侧下肢存在运动障碍的患者人群，基于运动康复医学基础上探索"健侧助患侧"的人机互协作方案，提出一种实现能量跨肢体迁移的行走助力方案。目的在于解决运动障碍患者辅助行走，在人体运动的过程中实现功能增强或者功能代偿，实现运动辅助和逐渐促进机体功能恢复。

本书旨在控制能量收集器的体积与重量，提高能量收集器的效率，采用柔性化、拟人化结构设计提升穿戴体验感，完成患者肢体之间的能量收集与迁移，实现行走助力，并且简化结构、降低成本，使其具有广大的受众人群以及广阔的应用前景。本书所研究的对象是人体下肢助行外骨骼机器人。因此，本书助行外骨骼机器人的总体设计需求明确，主要包含的内容如图1-16所示。

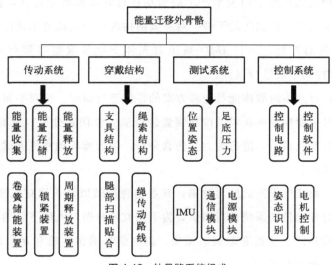

图 1-16　外骨骼系统组成

本书通过分析人体运动特点探索人体能量转化途径，通过自主搭建的步态实时收集系统收集健侧下肢运动信息，进行步态分析与识别，通过弹性储能单元收集健侧下肢关节做功能量，利用机械装置对健侧的能量进行收集，并将能量进行时间与空间维度的迁移，对患侧下肢助力。本书主要内容如下：

第1章，介绍本书研究背景，指出了本书的研究意义。对人体运动能量收集及利用等方面进行文献调研，分别对振动式能量收集器、电磁感应式能量收集器、压电感应式能量收集器、摩擦发电式能量收集器进行介绍。同时针对人体能量迁移研究现状进行总结和归纳，并指出其中存在的主要问题。

第2章，人体下肢能量收集方法研究，根据人体下肢关节做功特点对膝关节负功进行收集与利用。依据人体下肢生理结构建立下肢生物力学模型与人机耦合力学模型。总结分析了下肢运动障碍患者类型，针对不同患者的康复需求，寻找人机共融的康复策略。建立下肢外骨骼的刚体连杆模型，对下肢运动学与动力学进行分析。设计人体运动数据采集实验，对人体行走数据进行采集，并分别通过人体运动仿真软件OpenSim以及ADAMS动力学仿真软件对人体下肢运动进行仿真对比分析。

第3章，根据人体下肢能量迁移规律，提出人体下肢关节机械做功的跨肢体能量迁移方法。设计两种不同控制方式的人体下肢能量收集与迁移的传动装置，对膝关节在行走的过程中由关节产生的负功进行收集和能量迁移，辅助下肢行走。为了减少人机之间的运动干涉，对穿戴结构进行逆向轻量化设计。为了实现能量精准收集与控制，设计IMU系统对人体下肢位置姿态进行捕捉，基于LabVIEW对控制系统进行设计。

第4章，对人体跨肢体能量迁移方案的特性进行研究。探究平面蜗卷弹簧的储能效果，对平面蜗卷弹簧以及传动装置进行动力学仿真分析以及有限元分析。建立人机耦合简化模型，进行动力学仿真分析，为后续物理样机测试以及人体实验测试奠定基础。

第5章，验证外骨骼的助力效果，开展物理测试以及人体穿戴测试与评价。搭建实验台对样机传动系统进行测试，为了探究外骨骼对人体下肢的影响，开展人体穿戴实验测试、位置姿态测试实验、肌电信号测试实验和足底压力测试实验，综合评价助力效果。

第6章，对本书工作进行了总结，指出了本书研究中所存在的不足，并展望了进一步的研究方向。

参考文献

[1] Ding H, Yang X J, Zheng N N, et al. Tri-Co Robot: a Chinese robotic research initiative for enhanced robot interaction capabilities [J]. National Science Review, 2018, 5（6）: 799-801.

[2] 赖一楠，叶鑫，丁汉. 共融机器人重大研究计划研究进展 [J]. 机械工程学报, 2021, 57（23）: 1-11.

[3] 王天然. 机器人技术的发展 [J]. 机器人, 2017, 39（04）: 385-386.

[4] 中华人民共和国工业和信息化部/发展改革委/财政部.《机器人产业发展规划（2016—2020年）》[EB/OL]. http: //www. miit. gov. cn/n1146295/n1652858/n1652930/n3757018/c4746362/content. html, 2016-04-27/2018-12-12.

[5] Shimada H, Suzuki T, Kimura Y, et al. Effects of an automated stride assistance system on walking parameters and muscular glucose metabolism in elderly adults [J]. British Journal of Sports Medicine, 2008, 42（11）: 622-629.

[6] Jung MM, Ludden G D. Potential of exoskeleton technology to assist older adults with daily living [C]// Montreal, Canada, Conference on Human Factors in Computing Sys-

tems. Montréal: ACM, April 21-26, 2018: 2-7.

[7] Lee H J, Lee S, Chang W H, et al. A wearable hip assist robot can improve gait function and cardiopulmonary metabolic efficiency in elderly adults [J]. IEEE Transactions on Neural Systems and Rehabilitation Engineering, 2017, 25（9）: 1549-1557.

[8] Viteckova S, Kutilek P, Jirina M. Wearable lower limb robotics: a review [J]. Biocybernetics and Biomedical Engineering, 2013, 33（2）: 96-105.

[9] Garcia E, Janet M, John M. Exoskeletons for human performance augmentation （EHPA）: a program summary [J]. Journal of the Robotics Society of Japan, 2002, 20（8）: 822-826.

[10] Kazerooni H. Exoskeletons for human performance augmentation [M]. Berlin, Heidelberg: Springer, 2007: 125-200.

[11] 杨灿军. 人机智能系统理论与方法 [M]. 杭州: 浙江大学出版社, 2006.

[12] Neuhaus P, Kazerooni H. Design and control of human assisted walking robot [C]. San Francisco, CA, USA, IEEE International Conference on Robotics and Automation, April 24-28, 2000: 563-569.

[13] 全国老龄工作委员会办公室. 21世纪——中国人口老龄化发展趋势与对策 [J]. 社会福利, 2006, 000（003）: 25-27.

[14] 第七次全国人口普查主要数据情况 [EB/OL]. 2021 [2021-05-11]. http://www.stats.gov.cn/tjsj/zxfb/202105/t20210510_1817176.html.

[15] 中共中央、国务院印发《国家积极应对人口老龄化中长期规划》[EB/OL]. 2019 [2020-05-01]. http://www.gov.cn/xinwen/2019-11/21/content_5454347.htm.

[16] Kawamoto H, Kamibayashi K, Nakata Y, et al. Pilot study of locomotion improvement using hybrid assistive limb in chronic stroke patients [J]. BMC Neurology, 2013, 13（1）: 141-148.

[17] 石芝喜, 刘四文, 杨振辉. 下肢康复机器人在脊髓损伤康复中的应用 [J]. 中国康复医学杂志, 2015, 30（1）: 57-61.

[18] Chen B, Ma H, Qin L Y, et al. Recent developments and challenges of lower extremity exoskeletons [J]. Journal of Orthopaedic Translation, 2016, 5（C）: 26-37.

[19] 'Aqilah A T, Ahmad A, Ali M. A review on the potential of silicon nanowires（SINWS）in thermoelectric energy harvesters [J]. Jurnal Teknologi, 2015, 77（17）: 11-17.

[20] Leah C, Shane R, Paul M. A model to predict the ATP equivalents of macronutrients absorbed from food [J]. Food and function, 2013, 4（3）: 432-442.

[21] Dawson G D. The relative excitability and conduction velocity of sensory and motor nerve fibres in man [J]. The Journal of Physiology, 1956, 131（2）: 436-451.

[22] World eBook Library. American society of heating, refrigerating and air-conditioning engineers [J]. International Journal of Refrigeration, 2012, 2（3）: 56-57.

[23] Augustynek, M, Friedmannova, D, Cmielova, M. Measuring of dependency between heart rate, respiratory rate and the human movement [J]. IFAC Proceedings Volumes, 2013, 46（28）: 292-297.

[24] Mesquita Montes António, et al. Forward trunk lean with arm support affects the activity of accessory respiratory muscles and thoracoabdominal movement in healthy individuals

[J]. Human Movement Science 2018, 61: 167-176.

[25] Prabhakar N R. Oxygen sensing by the carotid body chemoreceptors [J]. Journal of Applied Physiology, 2000, 88 (6): 2287-2295.

[26] Eckberg D L. The human respiratory gate [J]. Journal of Physiology, 2003, 548 (Pt 2): 339.

[27] Carlson M E, et al. Molecular aging and rejuvenation of human muscle stem cells [J]. Embo Molecular Medicine, 2009, 1 (8-9): 381-391.

[28] Niu P, Chapman P, Riemer R, et al. Evaluation of motions and actuation methods for biomechanical energy harvesting [C]. Aachen, Germany, IEEE 35th Annual Power Electronics Specialists Conference, June 20-25, 2004: 2100-2106.

[29] Paradiso J A, Starner T. Energy scavenging for mobile and wireless electronics [J]. IEEE Pervasive Computing, 2005, 4 (1): 18-27.

[30] Arthur D K. Harvesting energy by improving the economy of human walking [J]. Science, 2005, 309 (5741): 1686-1687.

[31] Simon S R. Quantification of human motion: gait analysis benefits and limitations to its application to clinical problems [J]. Journal of Biomechanics, 2004, 37 (12): 1869-1880.

[32] Hoover J, Meguid S A. Performance assessment of the suspended-load backpack [J]. International Journal of Mechanics and Materials in Design, 2011, 7 (2): 111-121.

[33] Steven A G, Steve C M, Kuo A D. Comparison of kinematic and kinetic methods for computing the vertical motion of the body center of mass during walking [J]. Human Movement Science, 2003, 22 (6): 597-610.

[34] Charalambous C P. The major determinants in normal and pathological gait [M]. Classic Papers in Orthopaedics. London: Springer, 2014.

[35] Xie L H, Li J H, Cai S Q, et al. Design and experiments of a self-charged power bank by harvesting sustainable human motion [J]. Advances in Mechanical Engineering, 2016, 8 (5): 1-10.

[36] Maxwell J D, Kram R, Kuo A D. Mechanical work for step-to-step transitions is a major determinant of metabolic cost of human walking [J]. Journal of Experimental Biology, 2003, 205 (23): 3717-3727.

[37] Martinez E C, Weber J, Elliott G, et al. Design of an agonist-antagonist active knee prosthesis [C]. Scottsdale, AZ, USA, 2008 2nd IEEE RAS & EMBS International Conference on Biomedical Robotics and Biomechatronics, October 19-22 2008: 529-534.

[38] Toprak A, Tigli O. Piezoelectric energy harvesting: state-of-the-art and challenges [J]. Applied Physics Reviews, 2014, 1 (3), 031104-031111.

[39] Zhou X, Liu G, Han B, et al. Design of a human lower limbs exoskeleton for biomechanical energy harvesting and assist walking [J]. Energy Technology, 2020, 9 (1): 1-12.

[40] Donelan J M, Kram R, Kuo A D. Mechanical and metabolic determinants of the pre-

ferred step width in human walking [J]. Proceedings. Biological sciences, 2001, 268 (1480): 1985-1992.
[41] Donelan J M, Kram R, Arthur D K. Simultaneous positive and negative external mechanical work in human walking [J]. Journal of Biomechanics, 2002, 35(1): 117-124.
[42] Collins S H, Wiggin M B, Sawicki G S. Reducing the energy cost of human walking using an unpowered exoskeleton [J]. Nature, 2015, 522(7555): 212-215.
[43] Cai M, Liao W H, Cao J. A smart harvester for capturing energy from human ankle dorsiflexion with reduced user effort [J]. Smart Materials and Structures, 2018, 28(1).
[44] Rome L C, Flynn L, Goldman E M, et al. Generating electricity while walking with loads [J]. Science, 2005, 309(5741): 1725-1728.
[45] Martin J P, Li Q G. Altering compliance of a load carriage device in the medial-lateral direction reduces peak forces while walking [J]. Scientific Reports, 2018, 8(1): 13775-13780.
[46] Martin J P, Li Q G. Generating electricity while walking with a medial-lateral oscillating load carriage device [J]. Royal Society Open Science, 2019, 6(7): 182021-182030.
[47] Xie L H, Li X D, Cai S Q, et al. Increased energy harvesting from backpack to serve as self-sustainable power source via a tube-like harvester [J]. Mechanical Systems and Signal Processing, 2017, 96(1): 215-225.
[48] Zhou X, Liu G, Han B, et al. Design and research of lower limb exoskeleton based on a hill-type muscle model for assisting people to walk [C]. Singapore, 6th International Conference on Control, Automation and Robotics (ICCAR), April 20-23, 2020, 558-562.
[49] Li Q G, Veronica N, Donelan J M. Development of a biomechanical energy harvester [J]. Journal ofNeuroEngineering and Rehabilitation, 2009, 6(1): 22-30.
[50] Xie L H, Li X D, Cai S Q, et al. Knee-braced energy harvester: reclaim energy and assist walking [J]. Mechanical Systems and Signal Processing, 2019, 127(1): 172-189.
[51] Chen C, Chau L Y, Liao W H. A knee-mounted biomechanical energy harvester with enhanced efficiency and safety [J]. Smart Materials and Structures, 2017, 26(6): 1-10.
[52] Cervera A, Rubinshtein Z, Gad M, et al. Biomechanical Energy Harvesting System With Optimal Cost-of-Harvesting Tracking Algorithm [J]. IEEE Journal of Emerging and Selected Topics in Power Electronics, 2016, 4(1): 293-302.
[53] Fan J, Xiong C H, Huang Z K, et al. A lightweight biomechanical energy harvester with high power density and low metabolic cost [J]. Energy Conversion and Management, 2019, 195(c): 641-649.
[54] Rubinshtein Z, Riemer R, Ben-Yaakov S. Modeling and analysis of brushless generator based biomechanical energy harvesting system [C]. Raleigh, NC, USA, IEEE Energy Conversion Congress and Exposition (ECCE), September 15-20, 2012: 2784-2789.

[55] Michael S, Li Q G. Generating electricity during walking with a lower limb-driven energy harvester: targeting a minimum user effort [J]. PLoS ONE, 2017, 10(6): 1-16.

[56] Gao F, Liu G, Chung L H, et al. Macro fiber composite-based energy harvester for human knee [J]. Applied Physics Letters, 2019, 115(3): 033901.

[57] Xie L H, Cai M J. An in-shoe harvester with motion magnification for scavenging energy from human foot strike [J]. IEEE/ASME transactions on mechatronics: A joint publication of the IEEE Industrial Electronics Society and the ASME Dynamic Systems and Control Division, 2015, 20(6): 3264-3268.

[58] Purwadi A, Parasuraman S, Ahamed K, et al. Development of biomechanical energy harvesting device using heel strike [J]. Procedia Computer Science, 2015, 76(1): 270-275.

[59] Ylli K, Hoffmann D, Willmann A, et al. Energy harvesting from human motion: exploiting swing and shock excitations [J]. Smart Materials and Structures, 2015, 24(2): 025029.

[60] Dai D, Liu J, Zhou Y X. Harvesting biomechanical energy in the walking by shoe based on liquid metal magnetohydrodynamics [J]. Frontiers in Energy, 2012, 6(2): 112-121.

[61] Liu H C, Gudla S, et al. Investigation of the nonlinear electromagnetic energy harvesters from hand shaking [J]. IEEE Sensors Journal, 2015, 15(4): 2356-2364.

[62] Halim M A, Cho H, Salauddin M, et al. A miniaturized electromagnetic vibration energy harvester using flux-guided magnet stacks for human-body-induced motion [J]. Sensors and Actuators: A. Physical, 2016, 249(1): 23-31.

[63] Halim M A, Park J Y. A non-resonant, frequency up-converted electromagnetic energy harvester from human-body-induced vibration for hand-held smart system applications [J]. Journal of Applied Physics, 2014, 115(9): 094901. 1-094901. 6.

[64] Geisler M, Boisseau S, Perez M, et al. Human-motion energy harvester for autonomous body area sensors [J]. Smart Materials and Structures, 2017, 26(3): 035028-035033.

[65] Halim M A, Rantz R, Zhang Q, et al. An electromagnetic rotational energy harvester using sprung eccentric rotor, driven by pseudo-walking motion [J]. Applied Energy, 2018, 217(1): 66-74.

[66] Yan B P, Zhang C M, Li L Y. Magnetostrictive energy generator for harvesting the rotation of human knee joint [J]. AIP Advances, 2018, 8(5): 056730-056735.

[67] Romero E, Neuman M R, Warrington R O. Rotational energy harvester for body motion [C]. Cancun, Mexico, 2011 IEEE 24th International Conference on Micro Electro Mechanical Systems, january 23-27, 2011: 1325-1328.

[68] Rao Y, Cheng S, David P A. An energy harvesting system for passively generating power from human activities [J]. Journal of Micromechanics and Microengineering, 2013, 23(11): 114012-114018.

[69] Liu H C, Hou C, Lin J H, et al. A non-resonant rotational electromagnetic energy harvester for low-frequency and irregular human motion [J]. Applied Physics Letters,

2018, 113(20): 203901.1-203901.5.

[70] Zhao J J, Zheng Y. A shoe-embedded piezoelectric energy harvester for wearable sensors [J]. Sensors, 2014, 14(7): 12497-12510.

[71] Lieberman D E, Warrener A G, Wang J, et al. Effects of stride frequency and footposition at landing on braking force, hip torque, impact peak force and the metabolic cost of running in humans [J]. The Journal of Experimental Biology, 2015, 218(1): 3406-3414.

[72] Cui H J, Yoon H J, Youn B D. An omnidirectional biomechanical energy harvesting (OBEH) sidewalk block for a self-generative power grid in a smart city [J]. International Journal of Precision Engineering and Manufacturing-Green Technology, 2018, 5(4): 507-517.

[73] Moro L, Benasciutti D. Harvested power and sensitivity analysis of vibrating shoe-mounted piezoelectric cantilevers [J]. Smart Materials and Structures, 2010, 19(11): 115011-115018.

[74] Fan K Q, Liu Z H, Liu H Y, et al. Scavenging energy from human walking through a shoe-mounted piezoelectric harvester [J]. Applied Physics Letters, 2017, 110(14): 143902.1-143902.5.

[75] Xie L H, Cai M J. Increased piezoelectric energy harvesting from human footstep motion by using an amplification mechanism [J]. Applied Physics Letters, 2014, 105(14): 143901-143908.

[76] Shenck N, Paradiso J A. Energy scavenging with shoe-mounted piezoelectrics [J]. IEEE Micro, 2001, 21(3): 30-42.

[77] Xue T, Ma X, Rahn C, et al. Analysis of upper bound power output for a wrist-worn rotational energy harvester from real-world measured inputs [J]. Journal of Physics: Conference Series, 2014, 557(1): 012090-012095.

[78] Yang K, Ruan T, Chew Z J, et al. Energy harvesting during human walking to power a wireless sensor node [J]. Sensors and Actuators A Physical, 2017, 254: 69-77.

[79] Dong K, Wu Z Y, Deng J N, et al. A stretchable yarn embedded triboelectric nanogenerator as electronic skin for biomechanical energy harvesting and multifunctional pressure sensing [J]. Advanced materials, 2018, 30(43): 1804944.

[80] Rasel M S, Halim M A, Park J Y. A PDMS based triboelectric energy harvester as self-powered, active tactile sensor system for human skin [C]. Busan, Korea, IEEE Sensors. IEEE, November 1-4, 2015: 1-4.

[81] Rasel M S, Halim M A, Cho H O, et al. A wrist-band coupled, human skin based triboelectric generator for harvesting biomechanical energy [C]. Anchorage, USA, International Conference on Solid-State Sensors, Actuators and Microsystems June 21-25, 2015: 1949-1952.

[82] Wang L Y, Daoud W A. Highly flexible and transparent polyionic-skin triboelectric nanogenerator for biomechanical motion harvesting [J]. Advanced Energy Materials, 2019, 9(5): 1803183.1-1803183.9.

[83] Maharjan P, Toyabur R M, Park J Y. A human locomotion inspired hybrid nanogenerator

for wrist-wearable electronic device and sensor applications [J]. Nano Energy, 2018, 46(2): 383-395.

[84] Maharjan P, Kim J W, Kim J Y, et al. A human locomotion driven hybrid energy harvester for wrist wearable applications [J]. Journal of Physics: Conference Series, 2018, 1052(1): 1-4.

[85] Jaewon Y, Yoo D H, Lee S, et al. Extremely high and elongated power output from a mechanical mediator-assisted triboelectric nanogenerator driven by the biomechanical energy [J]. Nano Energy, 2018, 56(2): 851-858.

[86] Khushboo, Puneet A. A triboelectric energy harvester using human biomechanical motion for low power electronics [J]. Bulletin of Materials Science, 2019, 42(3): 1-10.

[87] How the Ekso Vest is changing the labor-intensive automotive industry [EB/OL]. https://www.eksobionics.com/eksoworks/ford.

[88] EksoVest Exoskeleton [EB/OL]. https://www.levitatetech.com.

[89] 德研制神奇外骨骼系 [EB/OL]. https://tech.hqew.com/news_1706831.

[90] Armor Man Ⅲ [EB/OL]. https://tilta.com/shop/armor-man-3-0-gimbal-support-system/

[91] Walsh C J, Pasch K, Herr H. An autonomous, underactuated exoskeleton for load-carrying augmentation [C]. Beijing, International Conference on Intelligent Robotics and Systems, October 09-15, 2006: 1410-1415.

[92] FortisExoskeleton. [EB/OL]. https://www.lockheedmartin.com/enus/products/exoskeleton/FORTIS.html.

[93] THE power walk kinetic energy harvester [EB/OL]. https://www.bionicpower.com.

[94] Australian Government. Operational exoskeleton (OX) [EB/OL]. 2019 [2019-07-27]. https://www.dst.defence.gov.au/opportunity/operational-exoskeleton-ox.

[95] Zhou T, Xiong C, Zhang J, et al. Reducing the metabolic energy of walking and running using an unpowered hip exoskeleton [J]. Journal of NeuroEngineering and Rehabilitation, 2021, 18(1): 1-15.

[96] MAX (Modular Agile eXoskeleton) [EB/OL]. https://www.suitx.com/max-modular-agile-exoskeleton.

[97] 宋道志, 王晓光, 王鑫, 等. 多关节外骨骼助力机器人发展现状及关键技术分析 [J]. 兵工学报, 2016, 37(1): 172-185.

[98] Yan T F, Marco C, Calogero M O, et al. Review of assistive strategies in powered lower-limb orthoses and exoskeletons [J]. Robotics and Autonomous Systems, 2015, 64: 120-136.

[99] Dollar A M, Herr H. Design of a quasi-passive knee exoskeleton to assist running [C] // IEEE/RSJ International Conference on Intelligent Robots and Systems. Nice, France: IEEE, 2008: 747-754.

[100] Kao P C, Lewis C L, Ferris D P. Invariant ankle moment patterns when walking with and without a robotic ankle exoskeleton [J]. Journal of Biomechanics, 2010, 43(2): 203-209.

[101] Neil J M. Preliminary design of a full-scale, wearable, exoskeleton structure, AD-

A058716 [R]. Buffalo, New York, US: Cornell Aeronautical Laboratory, 1963.

[102] Repperger D W, Remis S J, Merrill G. Performance measures of teleportation using an Exoskeleton device [C] // Proceedings of the IEEE International Conference on Robotics and Automation. Cincinnati, OH: IEEE, 1990: 552-557.

[103] Giuffrida F, Piaggio M, Guerrasio C. G-EXO, a modular exoskeleton as multi purpose multi media interface [C] // Proceedings of IEEE International Workshop on Robot and Human Communication. Tsukuba, Japan: IEEE, 1996: 213-216.

[104] 黄乐登. 面向偏瘫患者的穿戴式下肢康复外骨骼的研究 [D]. 广州：华南理工大学，2019.

第 2 章
人体下肢能量收集方法研究

2.1 引言

人体运动具有一定的周期性与规律性，为了对人体机械能进行收集与利用，必须充分考虑人体下肢生理结构以及步态特点。本章以人体下肢生物力学研究为基础，对下肢髋、膝和踝关节的位置姿态以及能量转换进行分析研究具有重要意义。目前，该领域国内外研究较少，缺少成熟理论进行指导设计。本章研究内容为后续人体能量迁移方法奠定理论依据，明确了能量收集器的受众群体，并且完善了下肢运动障碍患者的康复策略。下肢外骨骼是典型的开链式串联多自由度机构，利用简化的行走下肢外骨骼的刚体杆件模型，分别对下肢外骨骼的运动位姿和运动速度进行求解。通过研究行走过程中系统各部分之间的关系，确定下肢外骨骼各部位在广义坐标系下的空间位置和各关节的驱动力矩，为后续位置姿态感知与能量精准释放控制提供依据。

能量在人体行走过程中不断地发生着复杂的转化，目前相关研究主要集中在人体代谢能的产生和分配，基于肌肉层面的肌肉长度、力、产生和吸收机械功的变化，基于关节层面的关节角度、力矩、功率和能量的变化，基于身体总机械能层面的测量方法及其能量大小变化，以及人体内部各部位的能量流动等几个方面。

为验证人体下肢刚体简化模型合理有效，对人体行走数据采集实验方案进行设计，采用 Vicon 动作捕捉系统及测力平台等设备对人体下肢行走过程中的关节角度及力矩、地面反作用力等数据进行采集分析。同时，使用人体运动仿真软件 OpenSim 与动力学仿真软件 ADAMS 分别进行仿真计算与对比分析。

人体与外骨骼为刚性连接，当使用外骨骼助力后，弹簧储能单元参与人体下肢运动与能量循环。为了充分探究穿戴外骨骼行走对人体下肢肌肉和骨骼的影响，分别对肌肉和骨骼建立力学模型，建立骨骼肌生物力学模型，计算骨骼肌的主动收缩力。另外，人体运动的实际角度与理论模型之间存在误差，从而导致人体和外骨骼之间产生交互力。因此，需要简化膝关节运动模型，建立外骨骼交互力的人体动力学模型。本章研究内容为后续人体能量收集与迁移的方法研究奠定了理论基础，同时为人机耦合特性分析与仿真提供理论支持。

2.2 人体下肢运动特性分析

人体运动的实现主要是由骨骼、肌肉、神经联合作用，是一个复杂自治的调节系统。在研究人体运动时，人体被分为三个独立的平面，分别定义为矢状面、冠状面以及横切面。其中，矢状面将人体分为左右两个部分，冠状面将人体分为前后两个部分，横切面将人体分为上下两个部分。在此基础之上，将人体运动关节在矢状面方向上的运动定义为屈伸运动（屈曲运动＋伸展运动），其中，屈曲运动是指使该关节两侧身体部分间夹角减小的运动，伸展运动则是指使该关节两侧身体部分间夹角增大的运动。同理地，展收运动（外展运动＋内收运动）定义为人体运动关节在冠状面方向上的运动，外展运动为运动关节使身体部分远离冠状面的运动，内收运动则是使身体部分接近冠状面的运动。最后，运动关节在横切面方向上的运动则定义为内旋/外旋运动。

运动系统是人体运动的执行系统，其由骨骼、关节和肌肉等构成。在运动中骨骼、关节和骨骼肌分别起着支撑、枢纽和驱动作用。骨骼肌跨越关节附着在骨骼上，在神经系统的支配下，肌肉的收缩产生动力，牵动着骨骼围绕关节进行运动，进而实现人体的运动。人体可以看成是由骨骼、肌肉和关节组成的多刚体开链结构，如果将骨骼、关节和肌肉分别视为刚体、运动副和驱动器，便可以将研究机器人的理论和方法用于人体运动的研究。

2.2.1 人体肌骨模型研究

目前，人体运动能量的研究方法分为两类[1]，一类是常用的直接测量法，另一类是模拟分析理论的模型法。模型分为三类：刚性连接模型、肌肉骨骼模型、肌肉模型。

① 刚性连接模型：刚性连接模型常用来研究改变人体步态参数对代谢能消耗的影响。Minetti 等人建立了简化的双足模型，并分析了最小代谢能消耗量[2]。Romeo 建立了人体运动的简化模型[3]，参考标准人体测量参数，解释人体行走时的能量消耗[4]。Ambrosio 与 Franco 等人提出了一种三维大尺度人体模型[5]，解释骨骼肌的动力学特性。Winters 基于 Hill 肌肉模型建立了一种能量消耗模型[6]，用于评估运动中的能量消耗。

② 肌肉骨骼模型：Hase 与 Yamazaki 等人建立了生物力学分析的全身肌肉骨骼仿真模型[7]，采用简化模型对双足行走进行分析。Romeo 提出了一种基于运动方程的全局静态优化算法，建立了一个包含大腿、小腿和脚的三自由度肌肉骨骼模型[3]。

③ 肌肉模型：Umberger 等人[8] 在 Hill 腿部肌肉模型的基础上进行改进，建立了肌肉能量消耗模型，用于预测热量和机械能量的释放[9]。Zhou 等人提出了一种利用生物力学模拟预测平面人体手臂运动代谢成本的方法，并设计出两种力学模型[10]，通过实验验证，发现骨骼肌肉模型在代谢能量消耗的预测方面更加精准。

直接测量法可以用来研究人体肌肉的运动状态及能量消耗，通过 EMG（肌电信号测试）、人体图像捕捉技术等手段获取各肢体的瞬时状态，以精准获得各肢体的角度、速度、转矩以及功率等数据[11]。目前的测量手段主要有 EMG[12]、呼吸代谢测试[13]、动作捕捉系统[14]、测力平台[15] 等，如图 2-1 所示。

(a) EMG肌电信号

(b) 呼吸代谢测试

(c) 动作捕捉系统

(d) 足底压力测试

图 2-1　人体实验测量法主要途径

2.2.2 人体下肢步态研究

人体步态具有周期性，即人体的行走过程具有相似的空间特征和时间特征，左右腿之间具有规则的交替性。人体的两条腿在空间中往复进行有规则的抬起和落地，抬起和落地在每个步态周期的时刻也是相对固定的。可将整个步态周期分为站立阶段和摆动阶段，如图 2-2 所示。

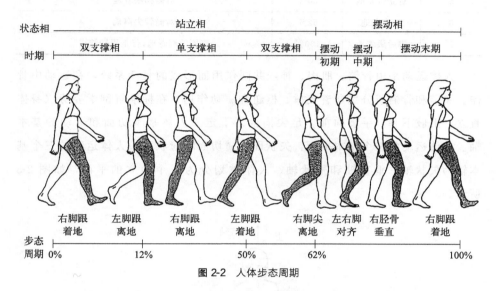

图 2-2 人体步态周期

行走中肌肉力、重力、地面反作用力和惯性力共同作用产生向前的推力，使人体稳定行走。对于单侧腿而言，从脚跟着地到该侧脚跟部位再次着地，所经历的时间构成一个步态周期。

从足跟着地到足尖离地的过程称为站立阶段，完成足底与地面接触，约占整个步态周期的 60%。从足尖离地到再次足跟着地的过程称为摆动阶段，完成腿部前伸，约占整个步态周期的 40%。同时对站立阶段和摆动阶段进行细分。其中足跟着地、足平放、足跟离地、足前支撑和足尖离地共同构成了人体站立阶段，足部重叠与胫骨垂直共同构成了人体摆动阶段。取右腿运动进行分析，步行的特征在于站立阶段，处在步态周期的前 60%，而摆动阶段，处在步态周期的后 40%。在行走过程中，足底与地面接触实时发生变化，人体在一个步态周期内包含如下几个阶段，如表 2-1 所示。

表 2-1　步态周期各个阶段

步态序列	名称	时间	步态动作
1	脚跟着地	0%	足跟或足底与地面第一次接触的瞬间
2	承重反应期	0%～12%	足跟着地后足底与地面全面接触瞬间
3	对立脚离地	12%	重心由足跟转移到足底
4	脚后跟离地	12%～50%	该侧脚后跟上升
5	对立脚着地	50%	对侧脚跟着地
6	脚尖离地	62%	对侧脚尖离地
7	脚后跟着地	100%	该侧的脚着地,行走周期结束

人体运动是由骨骼、肌肉、神经共同作用而形成的复杂系统,在运动中骨骼、关节和骨骼肌分别起着支撑、枢纽和驱动作用。在标准解剖学姿势(身体直立,上肢下垂,手掌向前,足尖向前)下定义人体基本切面和运动的基本轴。人体运动的三个基本平面:矢状面、横切面和冠状面。人体运动的三个基本轴为矢状轴、垂直轴和冠状轴。人体被划分为三个独立的平面,如图 2-3 所示。

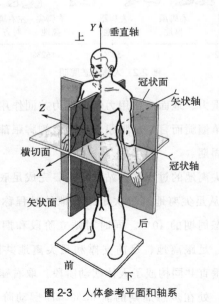

图 2-3　人体参考平面和轴系

对人体各个部位的运动构型进行分类的标准术语如下。大多数的运动模式需要身体的一部分围绕穿过关节中心的轴旋转,这种运动称为角运动,常见的角运动有屈曲（flexion）运动、伸展（extension）运动、外展（abduction）运动和内收（adduction）运动，如图 2-4 所示。

屈曲和伸展是与矢状面平行的运动。屈曲是一种旋转运动，它是使两个相邻长骨彼此接近的过程，比如腿部或前臂的屈曲使得股骨与胫骨、尺骨/桡骨与肱骨彼此接近。伸展运动与屈曲运动方向相反。对髋关节而言，屈曲运动定义为股骨绕髋关节的冠状轴在矢状面内向前转动的运动；对膝关节而言，屈曲运动定义为胫骨绕膝关节的冠状轴在矢状面内向后转动的运动。伸展运动则与其相反。如果伸展运动持续超过解剖体位，就称为超伸展（hyperextension）。

外展和内收是肢体绕矢状轴在冠状面内的运动，定义远离冠状面的运动为外展运动，反之为内收运动。外展是远离身体长轴的运动，而内收是将肢体收向身体长轴的运动，例如：手臂的拓展运动属于外展运动，而在引体向上运动中，运动员将手臂拉向身体躯干的动作属于内收运动。

除了屈曲、伸展、外展和内收运动之外，肢体还存在着外旋（extorsion）运动和内旋（intorsion）运动，指肢体绕垂直轴在横切面内的运动，定义由前向外的运动为外旋。下肢肢体的外旋和内旋运动可实现人体走、跑、跳等运动方向的改变。

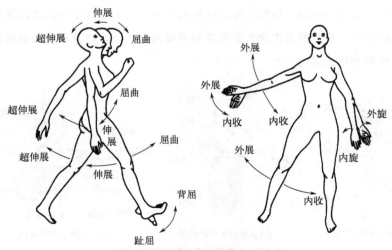

图 2-4　人体肢体运动解剖学图解

人体下肢主要由股骨、胫骨和腓骨等三个长骨，髋、膝、踝等三个下肢关节，以及诸如胫骨前肌、股直肌和腓肠肌等骨骼肌组成，各个环节通过紧密结合并相互作用构成了完整的生物运动系统，如图 2-5 所示。在该系统中，股骨与胫骨在人体行走中起到主要的支撑作用，骨与骨之间通过韧带连接构成关节作为运动的枢纽。

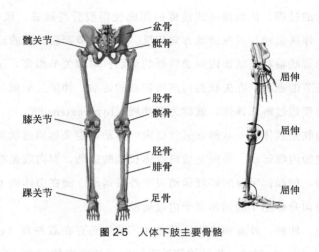

图 2-5 人体下肢主要骨骼

髋关节（hip joint）由关节头（股骨的股骨头）和关节窝［髋骨的髋臼（acetabulum）］构成，如图 2-6(a) 所示。股骨头全部嵌入髋臼内形成球窝关节，髂股韧带（iliofemoral ligament）、耻骨韧带（pubofemoral ligament）和坐股韧带（ischiofemoral ligament）等相互作用以加固关节。髋关节可在矢状面内绕冠状轴进行屈伸运动、在冠状面内绕矢状轴进行外展内收运动，以及在横切面内沿垂直轴进行内旋和外旋运动。

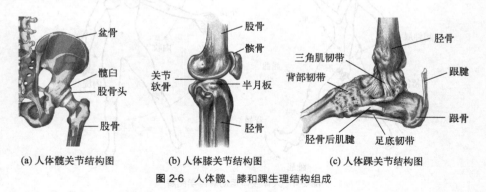

(a) 人体髋关节结构图　　(b) 人体膝关节结构图　　(c) 人体踝关节结构图

图 2-6 人体髋、膝和踝生理结构组成

髋关节前屈曲是指大腿前面靠近躯干的运动。前屈曲范围与膝关节姿势有关。膝伸直状态下，主动屈曲可达 80°，被动屈曲约为 120°；膝屈曲状态下，主动屈曲可达120°，被动屈曲约为140°。髋关节后伸展是指大腿向冠状面后方伸展的运动，其运动范围比前屈曲运动范围小，膝伸直时主动伸展一般为20°，被动伸展时可达30°，但膝屈曲状态时大腿后伸展范围稍小，约为10°。

髋关节外展是指大腿外侧向外离开矢状面的运动，运动范围为0°～60°，当一侧下肢主动外展时，另外一侧下肢会有一定程度的被动外展。髋关节内收是指下肢从任一外展位朝向矢状面的运动，运动范围为60°～0°。当一侧下肢跨越支撑腿前方或后方向对侧运动时，即为内收兼前屈曲或内收兼后伸展的联合运动；当一侧大腿叠落在另一侧大腿呈坐姿时，则为内收兼前屈曲和外旋的联合运动，这一切联合内收运动范围为0°～30°。髋关节内旋/外旋是指下肢绕经过髋关节中心的垂直轴的自身旋转运动，膝伸直状态下，趾尖朝内的运动为内旋，趾尖朝外的运动为外旋。呈坐姿时，髋、膝关节皆屈曲90°时，小腿向外活动称为内旋，范围为0°～30°；小腿向内活动称为外旋，范围为0°～60°，如图2-7所示。

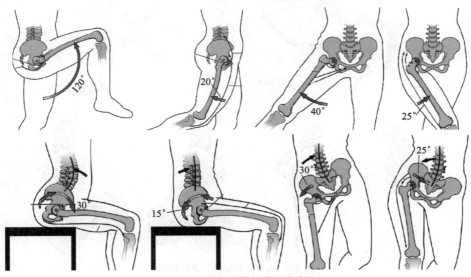

图2-7 人体下肢髋关节活动范围

膝关节（knee joint）由股骨和胫骨的内外侧的髁关节面、髌面构成，如图2-6(b)所示。由于股骨的关节窝和关节头为椭圆形，髌面与髌骨后面的关节面为滑车形，故膝关节是一个椭圆滑车关节。小腿可绕关节的冠状轴在矢状面内做屈伸运动，当人体处于半屈膝时，小腿还可绕胫骨关节的关节轴做轻微的内旋、外旋运动，但当膝关节完全伸直时，胫骨与股骨受关节结构影响而嵌锁，此时小腿不能做旋转运动。因此，一般情况下认为膝关节具有屈/伸自由度，可视为一个铰关节。膝关节拥有两个自由度，一个是在矢状面内的伸展以及屈曲，一个是在横切面内的外旋以及内旋，而其中内旋和外旋动作的实现要求膝处于屈曲状态，且横切面内的运动是被动产生的，角度范围为67°。膝的屈曲以及伸展是绕着一个内外旋转轴发生的，对于一般的正常成年人，膝关节的可运动范围为从130°～150°的屈曲状态伸展到超过0°位置的－5°～－10°的位置状态，如图2-8所示。但当膝关节伸直时，股骨与胫骨嵌锁，小腿固定旋转。此时，假设膝关节具有屈/伸自由度，当作铰关节处理。

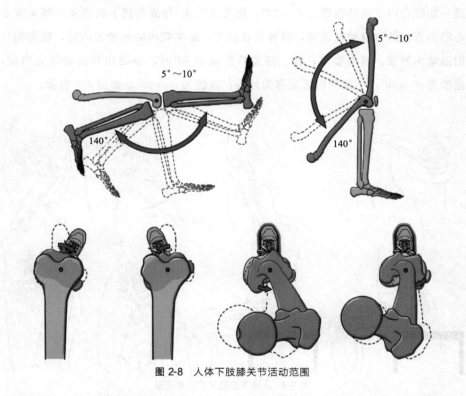

图2-8 人体下肢膝关节活动范围

膝关节结构功能复杂，股四头肌通过离心收缩控制人体下蹲或坐下时身体中心下降的速度，通过离心收缩吸收膝关节受到的冲击。股四头肌的向心收缩能够加速股骨与胫骨发生膝关节的伸展动作。膝关节不仅可以完成后屈曲与前伸展，还可以完成外旋与内旋。

膝关节力矩的主要来源有屈曲运动时的腿筋力、伸展运动时的股四头肌力，以及稳定膝关节所需的前后叉韧带力[16]。膝关节的内在生物力学与膝关节周围的肌肉组织之间存在着功能相互作用。在恒定负重下，屈肌群和伸肌群的肌电活动均依赖于膝关节屈曲角度。这种肌肉活动与膝关节角度的关系反映了膝关节肌肉组织的机械效率与膝关节屈曲的关系[17]。

膝关节在运动时不仅可以完成后屈曲/前伸展运动，同时也可以完成小范围的外旋/内旋运动。膝关节后屈曲是指小腿后面接近大腿后面的运动，主要表现为行走中支撑足离地的屈膝运动及下蹲运动。运动范围大小与髋关节当前位置有关，髋前屈曲位时，膝主动后屈曲可达130°，髋后伸展位时，主动后屈曲可达120°左右，膝的被动后屈曲可达160°左右。膝关节前伸展是指小腿后面离开大腿后面的运动，主要表现为行走中摆动腿向前跨步时的前伸展运动及由蹲位或坐位起立的运动。前伸展运动可从任一屈曲位到0°，运动范围为130°～0°。

通常膝关节伸肌群所产生的力矩比膝关节屈肌群产生的转矩大三分之二左右。膝关节伸肌通过向心收缩、离心收缩以及等长收缩动作完成膝关节的多重功能。一方面，股四头肌通过离心收缩可以控制人体下蹲或坐下时身体中心下降的速度，同时通过离心收缩还能吸收膝关节受到的冲击作用。特别是在行走时脚后跟着地的过程中，肌群对膝关节受到地面的反作用做出反应，使得此阶段的膝关节发生略微的屈曲，进而减少膝关节所受的冲击，起到关节保护的作用。另一方面，股四头肌的向心收缩激活能够加速股骨与胫骨发生膝关节的伸展动作，会用来做出提升人体质心的运动，如上楼梯、坐起等。

膝关节复杂的生理结构使得其能完成各种复杂的动作，在正常双足站立的情况下，每个膝关节所承受的载荷约为人体重量的0.43倍。在单腿站立的情况下，人体重心的垂直线会落在膝关节的内侧，导致股骨向胫骨平台发生一定的内侧倾斜。在上楼梯的单膝站立阶段，膝关节承受的最大载荷约为人体重量的3.02倍，而在平地行走的单膝站立阶段，最大的承受载荷高达人体重量的4.25倍。

膝关节的稳定性主要是通过其软组织约束来实现的，膝关节的髌骨关节以及胫股关节被较大的韧带、大块的肌肉以及关节囊固定在了一起。在运动过程中，软组织要能经受人体外部力和内部肌肉的作用，当膝关节部位受力过度时，容易导致半月板、关节软骨或韧带的损伤，这给外骨骼的设计提供了基本的指导，在进行穿戴式设备的设计时，不能造成人体关节或肌肉的损伤。膝关节的关节软骨以及半月板都类似于黏弹性材料，受力时将产生一定的形变，这将增大股骨和胫骨之间的接触面积，根据力学理论，这能降低胫股关节间的接触应力。

踝关节（ankle joint）又名距上关节（supratarlar joint），其较为灵活，活动自由度大，结构复杂，主要由腓骨外踝关节面、胫骨下关节面、距骨滑车上面和内踝关节面组成，如图 2-6(c) 所示。距腓前后韧带、跟腓韧带和三角肌韧带等起到加固关节的作用。冠状轴为踝关节的主要运动轴，足部绕冠状轴向下转动（即绷直足面）称为跖屈（plantar flexion）运动，足部绕冠状轴向上转动称背屈（dorsal flexion）运动。此外，踝关节还可绕矢状轴做微小的外展和内收动作，如图 2-9 所示。

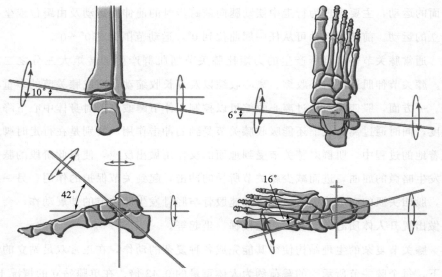

图 2-9　人体下肢踝关节活动范围

主要运动是足部围绕冠状轴在矢状面上做背屈/跖屈运动，背屈运动是指足沿冠状轴上升使足背靠近小腿的运动，跖屈是指沿冠状轴使足背远离小腿的运动。其中，背屈最大范围为 20°～30°，跖屈最大范围为 30°～50°。足底跖趾关节的伸展/屈曲运动辅助人体行走和能量的转换，伸展范围为 0°～60°，屈曲范围为 0°～40°。

关节的运动由肌肉驱动，肌肉通过附着在骨骼上的肌腱向人体施加驱动力。人体前行时，主要由骨骼起支撑作用，通过下肢肌肉的收缩做功，完成骨骼围绕关节的转动。下肢关节运动范围受到结构限制，如表 2-2 所示。

表 2-2　下肢关节旋转轴及运动范围

关节	关节运动	旋转轴	运动范围
髋关节	屈曲/伸展	冠状轴	120°～135°/10°～20°
	外展/内收	矢状轴	45°/30°
膝关节	内旋/外旋	垂直轴	40°～45°/45°～50°
	屈曲/伸展	冠状轴	135°～140°
踝关节	内旋/外旋	垂直轴	10°～30°/10°～40°
	屈曲/伸展	冠状轴	40°～50°/20°～28°

人体下肢肌肉主要维持人体直立姿势、行走、跑步等一系列活动，因此下肢的肌肉比较粗壮。下肢肌肉按照其位置主要分为臀肌、大腿前侧肌、大腿内侧肌、大腿后侧肌、小腿后侧肌群浅层、小腿后侧肌群深层、小腿前侧肌群和小腿外侧肌群，如图 2-10 所示。其中，股四头肌由股内侧肌、股外侧肌、股直肌等组成，股肌群收缩只能使得膝关节进行伸展动作，而股直肌的收缩除了引起膝关节的伸展外还将引起臀部的弯曲，如表 2-3 所示。

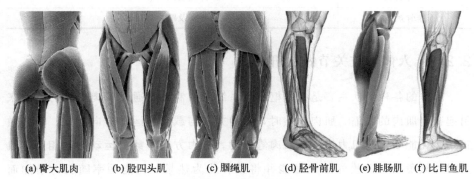

(a) 臀大肌肉　　(b) 股四头肌　　(c) 腘绳肌　　(d) 胫骨前肌　　(e) 腓肠肌　　(f) 比目鱼肌

图 2-10　人体下肢主要肌肉

表 2-3　下肢肌肉的作用

肌肉	作用
臀大肌	下肢髋关节后伸和外旋
阔筋膜张肌	稳定髋关节、膝关节、大腿屈曲
缝匠肌	膝关节、髋关节屈曲
股四头肌	膝关节伸展
耻骨肌	大腿内收，髋关节屈曲

续表

肌肉	作用
内收长肌	大腿内收、屈曲以及髋关节外旋
内收短肌	大腿内收、屈曲以及髋关节外旋
内收大肌	大腿内收、屈曲和伸展
股薄肌	大腿内收,膝关节屈曲,胫骨内旋
股二头肌长头	膝关节屈曲、髋关节伸展、胫骨外旋
股二头肌短头	膝关节屈曲,胫骨外旋
半腱肌	大腿伸展,膝关节屈曲及胫骨内旋
半膜肌	大腿伸展、膝关节屈曲和胫骨内旋
腓肠肌	踝关节跖屈
比目鱼肌	小腿屈曲
趾长屈肌	踝关节跖屈及外侧四趾屈曲
胫骨前肌	踝关节背屈及足内翻
伸趾长肌	踝关节背屈及脚趾的伸展
第三腓骨肌	足的背屈、外翻、外展
腓骨长肌	足外翻及踝关节跖屈
腓骨短肌	足外翻及踝关节跖屈

2.2.3 人体下肢关节做功研究

人体的各种运动主要是在中枢神经系统的控制下,通过肌肉细胞的收缩来引起整个肌肉的收缩。肌肉收缩时,出力方向与载荷的运动方向相同,肌肉做正功,耗能功率随肌力增加。肌肉舒张时,出力方向与载荷运动方向相反,肌肉对外做负功,吸收外部机械能并将其转化为热量,耗能功率随肌力增加而上升。

人在行走过程中,髋关节、膝关节和踝关节在运动周期内,正功和负功是相互交替变化的,各关节做功特点如下。

(1)膝关节做功特点

膝关节在矢状面上的瞬时功率随时间变化的曲线如图 2-11(a) 所示,功率在正负之间交替变化。由图可以看出,虽然膝关节功率在正值与负值之间交替变化,但其均值为负值,所以膝关节是吸收能量的。人体行走时瞬时功率的峰值频繁出现,波动不大,其最大值为 110W。

在步态循环的站立相中，随着步态时间向前推进，膝关节由开始阶段的做正功慢慢变成做负功，这可以解释为什么人体在长时间行走之后，膝盖会磨损，因为在行走时人体需要膝关节吸收大量负功，膝关节的软组织起到缓冲作用，时间久了就会发生磨损；在负功率达到了最大值60W后膝关节开始慢慢变为做正功，并在脚尖即将离开地面时，膝关节的正功幅值达到了最大值110W；在进入摆动相之后，膝关节做功慢慢减少，并在摆动即将结束时出现了一个波动的幅值，这是由于在此时腿部向前迈动，需要向前抬动小腿，为这条腿即将接触地面做准备。图中结果表明，膝关节在一段时间内做负功，所以在整个步态循环中，膝关节在这段时间内做负功，可以在设计外骨骼时储存这部分能量，当膝关节做正功时释放储存的能量，实现助力。

（2）踝关节做功特点

踝关节做功特点如下：踝关节在矢状面上的瞬时功率随时间变化的曲线如图 2-11(b) 所示，大多数时间关节瞬时功率小幅度振荡波动，趋于零值。在前脚抬起的一瞬间，推进人体躯干前移，功率增大至峰值。在站立姿态中，功率在步态周期前50%为负值，表明踝关节做负功，在50%到60%之间，脚踝做正功，且功率达到峰值。在摆动期，踝关节不做功。所以在整个步态循环中，踝关节也做负功，可以利用这部分能量，当脚踝做正功时释放储存的能量，实现助力。

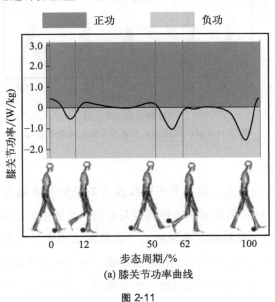

(a) 膝关节功率曲线

图 2-11

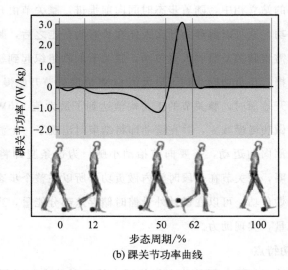

(b) 踝关节功率曲线

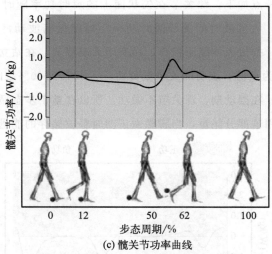

(c) 髋关节功率曲线

图 2-11　膝、踝和髋关节随时间变化的功率曲线

（3）髋关节做功特点

髋关节做功特点如下：髋关节在矢状面上的瞬时功率随时间变化的曲线如图 2-11(c) 所示，髋关节瞬时功率的均值是正值，且峰值出现在前脚抬起时，这是因为此时人体躯干向前移动需要髋关节提供驱动功率，功率峰值约为 120W。在站立相初期，髋关节做功功率变化速度很快，由最初的正功率极值迅速变为负功率并达到极值，之后负功率逐渐减小恢复至零，之后髋关节一直做负功，在步

态周期的45%左右达到功率的极值点,在此后,髋关节开始做正功,在步态周期的55%左右达到最大值;在进入摆动相之后,功率开始减小,之后功率开始增大,之后开始做负功,这是因为在摆动相的后期,膝盖和脚踝向前迈进,牵连着髋关节向前运动,导致髋关节做负功,之后髋关节一直做负功,并在步态周期的90%左右达到负功率极值,此时的髋关节为脚部着地做准备,在步态即将结束时,髋关节负功率逐渐减小,最后时刻达到0值。

综合而言,髋关节在整个步态中,在正功与负功之间交替频繁,出现多个功率极值,数据变化波动大,导致髋关节能量收集复杂。而踝关节和膝关节在行走过程中都稳定地做负功,满足收集能量的特点,并且膝关节做负功最多。因此,本书利用膝关节进行能量收集与助力。

2.3 人体下肢能量收集原理与方法

人机系统以人机结合、以人为本为设计的核心思想,充分考虑和发挥人的主观能动性。穿戴式外骨骼以人机工程学、机械设计、材料学、工业设计等多学科为基础,为外骨骼提供了全面系统性的设计。根据仿生学及人机工程学,外骨骼的关节的结构设计必须依照人体生理结构,基于人体解剖学和生物力学,符合人体关节的特点,旨在复现、辅助并增强人体骨骼肌系统的功能[18,19]。

2.3.1 收集原理

针对外骨骼与人体结构之间的关系,外骨骼的运动学拓扑构型可以分为与人体下肢运动学同构和异构两种方式。其中,同构外骨骼是指在运动学上,外骨骼有着与人体相同或相似的结构、相似的关节、相同的自由度及分布,外骨骼与人肢体各部位在物理上保持充分耦合。而异构外骨骼是为消除或减少外骨骼与人体之间的相互抵触,设计多个冗余自由度,其结构与人体运动学相似或稍有不同。根据人体下肢运动特点以及机械传动原理,分析现有能量收集传动装置,能量收集方案主要有四种,如图2-12所示。

图2-12(a)是人机运动学同构的设计方案。该方案结构简单,可以满足人体下肢的运动姿态,穿戴者对外骨骼的操作方便,不易出现人体下肢运动干涉。虽然膝关节处可添加串联弹簧,但膝关节转动角度有限,导致弹簧变形量受限,其

(a) 线性弹簧　　　(b) 伸缩缸体　　　(c) 并联卷簧　　　(d) 连杆机构

图 2-12　四种典型下肢助力外骨骼能量收集方案

刚度难以调节。

图 2-12(b) 是一种运动学异构设计方案。采用伸缩缸体连接髋关节和踝关节，完成能量传递。结构设计简单清晰，伸缩缸体可以采用电动推杆或液压缸等。但缸体行程由于人体膝关节的活动范围受限，并且附带气源与油源系统复杂，续航能力受限。当人体完成跨越障碍等动作时，容易出现外骨骼与环境发生碰撞的情况。

图 2-12(c) 是一种多级卷簧并联驱动的运动学异构设计方案。利用人体步高的周期性变化特点，刚度可调，结构紧凑，并且能够适应人体的大多数运动。但是卷簧之间协调作用，跟随人体步态周期，合理控制卷簧高频次释放能量是一难点。

图 2-12(d) 是一种基于平面连杆机构的运动学异构设计方案。利用曲柄滑块的运动原理、结合新材料的变形储能实现能量的收集，结构新颖，效率较高。但是人体行走干涉明显，人机之间交互力较大，活动能力受限，无法适应下蹲或跨越障碍等动作。

助力外骨骼是仿生学、动力学和机械工程的结合，主要由机械支架、无动力弹性元件及连接件构成，分别对应于人体骨骼肌中的骨骼、肌肉和肌腱。一方面，弹簧模拟人体肌肉和肌腱配合，可以储存、释放、传递形变势能[20]，将运动能量循环，降低能量消耗。目前常采用流体弹簧、蜗卷弹簧[21]（也称为卷簧）、形状记忆合金、弹性软体材料等。另一方面，根据外骨骼与人体的交互力，设计科学的外骨骼结构，合理地布置机械结构，对人机耦合受力进行合理传导[22]。

国外对人体行走过程中总机械能变化的研究方法主要集中在：部分能量增量法、质心法、能量求和法、关节功率法和肌肉功率法。

① 部分能量增量法　部分能量增量法是指通过计算身体主要部分的动能或势能，然后将每部分增加的能量相加，便可以得到身体产生的净机械能。早期应用此种方法比较多。

在计算从代谢能到机械能的流动时，分别通过计算短跑者身体各部分的动能和势能增量得到净机械能。通过计算躯体的"垂直功"来预测全身的机械能。

② 质心法　基于人体质心动能和势能的变化提出了质心法，质心法通过测力平台求得数据，通过相关计算得到人体质心的变化情况，其应用范围有限。此外，用人体质心来代表人体存在较大误差，它忽略了人体运动中两个肢体（如前后手臂的摆动）会存在相反的运动。

③ 能量求和法　能量求和法是计算出人体各个主要部分的动能和势能，相加得到储存于每个部分的能量，之后再将所有部分的能量相加得到总机械能。利用运动捕捉系统获得了人体各部分运动学数据，得到各部分能量交换情况和各部分所含的能量，通过求和得到了人体的总机械能。其中空心三角形、实体正方形、实心圆圈、空心圆圈分别代表人体总机械能、躯干能量、右腿能量、左腿能量。

④ 关节功率法　关节功率法通过测量人体行走时各关节功率，运算得到各关节所做的功，相加后得到总机械能。由于做正功释放机械能，做负功吸收机械能，若是计算人体消耗的代谢能量，由于关节做正功与负功都需要消耗代谢能，因此需要对能量皆取正值；若是需要求得人体上机械能的变化情况，则只需直接相加计算。

关节功率法相对比较精确，并且技术手段已经相当成熟，如今大多数研究者都采用此方法，但是由于计算过程中忽略了较小关节的能量变化，该方法也会存在一些误差。

⑤ 肌肉功率法　肌肉功率法是通过测量运动中所涉及肌肉的功率来计算总机械能的变化。肌肉功率法能够比较精确地计算人体行走周期内能量的变化，是目前研究的热点之一。

2.3.2　收集方法

人体在运动过程中，下肢支撑并推动身体向前，会产生大量的动能。在加速或减速时，下肢关节需要消耗人体能量。利用外部机构在下肢减速阶段将动能回收，降低能量消耗，实现助力。膝和踝关节做功储能原理如图 2-13 所示。

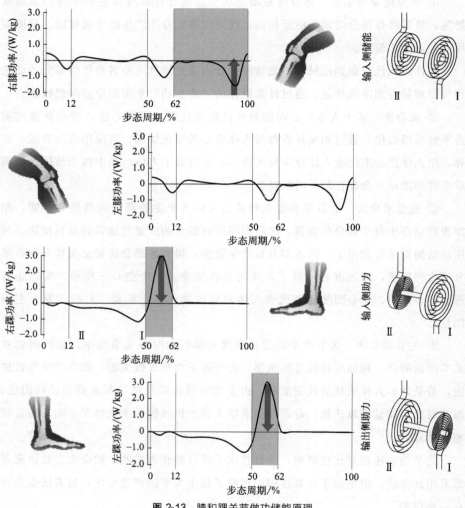

图 2-13　膝和踝关节做功储能原理

在腿的伸展和摆动过程中，涉及重力势能参与能量转换。同时，两腿的步态周期存在一定的相位差，满足了跨肢体能量迁移的时间差。对膝关节在行走的过程中由关节产生的负功进行收集，经过能量管理，行走需要能量时进行释放，实现能量迁移，辅助下肢行走。

对于健康人群，根据自身承受能力范围，选择合适刚度的卷簧。小腿和踝足靠自重，在下落的过程中，足以驱动卷簧，系统无须额外做功。对于单侧下肢行走障碍的人群，患侧下肢由于长期依赖健侧下肢，患侧下肢运动功能衰退，肌肉萎缩，活性下降。而健侧下肢长期高负荷运动，肌肉能力较强。

因此，在身体可以负担和接受的范围内，关节驱动刚度较大的卷簧储存能量，付出额外做功。综上，充分利用人体自身优势，收集人体下肢能量，用于患侧辅助运动，实现人体能量迁移的同时达到人体平衡。

根据人体步态周期的运动特点，人体能量流动状态主要分为三个阶段，如图 2-14 所示。其中，在收集阶段，利用肢体重力势能转换，膝关节负功进行收集，转化为弹性势能，在储能的同时，降低关节减速制动所带来的冲击与磨损。在能量管理阶段，通过控制能量释放装置，在对侧下肢蹬地需要助力时释放能量。

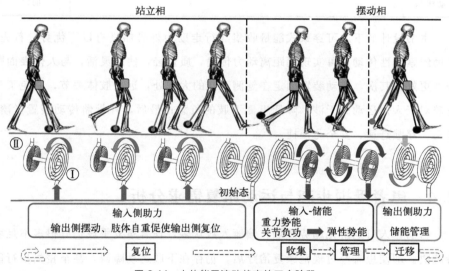

图 2-14　人体能量流动状态的三个阶段

收集阶段：当膝关节从弯曲到伸直状态时，传动盒与踝关节处的弹性绳被拉紧，即膝关节做负功阶段，弹簧会发生形变，收集膝关节做负功产生能量。管理阶段：当脚前后均落在地面时，前一阶段弹簧存储的能量将被锁住，能量进行存储管理，等待释放。迁移阶段：当另一只脚后跟离地时，进行助力。本书外骨骼采用两级平面蜗卷弹簧实现能量收集。步态周期中外骨骼的工作顺序如表 2-4 所示。

表 2-4 步态周期中外骨骼的工作顺序

步态周期	0%~12%	12%	12%~50%	50%	50%~62%	62%	62%~100%
右腿	脚跟着地 双腿支撑	脚面着地	脚跟离地	脚尖蹬地	向后挥摆	脚尖离地	向前挥摆
绳长	恢复原长					原长	绳子拉伸
能量流动状态	Ⅰ级卷簧恢复形变,能量释放,同侧助力				复位		Ⅰ级与Ⅱ级卷簧同时储能
步态周期	0%~12%	12%	12%~50%	50%	50%~62%	62%	62%~100%
左腿	向后挥摆	脚尖离地	向前挥摆	脚面着地	脚跟着地 双腿支撑	脚面着地	脚跟离地
绳长	恢复原长						绳子收缩
能量流动状态	复位						Ⅱ级卷簧助力

本书设计的下肢可穿戴式能量收集与行走助力外骨骼具有以下优势：首先，借助绳索柔性传动，可实现远距离动力传输，质量轻，使用灵活，与人体表面贴合性更好；其次，传动装置固定在健侧下肢的大腿处，远离肢体关节，避免了外骨骼对于人体运动的干涉，降低患侧下肢的负载；最后，外骨骼传动装置紧凑、轻巧、穿戴舒适、安全与便捷。

2.4 患者受损步态与运动康复需求分析

目前，人口老龄化趋势严峻，偏瘫人数众多，现有康复手段仍有很多不足亟待解决。即使患者经过规范康复治疗后，仍存在下肢运动障碍，甚至丧失步行能力。早期科学康复训练对于降低致残率、提高生活质量具有重要意义[23]。

其中，对于脊髓神经损伤引起运动障碍的患者，一侧肢体麻痹瘫痪，另一侧却是健康的[24]。对于神经形态结构和活动功能，当中枢神经系统损伤后具有可修饰性与可塑性。因此，偏瘫患者通过康复训练可以在一定程度上恢复肢体的运动功能。近年来，国务院和国家卫生健康委等部门相继出台政策来鼓励支持康复医学的发展[25]，康复外骨骼在患者康复过程中扮演着重要的角色。

人体运动障碍分类包括痛性、间歇性、职业性、迟发性。从病因上分类包括体外系统病变、肌肉病变、骨骼病变、运动传导通路病变、情绪等。造成人体下肢运动障碍的原因包括三大类型：疾病、肢体残疾和劳损。

① 疾病。主要包括老年病使中枢神经受损，出现下肢运动障碍或丧失运动功能。慢性病：导致下肢运动障碍发生的重要组成部分。神经系统相关的疾病：导致动作机能异常，如脑神经功能障碍、脊柱病变等。感染病毒：损害脊髓神经细胞，致使肌肉萎缩无力，无法运动。营养不良：由于营养物质摄入的不足。外伤：在运动过程当中造成的外伤。

② 肢体残疾。伴随着频发的意外事故和人们运动性肢体损伤。

③ 劳损。关节劳损：关节发生病变甚至坏死，严重影响关节活动度，限制关节运动，导致运动障碍。肌肉损伤：短时间内剧烈运动，肌肉酸痛，出现一定程度的劳损，造成行动困难。患者肌张力增高，全身肌肉僵硬，行走缓慢。血运障碍：血管性病变，肢体血液循环障碍，运动中肌肉不能得到相应血液供应，发生运动障碍。

2.4.1 偏瘫步态运动特点

下肢运动障碍是指患者单侧肢体肌力减退、活动不便或完全不能活动。造成运动功能障碍的原因是：由于身体单侧运动系统得不到大脑中枢神经的调控，造成肢体各肌群产生功能紊乱，出现偏瘫步态。与正常步态相比，偏瘫步态有如下特点。

① 偏瘫患者腿部摆动时，其髋关节伴有外旋外展，足部呈下垂内翻，步态有划圈动作，导致限制了部分关节自由度。因此，积极锻炼腿部肌肉力量，纠正病态步态，实现康复训练。

② 患侧下肢摆动期开始时会出现屈髋不足，因为抬起力量不足，患侧下肢不能有效离地。为了弥补抬腿不足，患者下意识地外旋其髋关节、患侧肩关节出现降低，同时前脚掌着地将产生一个后向力作用在胫骨上，阻碍患者身体前移。

③ 偏瘫患者因残腿承重能力下降，只能用健侧下肢补偿，迫使健侧腿摆动加快，造成单腿支撑时间变短，双腿支撑时间变长，整个步行周期比常人长。

④ 偏瘫步态的横向步宽变大，纵向步长、步幅缩短，同时步态周期变长，步行速度下降。

⑤ 偏瘫患者步态不对称，导致出现跛行。其中，患者步态重心移动是决定

能量消耗的重要因素，正常人重心轨迹在矢状面内呈现正弦周期性变化，变化幅度约为5cm[26]。

⑥ 身体重心摆动幅度过大，容易引起跌倒。由于偏瘫患者残腿力量小、支撑时间短，造成健侧下肢的上提动作时间不足，在膝关节还未充分屈曲时就被迫着地，造成健侧下肢摆动时间比常人短[27]。

综上所述，偏瘫患者由于残腿功能障碍，下肢各部分肌肉力量不足，需更多地借助健侧下肢补偿，导致健侧下肢承担身体主要重量，长此以往，对健侧下肢造成永久性损伤[28]。针对患者的运动特点，选择不同的步行方案，分别是健侧下肢先行、患侧下肢先行。相关研究结果表明，外骨骼辅助平地步态中，健侧下肢先行方案最好，其次为患侧下肢先行[29]。而健侧下肢先行也利于能量收集，进而补偿给患侧下肢。

2.4.2 康复训练方法策略

基于神经重塑理论开展下肢步态康复训练，通过运动疗法恢复患肢健康步态。传统治疗方法是由康复医师对患者关节进行反复牵拉，活动关节和肌肉，具有局限性。目前康复医师稀缺、恢复过程关节角度不精确、康复成本高。循证医学表明，康复训练对于降低致残率至关重要[30-32]。

瑞典治疗师Brunnstrom提出了著名的恢复六阶段理论，康复治疗中患者可按照Brunnstrom分级评判运动功能障碍程度[33]。对于处于康复早期的患者，通常采用被动训练来帮助患者按照预定轨迹活动关节，提高运动能力和减少肌肉的萎缩；患者恢复一定力量后的康复中期开始主动训练，鼓励患者主动参与；在康复后期，患者完成具有挑战的任务，增强肌力，练习平衡、协调运动功能。从康复医学角度来看，不同病程时期采用的康复训练方式也不同，机器人辅助康复训练应具备被动训练、主动助力训练和主动抗阻训练模式。

随着患者的康复进程，康复训练机器人从提供被动训练过渡到提供柔性主动训练，所采用的控制策略随之而调整。在被动训练时主要是以位置控制为主的步态轨迹跟踪，主动训练时通常采用力反馈和生物信号反馈。交互控制策略包括阻抗控制、导纳控制、力位混合控制、顺应性控制，以及"按需辅助"（assist-as-needed，AAN）协作控制方法[34-36]等。

"按需辅助"协作控制使机器人与患者智能地互助，为患者提供辅助力或阻抗力。当患者处于康复中后期时，采用基于挑战的"按需辅助"协作控制，可改善动作定位能力和精确动作训练。常采用误差放大和视觉扭曲等算法增加训练难度，增强肢体运动与神经系统反应的神经重塑联系训练。

我国人口基数大，康复医师供需比小，有限的康复医师难以满足所有患者的实时需求，"一对一"的工作模式也使其工作任务繁重，引入康复机器人可以解决康复医师稀缺的问题，节省人力，还可提升整个医疗行业的康复水平，解决了康复医师稀缺造成的供需不平衡问题，也使患者在康复前期能够得到及时有效的治疗，不会错过最好的恢复时机。

另外，康复医师在治疗过程中难以保证牵拉角度的精度，但智能康复机器人在精度和稳定性等方面有着医师不可比拟的优势，可更好地替代传统医师"一对一"的繁重训练任务，辅助患者在规定时间内完成高精度、多频次的关节训练。而且传统康复医师高昂的费用会增加患者的康复成本，同时康复医师的心情因素也会影响到对患者的康复训练过程，康复机器人就可以很完美地避开这些问题[37]。因此，研制高效智能的康复机器人来提高康复治疗效果是研究者的研究重点。

下肢步态康复训练机器人是基于神经重塑理论[38]，通过运动疗法恢复或重建神经通路，实现患肢步态康复治疗的自动化设备，减轻医护人员的工作强度。康复机器人面向患者、以临床需求为驱动而产生的新型综合性研究领域具有持续、定量、训练参数一致、训练方式多样化的优点，辅助患者精确、定量、科学地完成康复训练。根据患者患肢的评估等级，可实现被动训练、主动助力训练及渐进抗阻训练等多种康复治疗。经循证医学证实，康复训练是降低致残率的有效方法，机器人辅助康复训练的治疗效果已被国际公认[30-32]。临床研究表明，在常规康复干预基础上增加下肢步态康复机器人辅助康复训练，能够进一步改善患者的下肢运动功能[39-41]。

下肢康复训练对于患者而言是一个长期缓慢的过程。一般而言，在得知自己患病后，越早开始康复训练，就越有可能恢复失去的行动能力和头脑意识。在送医后，医生的当务之急是稳定患者的身体状况，控制危及生命的情况，避免与中风患病等相关的并发症的产生。而康复训练通常在患病后的 24~48h 后就已经开始。训练持续时间取决于中风偏瘫和并发症的严重程度，少数幸存者可以短时间内恢复，但大多数人需要经历多种形式的训练手段，持续数月或数年才可能回到正常生活。现有的偏瘫治疗训练有很多方法，针对每位患者的身体部位和肢体能力来制定训练计划，并随着身体状态的转变而更新。在下肢治疗训练过程中，训练方法主要包括身体活动训练、技术辅助活动训练、认知情感训练、实验诊疗训练，如图 2-15 所示。

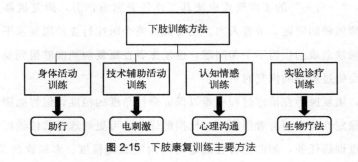

图 2-15 下肢康复训练主要方法

下肢康复训练是一个长期缓慢的过程，尽早开始康复训练，有可能恢复运动能力。临床医学表明，合理有效地增加下肢辅助康复训练，可以改善下肢运动能力[39-41]，不同病程时期采用不同的康复训练[35]。

康复初期，为了帮助患者按照预定轨迹活动关节，减少肌肉萎缩，通常采用被动训练。在康复中期患者肌肉力量逐步恢复，开始鼓励患者主动训练。在康复后期患者练习平衡、增强肌力，协调运动。针对患者身体部位和肢体能力来制订训练计划。

为了提高肌肉力量和协调能力，进行身体活动训练，包括运动技能强化、适度约束健侧活动强度、强制患侧改善功能。技术辅助活动可以对虚弱肌肉进行一定承受能力范围的功能性电刺激。认知情感是对认知障碍、沟通障碍和心理障碍进行治疗。实验诊疗是使用干细胞生物疗法。

2.4.3 康复训练阶段

研究表明，对于患者肌肉恢复应该根据不同阶段选择不同难度康复训练动作[42]。康复训练主要分为被动运动、辅助运动、主动运动、阻抗运动四个阶段[43]，如图 2-16 所示。从下肢康复过程来说，针对身体活动的训练，目前医院所采取的下肢康复训练分为三个阶段：

第一阶段的患者完全不能站立，且只能躺在床上，必须进行肌力和关节活动度训练，即通过器械的运动和医生的辅助主动性地拉动下肢做康复训练[44]。此阶段的目的是锻炼下肢肌肉，增强肌力、调节肌张力和增加关节活动范围。

第二阶段的患者能自主站立但不能正常行走，患者会依靠拐杖支撑和医生对患者的患腿的帮助实现缓慢前进。在这个阶段，传统偏瘫下肢康复训练动作增加到站起、坐下、站立平衡、行走等动作，可根据偏瘫恢复的不同的阶段和不同程度进行，目的是重塑平衡及步行能力。

第三阶段是患者已经可以相对较为自如地实现自主行走，但他们需要克服其他肌肉的代偿，刻意地完成行走训练且尽量适应人正常行走步态，达到康复目的。

图 2-16 康复训练阶段

而在这三个阶段中最重要的康复过程就是通过步行训练恢复正常行走能力。在目前的康复训练中，特别强调在偏瘫患者患病的早期就进行康复训练，以降低康复成本，减小康复难度，获得较好的训练效果。而具体到偏瘫下肢的康复训练，则应该在患者具有行走能力、使用其他肌肉学习代偿之前的早期开始。运动功能下降后，患者期望的运动与实际活动存在不同程度的区别。尤其是在步行过程中，步态发生明显的变化，使用其他肌肉代替应有肌肉活动成为患者的一种常见运动模式。可以明确的是，当代偿发生时，患者会陷入无效刻板的运动，对康复治疗并没有起到太多作用。反之，患者会越来越依赖现有肌肉能力，导致本应该被锻炼的肌肉没有被训练到，用进废退后引发肌肉痉挛，甚至引起肌肉的失用性萎缩。只有在特定的肌肉活动和上述运动控制训练下，加上外部训练环境的提供和学习激励，才有可能恢复有效运动。具体到下肢的步态纠正训练，可以通过运动学和生物力学等分析方法，针对每一位患者的生理情况，采取个性化的治疗方案，佩戴矫形器械，强制执行受患病影响的下肢的活动，针对性地进行生理刺激，进而重新训练肌肉强度。

总的来说，现有的医疗条件仍然欠缺，且不能只通过增加人工来解决问题。辅助医疗助力器械扮演了越来越重要的角色。而具体到步行康复训练，由于第二阶段和第三阶段患者不能实现正常步态自主行走，需要合适的下肢康复外骨骼来协助医生进行训练。它大大减少了医生的工作量，也给患者带来了更多训练。

第一阶段，被动运动阶段。在这一阶段对肌肉无法进行自主控制，患者只能靠康复机器人施加的外力完成训练动作。该阶段需要不断刺激患者肌纤维，抑制患者肌肉异动。

第二阶段，辅助运动阶段。经过被动训练阶段后，患者的病情有所好转，患者对肌肉可以进行部分控制，此时即进入了康复训练的第二阶段，即辅助运动阶段。在这个阶段，患者还不能完全自主控制肌肉实现目标运动。此阶段与第一阶段相比，患者完成训练动作需要的辅助力变小。该阶段为患者提供可变且精准的辅助力成为了重点。

第三阶段，主动运动阶段。随着病人的病情不断好转，康复治疗也进入了下一个阶段，即主动运动阶段。在这一阶段患者上肢已经可以独立运动，患者的肌肉力量已经基本恢复。在这一阶段中，康复机器人按照既定设定，不再提供辅助力，仅仅做跟随运动。

第四阶段，阻抗运动阶段。患者可以轻松完成主动运动时，康复治疗进入最后一个阶段，即阻抗运动阶段。此时患者的肌肉已经完全恢复，康复机器人在患肢做运动时增加了阻抗，患者需要克服阻力完成训练动作，此阶段的目的是提高肌肉的强度、增粗肌肉纤维。

在上述四个阶段中，当代偿发生时，患者会陷入无效刻板的运动。反之，患者会越来越依赖现有肌肉能力，导致肌肉没有训练，引发肌肉痉挛，甚至引起肌肉失能。

2.4.4 康复训练治疗的作用

康复训练治疗的作用主要体现在以下几个方面（图 2-17）。

① 促进血液循环，防止肌肉痉挛和运动组织坏死，增强肌肉力量。
② 防止四肢关节僵硬，使关节保持一定的活动范围。
③ 增强身体内分泌系统的代谢功能，增加骨组织对矿物质的吸收。

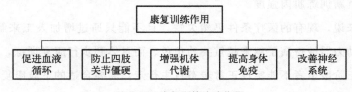

图 2-17 康复训练治疗作用

④ 增强体质，提升机体免疫力。

⑤ 促进神经系统代偿功能的形成，补偿受损中枢神经丧失的运动功能。提升中枢神经系统的调节能力，通过康复训练维持和改善神经系统的灵活性和协调性。修复受损中枢神经回路，使患者神经元中心再学习重建，恢复运动功能。

2.4.5 康复训练研究任务

为了合理高效地实现康复训练，围绕设计、任务和智能三个方面，在行为、任务及智能方面需要开展更深层次的研究。

① 从"设计共融"出发，探索模拟人体下肢关节生物刚度的控制方法，提高系统柔顺性，解决与患者行为共融的康复训练外骨骼的柔顺性问题。外骨骼机构本身构型复杂、驱动系统刚度大、刚度调整困难，导致穿戴体验感较差。

② 从"任务共融"出发，在步态康复训练任务中开展以任务为导向的重复运动训练，解决与康复训练任务共融的步态规划问题，为患者制定符合其病况和行走特征的方案。

③ 从"智能共融"出发，基于复杂耦合的动力学特性，结合运动意图和运动反馈，借助有效的反馈控制逐渐降低患者对外骨骼的依赖。康复训练的强度、难度具有针对性，应与患者的需求相适应，实时感知患者的身体姿态，调整所需的运动刺激。

2.4.6 康复训练现存问题

然而，虽然训练理论科学、训练方式多样，但是目前在下肢康复训练上存在许多问题：第一，对于众多的偏瘫人数来说，专业康复医师少，我国现有康复医师占比为1.7人/10万人，无法满足康复需要。加上很多患者自己采取的康复训练方法不科学，容易造成二次伤害，这延长了康复时间，对患者康复行走和回归社会的心理造成了严重影响。第二，每一位患者的患病程度不一，需要的训练强度和训练方式也完全不同。即使是专业的康复人员，医生对患者的特殊需求没有正确的认识，容易引起低效率、效果差。第三，虽然现在康复医疗器械开始进入大众的视线，但大部分医院现有的医疗康复行走器械不足，主要都是采取医生一对一在旁协助，加以借助简单器械的方法来帮助患者的康复训练。但是这种康复训练的方法需要占用医生大量的时间，康复效率低、成本高，效果也不尽理想。

为实现康复训练过程中的人机共融，在行为、任务及智能方面有如下问题需要进一步深入研究。

① 与患者行为共融的康复训练机器人的柔顺性问题。康复训练中为达到神经重塑的目的，患者的主动参与对于诱导神经可塑性十分必要，患者的参与行为对于人机共融系统需首先解决康复训练机器人的柔顺性问题，这也是共融机器人的三大特征之一。机器人机构本身构型、驱动系统普遍存在刚度大、刚度调整困难的问题，导致穿戴舒适性、治疗舒适性差，患者在康复过程中易出现二次损伤或厌倦心理。为给患者提供更大的运动柔性、参与兴趣与难度挑战，机器人在机构、驱动及控制系统的设计中考虑在关节康复范围内顺应患者的运动。因此从"行为共融"的目的出发探索模拟人体下肢刚度的机器人关节类生物刚度控制方法，提高系统柔顺性，应成为康复训练机器人研发中考虑的重要问题之一。

② 与康复训练任务共融的步态规划问题。步态康复训练任务中患者在机器人的协助下按照理疗师制定的康复步态轨迹进行重复性的训练，依据理疗师的医学经验为患者制定符合其病况和行走特征的步态轨迹，进而为机器人提供符合康复训练需求的步态规划方案是实现任务共融的关键。针对康复机器人步态轨迹固定、动态调整过程复杂及缺乏理疗师的直接参与等现状，从"任务共融"的目的出发，在步态康复训练任务中增强理疗师医学经验的融合，寻求面向患者提供个性化康复步态的规划方法，发展任务导向的重复运动训练。

③ 人机共融的个性化适应性康复治疗问题。康复训练的强度、难度具有针对性，应与患者的需求相适应。在多次康复训练后患者的运动障碍逐渐得到改善，或在一次康复训练中随着训练时间的增长患者疲劳或注意力下降，这些情况都说明康复训练参数应该是自适应的，并具有个性化特征。从"智能共融"的目的出发，治疗过程中实时感知患者的运动机能康复状况，将患者的主动运动状况量化来判断所需的运动刺激，通过基于动力学特性的交互协调控制将运动意图和运动反馈及时结合，诱导神经可塑性变化。探索运动耦合和力耦合下的康复训练机器人系统运动特性、动力学特性的表征，借助有效的反馈控制逐渐降低患者对机器人的依赖，定制渐进治疗的训练参数，将提高运动神经康复的效果。

具体的康复策略包括药物康复、运动训练康复等。根据脑卒中患者病情康复的不同阶段，可以将康复训练分为被动康复训练和主动康复训练。被动康复训主要针对康复初期的患者，因其自身关节抵抗转矩大、运动能力差，需要康复机器人牵引其进行相应的康复训练。当患者恢复一定的运动能力后，可以将康复训练升级为主动模式，通过主动模式基于 sEMG 的控制方法，使患者主动参与到康复训练中，提高患者参与到康复训练的积极性，更有利于促进患者的肌肉力与运动能力的恢复。依据康复医师的建议，同时考虑到处于偏瘫恢复期的患者行动不便，幅度过大可能造成二次损伤。

2.5 行走数据采集与下肢运动仿真研究

研究人体下肢行走机理，利用人体行走数据进行人体运动学及动力学分析。利用 Vicon 动作捕捉系统及测力平台获取人体下肢髋、膝、踝关节角度，地面反作用力等信息。通过运动仿真软件，解算关节角度及力矩，为后续提供计算数据与对比数据。为了更准确地获取人体下肢行走中的各种数据，为人体下肢运动学和动力学分析提供角度、力矩等参考信息，需进行人体步态数据采集实验。目前国内外人体运动数据采集方法主要有三种：

① 直接从人体运动数据库中（CGA）调用运动数据；

② 通过搭建简易的外置穿戴平台（例如 IMU），通过角传感器、陀螺仪等外置传感器测得关节角度、肢体空间位置等运动信息；

③ 通过动作捕捉系统获取关节角度、角速度、角加速度、关节力矩等人体运动学与动力学数据，该方法是目前最准确、最常用的测量手段。

2.5.1 行走数据采集实验

Vicon 光学动作捕捉系统由英国 Oxford Metrics Limited 公司生产，使用时同时记录动力学和运动学数据。其中，运动学数据通过对拍摄图像的分析获得，动力学数据通过三维测力系统获得。Vicon 光学动作捕捉系统是世界上第一个设计用于动作捕捉的光学系统，它由一组网络连接的 Vicon MX 动作捕捉摄像机、Noraxon 无线 sEMG 测试系统和 AMTI 足底测力板构成，建立起完整的三维动作捕捉系统。

人体在行走过程中需同时记录运动学和动力学数据。运动学数据采用录像解析系统通过对拍摄图像解析获取，动力学数据通过多分量测力台获取人体对地面的各分量力。录像解析系统由大容量图像采集器和运动解析软件 Vicon Nexus（如图 2-18 所示）组成，通过运动解析软件计算出受试人员的运动参数。

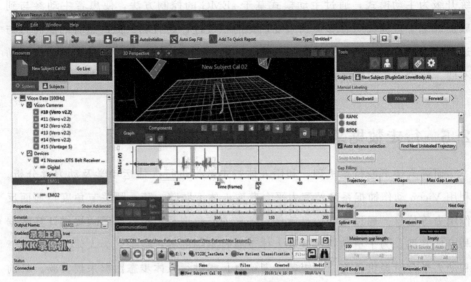

图 2-18　Vicon Nexus 运动解析软件界面

人体行走的动力学数据是通过三维测力系统测得人对地面的作用力及力矩，根据牛顿第三定律及坐标系的变换可求得三维力 F_X、F_Y、F_Z，压力中心位置 (x,y) 及关节转矩 T。根据牛顿第三定律，测力台对人体力和力矩与人体对测力台的力和力矩大小相等、方向相反，由此可得测力台对人体反作用力的各项参数。

受试者的步态特征为实验的主要变量，幼年人群尚未形成稳定的行走习惯，老年人群的步态因肌肉衰弱等原因产生不同程度的变形，因此实验人群选择青年人群，其步态稳定，具有代表性。受试者选择 6 名在校生，身体健康，均为自愿参与本实验。实验前，受试者均未进行过于剧烈的活动，下肢无肌肉疲劳症状，保证实验的客观性与准确性，如表 2-5 所示。受试者知晓本研究的研究内容与实验方案，并签署了知情同意书。

表 2-5　受试者相关人体指标

受试者	性别	年龄	身高/cm	体重/kg	大腿长/cm	小腿长/cm	身体状况
贺某	男	23	170	65.23	370	300	健康
李某	男	22	171	67.74	395	355	健康
韩某	男	22	176	70.11	405	360	健康

续表

受试者	性别	年龄	身高/cm	体重/kg	大腿长/cm	小腿长/cm	身体状况
刘某	男	23	166	65.25	380	320	健康
韩某	男	22	176	75.37	390	350	健康
芦某	男	23	168	55.15	340	310	健康

实验设备：人体步态数据采集实验使用10台Vicon MX动作捕捉摄像机、3块三维测力板进行数据采集。将动作捕捉系统数据与三维测力板的数据关联，同时获得运动学数据与动力学数据。实验主要设备如图2-19、表2-6所示。

(a) 动作捕捉实验室　　(b) Vicon MX动作捕捉摄像机　　(c) 标记点　　(d) T形校正架

图 2-19　实验室及主要设备

表 2-6　实验主要设备

设备	数量	设备	数量
三维测力板	3 块	计算机	1 台
Vicon MX 动作捕捉摄像机	10 台	标记点	39 个
T 形校正架	1 套	皮尺	1 卷

实验方案及过程：首先，在每次测试前对系统中的动作捕捉摄像机进行标定，减小实验误差。其次，测量受试者的生理几何尺寸，用于构建Vicon系统的骨架模型，如图2-20所示。最后，建立Vicon静态模型，输入受试者测量参数。如图2-21所示，拍摄其静态标准姿势，快速识别标记点，如图2-22所示。

在粘贴标记点之前需测量受试者的生理几何尺寸，用于构建Vicon系统的骨架模型，包括：下肢长度（髂前上棘到内踝的长度）、膝宽（膝内外侧宽度）、踝宽（内外踝之间的距离）、肘宽（肘内外侧宽度）、腕宽（腕关节内外侧宽度）、掌厚（手掌掌骨最厚部位的厚度）、肩峰端与肩关节活动中心之间的距离等。受试者被要求沿着实验室规定路线重复行走50次，每次间隔5min，标记点位置如

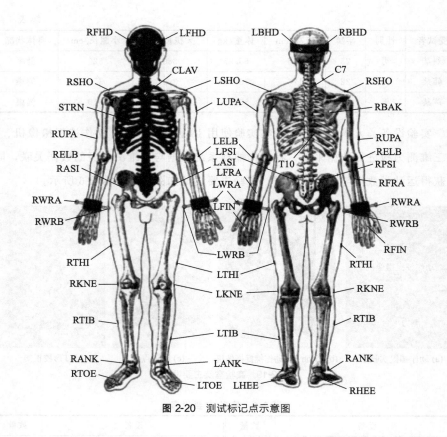

图 2-20 测试标记点示意图

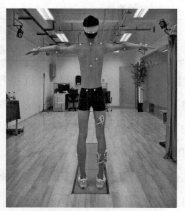

图 2-21 静态模型图

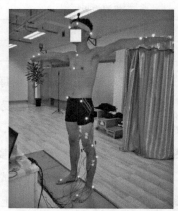

图 2-22 标记点效果图

表 2-7 所示。

表 2-7 标记点位置

位置	数量	坐标
头部	4个	左、右头前(LFHD/RFHD)/左、右头后(LBHD/RBHD)
躯干	5个	第 7 颈椎(C7)/第 10 腰椎(T10)/胸骨柄上端(CLAV)/胸骨柄下端(STRN)/右肩胛骨中部(RBAK)
上肢	14个	肩峰端(L/RSHO)/上臂(L/RUPA)/肘关节(L/RELB)/前臂(L/RFRA)腕关节内侧(L/RWRB)/腕关节外侧(L/RWRA)/第一指趾关(L/RFIN)
骨盆	4个	左、右髂前上棘(L/RASI)/左、右髂后上棘(L/RPSI)
下肢	12个	膝关节(L/RKNE)/大腿(L/RTHI)/小腿(L/RTIB)/踝关节(L/RANK)/脚趾(L/RTOE)/足跟(L/RHEE)

在开始进行运动数据采集之前，需先建立 Vicon 系统静态模型。在 Vicon Nexus 软件中输入受试者的形态学测量参数。在标记点贴好后，让受试者两臂张开站立于测试区内（如图 2-21 所示），用 Vicon MX 动作捕捉摄像机拍摄其静态标准姿势，快速识别各个标记点建立受试者的骨架模型，在此之后即可进行人体行走数据采集实验。

利用 Vicon MX 动作捕捉摄像机记录受试者身上粘贴的标记点的运动轨迹，将贴在人体上的标记点在模拟空间直角坐标系建立出点与线的模型，通过标记点的轨迹进行实验后的数据处理。在实验环境下不可避免地会存在干扰点，在数据处理时需首先删除干扰点（如图 2-23 所示），此外，在人体运动过程中由于某些原因没有被捕捉到的点，可通过系统自动或手动补点（如图 2-24 所示），保证轨迹不会发生间断，确保轨迹无误后即可导出运动数据。

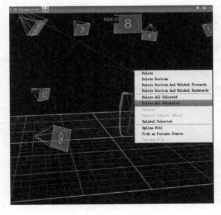

图 2-23 删除干扰点

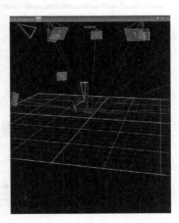

图 2-24 标记点轨迹识别

在理想环境下，人体的行走过程呈现出明显的周期性，左右腿的踝、膝、髋三个关节相互之间以一定的规律协调运动，使身体沿着固定的轨迹稳定前行。Vicon 动作捕捉系统对于各关节角度的方向定义如表 2-8 所示。

表 2-8　各关节角度的方向定义

关节	背屈/屈曲	跖屈/伸展	内收	外展	内旋	外旋
踝关节	＋	－	＋	－	＋	－
膝关节	＋	－	＋	－	＋	－
髋关节	＋	－	＋	－	＋	－

Vicon 动作捕捉系统中模拟的空间直角坐标系定义出标记点的 X、Y、Z 轴的坐标，其中，X 轴坐标定义为空间原点的左右方向，Y 轴坐标定义为空间原点的前后方向，Z 轴坐标定义为空间原点的上下方向。

为获取单周期步态数据，需将 Vicon 系统的输出数据（.c3d 文件）导入 Mokka 软件中进行数据提取。Mokka 软件可根据足底压力判断单步态周期的范围。在本次实验中，均选取了右脚脚跟两次击地时刻作为单步态周期的起始点与终止点，如图 2-25 所示。最终通过 Mokka 软件提取出了单步态周期内下肢髋、膝、踝三个关节的角度与力矩、2 号测力板数据及左足足尖标记点轨迹进行分析。实验结果分析：对受试者进行步态实验，对单周期步态数据进行提取，获得下肢髋、膝、踝三个关节数据，分析右腿髋、膝、踝三个关节运动的角度及力矩。

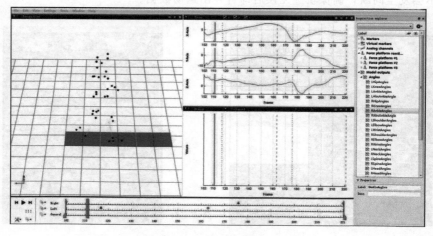

图 2-25　Mokka 软件数据提取界面

髋关节运动的角度曲线如图2-26(a)所示。起初髋关节达到最大屈曲角20°。在站立阶段,髋关节由屈曲位过渡到伸展位,过渡点在步态周期20%处,此时髋关节角度为0°,即人体躯干与大腿平齐。当左足足跟击地时,髋关节达到最大伸展角25°。髋关节依靠股直肌做功,由伸展过渡至屈曲。髋关节在矢状面内屈伸的同时,出现轻微的内收与外展,用来保持人体步态稳定。

髋关节力矩曲线如图2-26(b)所示。髋关节在人体站立时,主要表现为伸肌力矩,髋关节由屈曲过渡至伸展。髋关节最大屈曲力矩为0.6N·m/kg,髋关节最大伸展力矩为1N·m/kg,髋关节内外旋力矩为0.1N·m/kg。

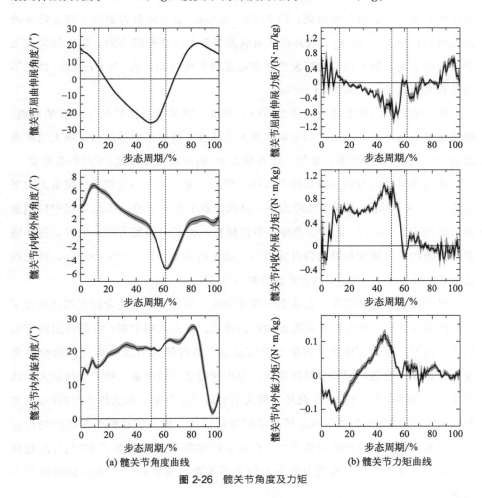

(a) 髋关节角度曲线　　　　(b) 髋关节力矩曲线

图2-26　髋关节角度及力矩

对于髋关节的运动角度,在站立阶段,髋关节由屈曲位过渡到伸展位,过渡点在步态周期约20%处，此时髋关节角度为零，即人体躯干与大腿平齐。髋关节在步态周期开始时达到最大屈曲角度，约20°。髋关节在左足足跟击地时达到最大伸展角度，约25°。在摆动阶段，髋关节在股直肌的作用下又由伸展位重新过渡至屈曲位，准备进行下一周期。伴随着矢状面内的屈伸运动，髋关节呈现出轻度的内收与外展，以维持行走的稳定性。在站立阶段，骨盆以支撑髋为中心，可内旋约20°，以维持行走方向。

对于髋关节的运动力矩，在站立阶段，髋关节主要产生伸肌力矩，臀大肌收缩使髋关节由屈曲位向伸展位过渡并使躯干逐步伸直以提高身体重心。最大屈曲力矩发生在步态周期开始时刻，约0.6N·m/kg，最大伸展力矩发生在左足足跟击地时刻，约1N·m/kg。髋外展肌对髋关节施加内收外展力矩，以保持其在冠状面内的平衡，最大内收力矩发生在左足足跟击地时刻，约1N·m/kg。髋关节内外旋力矩较小，约0.1N·m/kg。

膝关节运动的角度曲线如图2-27(a)所示。膝关节起初呈现5°左右的屈曲，吸收足跟击地冲击。在站立相中期，膝关节伸直并将躯干向前推进。最大屈曲角度为60°，发生在摆动期。此外，还有最大25°的内收角，最大50°的外旋角度。

膝关节运动的力矩曲线如图2-27(b)所示。膝关节在站立相前中期最大力矩约为0.4N·m/kg，表现为屈曲力矩，以减缓躯干重心下移，在站立相中后期最大力矩约为0.3N·m/kg，随着膝关节的伸直，表现为伸展力矩。同时，还伴随着较大的内收力矩和轻微的内外旋力矩，最大内收力矩约0.5N·m/kg，最大内旋力矩为0.07N·m/kg，最大外旋力矩约0.1N·m/kg。

对于膝关节运动角度，在步态周期开始时，膝关节并未完全伸直而是呈现5°左右的屈曲角，以吸收右足足跟击地时的冲击。在站立相中期，在腘绳肌的等长收缩作用下，膝关节伸直并将躯干向前推进，此时膝关节支撑着身体的全部重量。在足跟离地期，膝关节轻微屈曲，为小腿的摆动做准备。膝关节的最大屈曲角度发生在摆动期，约60°。此外，膝关节的运动还伴随有最大约25°的内收角度和最大约50°的外旋角度。根据膝关节的运动特性，膝关节在整个步态周期内应只存在屈曲角度，但在实验数据中，在站立相中期膝关节发生了10°左右的超伸展运动，这可能是由于膝关节处贴点位置不准确，该影响可在人体运动仿真中消除。

对于膝关节运动力矩，在站立相的前中期，膝关节主要表现为屈曲力矩，以

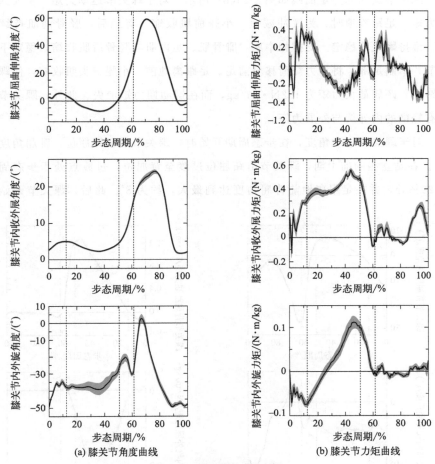

图 2-27 膝关节角度及力矩

减缓躯干重心下移,最大屈曲力矩约为 0.4N·m/kg。在站立相的中后期,随着膝关节的伸直,主要表现为伸展力矩,最大伸展力矩约为 0.3N·m/kg。在膝关节进行屈伸运动的同时,还伴随着较大的内收力矩和轻微的内外旋力矩以保持运动的稳定,其中最大内收力矩约为 0.5N·m/kg,最大内旋力矩约为 0.07N·m/kg,最大外旋力矩约为 0.1N·m/kg。

踝关节运动的角度曲线如图 2-28(a) 所示。在步态周期初期,处于跖屈位,趾屈角度为 13°。在站立相的前中期 20% 处,由跖屈位过渡至背屈位,并在足跟离地前背屈角度达到 8°。此后,踝关节开始转向跖屈,并在右足足尖离地前达到最大趾屈角 28°。在摆动末期,踝关节由跖屈前伸转向背屈。

踝关节运动的力矩曲线如图 2-28(b) 所示。对于踝关节运动力矩，主要为跖屈力矩。足跟着地时，为缓冲减速，小腿前肌收缩。着地后，胫骨前肌持续收缩，维持踝关节稳定。支撑相中期，腓骨肌、足内肌与胫骨后肌收缩，稳定下肢关节，牵制足部，将重力载荷移至前足。足跟离地前，小腿三头肌收缩，使踝关节跖屈，跖屈最大力矩为 1.2N·m/kg，而在摆动期力矩消失。此外，踝关节伴随有轻微的内外旋与外展力矩。

对于踝关节运动角度，在步态周期开始时，踝关节处于跖屈位，趾屈角度约 13°。在站立相的前中期，踝关节由跖屈位过渡至背屈位，过渡点处于步态周期的 20% 处，并在足跟离地前背屈角度达到最大，约为 8°。此后，踝关节开始转

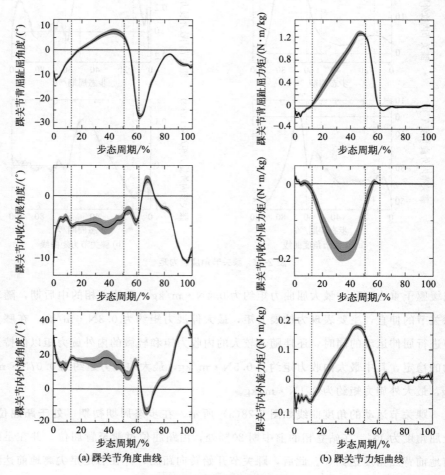

图 2-28 踝关节角度及力矩

向跖屈，并在右足足尖离地前达到最大趾屈角，约为28°。在摆动相后期，踝关节又由跖屈位前伸转向背屈位。除踝关节屈伸运动外，还存在一定的外展角度和内旋角度，以维持运动的稳定。

对于踝关节运动力矩，在整个步态周期内，踝关节肌肉力矩主要表现为跖屈力矩。足跟着地时，小腿前肌群收缩，为足跟着地减速；足跟着地后，胫骨前肌持续收缩，使踝关节得到固定。支撑相中期，足内肌、胫骨后肌和腓骨肌开始收缩，牵制足部，稳定距下肢关节，准备将重力载荷移至前足。足跟离地前，小腿三头肌收缩，使踝关节跖屈，跖屈力矩达到最大，约 1.2N·m/kg。在摆动期，踝关节力矩基本为零。此外，踝关节主要表现出轻微的外展力矩与内外旋力矩，最大外展力矩约为 0.19N·m/kg，最大外旋力矩约为 0.1N·m/kg，最大内旋力矩约为 0.19N·m/kg。

人体行走数据采集实验除了可以获得下肢关节角度、关节力矩等数据外，通过动作捕捉系统及测力平台还可记录下地面反作用力数据和每个标记点的运动轨迹。地面反作用力数据呈现出了显著的特性，当足跟击地时，力值迅速上升至与受试者体重值相当，当步态处于单支撑相中期时，力板收集的踩踏力逐渐卸载，力值下降，当踝关节发生跖屈时，力值再次增大并逐渐超过受试者体重值，当足尖离地后，力值基本为零。地面反作用力数据与标记点轨迹数据可作为 OpenSim 软件的输入数据，对于下文的人体运动仿真具有重要意义。

利用测力平台和动作捕捉系统获得地面反作用力，如图 2-29 所示。标记点运动轨迹如图 2-30 所示。当足击地，足压升高，进入步态单支撑相中期后，压力逐渐降低。当踝关节跖屈，压力值重新增大并超越体重值。当足尖离地后，压

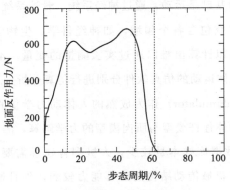

图 2-29 地面反作用力

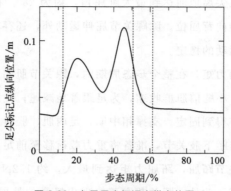

图 2-30 左足足尖标记点纵向位置

力值回零。

通过实验测得的髋、膝、踝三个关节在矢状面内的角度数据曲线平滑，周期性明显，误差带窄，而在冠状面和横切面内的角度数据则波动较大，周期性较弱。对于实验测得的关节力矩曲线而言，除矢状面内踝关节的力矩曲线较为平滑且误差带小之外，踝关节在其他参考面内的测试数据以及髋和膝关节的力矩数据波动都较为剧烈，误差带大。这是由于 Vicon 运动解析软件的计算能力有限，且人在行走中难免会存在振动、摩擦等外界环境的干扰对实验结果产生影响。因此，通过实验测得的数据仅可作为人体运动规律的定性分析，实验数据还需通过专业的人体运动仿真软件进行处理后才可进行人体运动规律的定量分析。

2.5.2 下肢运动仿真分析

人类生命活动的基础是运动，通过神经系统、骨骼系统与肌肉系统的相互作用来实现。运动的研究包含各个领域，如神经科学、生物学、机器人技术和力学，利用仿真技术可以计算出难以通过实验测量的变量。本书采用 OpenSim 与 ADAMS 作为研究人体运动的仿真软件分别进行仿真分析，对比结果的差异性。

OpenSim（OpenSimulator）作为成熟的人体动力学仿真开源软件被广泛采用，侧重人体自身刚体连杆模型与肌肉模型的力学解算，测试结果稳定可靠。但是 OpenSim 自带的数据库样本量较少，人机耦合建模需要编程修改底层代码。另外，OpenSim 对于机械传动结构的解算能力较弱，外骨骼与人体之间的耦合分析较为烦琐，不具备通用性。

ADAMS（automatic dynamic analysis of mechanical system）作为一款成熟的商用动力学仿真软件，应用范围广，可视化界面，参数修改方便，有利于参数化结构设计与仿真分析。另外，该软件与三维建模软件接口丰富，通用性好，最主要的是非常有利于机械结构的动力学仿真分析。缺点在于该软件没有提供人体动力学仿真模块，需要自己搭建人体三维模型，并设置合理关节驱动。建立一个ADAMS人体连杆运动模型进行人体动力学仿真分析，对于后续外骨骼参与的人机耦合模型分析非常便利。ADAMS建立的人体连杆模型是否合理有效，可以通过与OpenSim动力学仿真结果进行对比验证。

OpenSim是由斯坦福大学设计的用于开发、分析和可视化人体肌肉骨骼系统的免费开源软件，能够构建、交换和分析肌肉骨骼系统的计算机模型并可模拟动态运动，其强大的插件技术使用户既可分析现有模型并进行运动模拟，也可从GUI中开发新的模型和运动模拟，还可开发定制的控制器、分析算法、接触模型和肌肉模型等。OpenSim的应用领域包括生物力学研究、医疗设备设计、整形外科和康复科学、神经科学研究、人体工程学分析和设计、运动科学、计算机动画、机器人研究、生物学教育等。

目前，用于人体肌骨模型仿真分析的软件主要有SIMM交互式肌肉骨骼建模软件、AnyBody建模仿真软件、LifeMod（ADAMS）多体动力学软件、MSMS交互式肌骨模型建模软件和OpenSim人体运动仿真软件（图2-31）等。

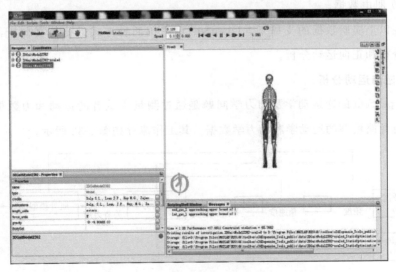

图2-31　OpenSim软件界面

但由于 SIMM、AnyBody 为商业软件价格昂贵，LifeMod 对于肌肉控制不够精确，MSMS 运行环境不稳定等因素，最终确定选择 OpenSim 与 ADAMS 作为人体运动的仿真软件。

OpenSim 对于人体肌骨模型（human musculoskeletal model）具有很强的生成及分析能力，可用于完成各种运动的运动学及动力学仿真分析。软件中的人体肌骨模型由刚体和关节构成的动力学系统组成，该系统在力的驱使下产生运动。模型文件由物理系统的各个部分相对应的组件构成，其中包括主体骨架、运动关节、外界约束和控制器等。模型的骨架系统由通过关节互连的刚体表示，通过关节定义两个肢体的相对运动，约束可用于限制身体的运动，肌肉作为力单元作用于连接在刚体上的肌肉点。肌力通常取决于肌肉纤维和肌腱长度、纤维长度的变化速率和肌肉激活水平等。OpenSim 还设置有各种其他力，如外部施加的力（地面反作用力）、被动弹簧-阻尼器（韧带），以及受控的线性和扭转致动器。

OpenSim 是基于动作捕捉系统实验采集数据开展仿真分析的可导入的实验数据有：

① 位置数据（.trc）：由人体动作捕捉系统测得的标记点坐标轨迹和关节角度数据；

② 力数据（.mot）：地面反作用力/力矩及压力中心点数据；

③ 肌电数据。

在以上实验数据的支撑下，OpenSim 可采用两种方式进行仿真分析：逆向运动分析和正向运动分析。

（1）逆向运动分析

OpenSim 的逆运动学及动力学问题是通过测量受试者的运动和力数据来求解肌肉骨骼模型的运动学和动力学数据。其工作流程如图 2-32 所示。

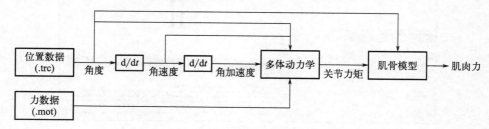

图 2-32　OpenSim 逆向运动分析简图

OpenSim 中的反向运动学（inverse kinematics，IK）工具是将模型中广义坐标的值（关节角度和标记点位置）与记录的实验对象的实验运动学数据（广义坐标下关节角度和实验标记点位置）实现最佳匹配的过程（见图 2-33）。

图 2-33　OpenSim 模型标定

IK 工具遍历运动的每个时间步（或帧）并计算模型在姿态中的广义坐标值，使其在每个时间步都与实验标记点的坐标值达到"最佳匹配"。在数学上，"最佳匹配"表示为加权最小二乘问题，旨在最小化标记点误差和坐标误差。标记点误差是当使用 IK 解算器计算广义坐标位置时，实验标记点与模型上相对应的虚拟标记点之间的距离。每个标记点都有一个与之关联的权重，指定标记点的误差项最小化的程度。坐标误差是实验坐标值与 IK 计算的坐标值之间的差值。应区分确定坐标和未知坐标。确定坐标（也称为锁定坐标）是其轨迹已知且不使用 IK 计算的广义坐标，为精确的轨迹值。未知坐标是轨迹未知，需进行 IK 计算求解。未知坐标可以变化，作为 IK 求解的最小二乘方程中的变化量。与实验坐标进行比较的每个未知坐标必须具有与之相关的权重，指定应该最小化坐标误差的程度。IK 采用的加权二次最小方程为：

$$\min_{q}\left[\sum_{i \in \text{markers}} \omega_i \| x_i^{\exp} - x_i(q) \|^2 + \sum_{j \in \text{unprescribed coords}} \omega_j (q_j^{\exp} - q_j)^2 \right] \quad (2\text{-}1)$$

式中　　ω_i——标记点权重；

$x_i^{\exp}$——标记点 i 的实验坐标位置；

$x_i(q)$——对应的模型虚拟坐标点位置；

ω_j——坐标权重；

$q_j^{\exp}$——j 坐标下的实验值；

q_i——求解出的广义坐标矢量,确定坐标值被设定为实验测得的数据值;

markers——标记点;

unprescribed coords——非指定的坐标。

动力学是研究运动以及产生运动的力和力矩。OpenSim 中的逆动力学(inverse dynamics,ID)工具用于求解引起特定运动的广义力(如:净力和力矩),并且其结果可用于推断肌肉如何致动以产生该运动。为了确定这些内力和力矩,利用外力数据(例如地面反作用力)和给定的加速度数据(通过将角度微分两次来估算)求解系统的动力学方程。使用 Simbody™ 中肌肉骨骼模型的运动学描述和质量属性自动制定运动方程。OpenSim 逆动力学工具中采用了经典动力学方程:

$$M(q)\ddot{q}+C(q,\dot{q})\dot{q}+G(q)=\tau \quad (2-2)$$

式中 q——角度;

$\dot{q}$——角速度;

$\ddot{q}$——角加速度;

$M(q) \in \mathbb{R}^{N \times N}$——系统的质量矩阵;

$C(q,\dot{q}) \in \mathbb{R}^{N \times N}$——Coriolis 和离心力矢量矩阵;

$G(q) \in \mathbb{R}^{N \times N}$——重力矢量矩阵;

N——自由度的数目;

$\tau \in \mathbb{R}^{N}$——广义力或力矩矢量。

模型的运动完全由广义位置、速度和加速度定义。因此,上述动力学方程左侧的所有项都是已知项,方程右侧的剩余项是未知项。逆动力学工具就是利用模型的已知运动通过运动方程求解未知广义力。

(2)正向运动分析

OpenSim 还能够生成肌肉驱动的步态的正向模拟仿真(图 2-34)。

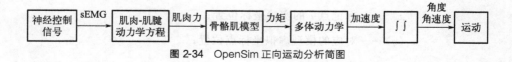

图 2-34　OpenSim 正向运动分析简图

正向动力学(forward dynamics)工具采用一组控制(例如肌肉激励)的向

前积分来驱动模型的运动。通常,使用计算肌肉控制(computed muscle control,CMC)工具生成肌肉激励。作为运行 CMC 的前导,剩余残差计算(residual reduction algorithm,RRA)用于最小化建模和标记点数据处理错误的影响,这些错误聚合并导致产生残差。具体而言,RRA 改变受试者特定模型的躯干质量中心,并允许来自反向运动学的模型的运动学变化,以便更加动态地与地面反作用力数据一致。CMC 的目的是计算一组肌肉兴奋点,使动态肌肉骨骼模型追踪在给定外部施加力下的期望动作,它通过比例微分(PD)控制和静态优化的组合实现。因此,导入实验数据后生成肌肉驱动模拟的典型工作流程是 Scale→IK→RRA→CMC→Forward Dynamics(见图 3-35)。

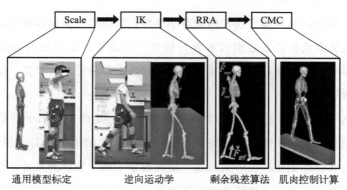

图 2-35 OpenSim 正向运动分析流程图

具体流程可解释为:①OpenSim 以肌肉形态参数为基础建立通用人体肌肉骨骼模型,通过实验数据对通用模型进行标定,建立符合实验个体特征的个性化模型;②通过逆向运动学求解,实现模型与人体实际运动数据的最佳匹配;③通过 RRA 将地面反作用力与人体惯性参数相结合,把逆向动力学的计算误差控制到最小;④通过 CMC 改变肌肉参数,得到模拟仿真结果。

由于本书不涉及对人体肌肉活动的研究,故只利用了 OpenSim 中的逆向运动学和逆向动力学工具并结合实验数据进行仿真分析,求解人体运动的关节角度及关节力矩。

从 OpenSim 现有的模型库中调用通用模型后,需对模型进行标定以匹配采集到的实验数据。标定通用肌肉骨骼模型的目的是修改通用模型的人体测量学参数及物理尺寸,使其与受试者的人体测量学尺寸相匹配。由于在求解逆运动学和逆动力学问题时对模型标定的准确性很敏感，因此模型的标定是进行正向/逆向运动学和动力学的基础。

在 OpenSim 中，通过对模型的标定可调整模型肢体的质量属性（质量和惯性张量）和模型肢体的尺寸，以标记点数据为依据，根据实验数据与通用模型中的虚拟标记点之间的比例关系对各肢体的长度和质量进行缩放，如下式所示：

$$f_0(\boldsymbol{x}) = \|\boldsymbol{Ax} - \boldsymbol{b}\|_2^2 = \sum_{i=1}^{k}(\boldsymbol{a}_i^{\mathrm{T}}\boldsymbol{x} - \boldsymbol{b}_i)^2 \tag{2-3}$$

式中　$\boldsymbol{A}$——$k \times n$ 的矩阵；

$\boldsymbol{a}_i^{\mathrm{T}}$——矩阵 $\boldsymbol{A}$ 中的行；

$\boldsymbol{b}$、$\boldsymbol{x}$——均为矢量。

标定工具能够改变模型的人体测量学参数，以便尽可能地匹配受试者的数据参数。通过将实验标记点数据与放置在模型上的虚拟标记点进行比较来执行标定。除了标定模型之外，标定工具还可用于调整虚拟标记点的位置，使之更好地匹配实验数据。

基于 X-Y-Z 标记位置之间的测量距离和手动指定的比例因子的组合来执行缩放。标记位置通常使用动作捕捉设备获得。未缩放的模型具有一组虚拟标记，其放置在与实验标记相同的解剖位置。缩放模型中每个肢体的尺寸，使得虚拟标记之间的距离与实验标记之间的距离匹配。

模型的标定还可以缩放模型的质量属性（质量和惯性张量）以及肢体的尺寸，而且与身体相连接的元件（如肌肉致动器和包裹物体）也会被缩放。标定是一个多阶段的过程，以下内容更详细地描述了每个阶段。

计算缩放因子：缩放步骤中涉及的第一个任务是计算每个身体部分的比例因子。这可以使用基于测量或手动缩放的组合来实现。

基于测量缩放：在基于测量的缩放方法中，比例因子是通过模型的虚拟标记点位置和实验标记点位置的比确定的，单个比例因子可由一个或多个标记点对计算得出。例如，如图 2-36 所示，取两对标记点为：$\mathrm{p}_1 = \{\mathrm{R. ASIS}, \mathrm{R. Knee. Lat}\}$ 和 $\mathrm{p}_2 = \{\mathrm{L. ASIS}, \mathrm{L. Knee. Lat}\}$。模型上标记点对 $1(m_1)$ 的距离是由虚拟标记点在模型中的默认位置计算得出的。实验测得的标记点对 $1(e_1)$ 是由 .trc 文件中每一帧的每个实验标记点数据计算得出的，通过计算每一帧的标记点对之间的距离，并对受试者在指定时间内所有帧的标记点对之间的距离求平均值。则标记点对 1 的比例因子为 $s_1 = e_1/m_1$。总体比例因子是所有标记点对比例因子的平均值 [例如，总体缩放因子 $s = (s_1 + s_2)/2$，其中 s_2 是标记点对 2 的比例因子]，则该总体比例因子 s 可用于缩放任何肢体。

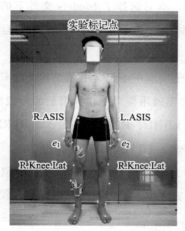 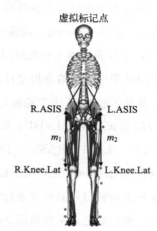

图 2-36 肌骨模型标定

手动缩放：作为使用测量标记位置计算比例因子的替代方法，可以手动指定肢体在 X-Y-Z 轴上的比例因子，适用于已知肢体的实际比例因子或使用某种替代算法计算。

基于比例因子缩放模型的几何尺寸：缩放工具基于测量或手动提取的比例因子可用于缩放模型的几何尺寸，如关节位置、质量中心位置、力施加点位置和肌肉附着点位置等。这些对象与模型同为一体，因此可用模型的比例因子来缩放这些位置。此外，附着于模型上的外接元件也可用相同的比例因子进行缩放。

缩放质量及惯性属性：由测量或手动提取的比例因子对肢体的尺寸进行缩放后，还要调整肢体的质量使得身体的总质量等于受试者的质量。有两种方法对肢体质量进行调整：①保持质量分布，确保受试者的肢体质量与他们在通用模型中具有相同的比例，这种方法采用了一个独立于比例因子的常数因子进行缩放；②利用身体的比例因子对每个身体部位进行缩放，但缩放的模型总质量有可能不等于受试者的实际质量。上述两种方法可以对肢体的惯性张量进行更新以匹配新的尺寸和质量。

基于长度缩放肌肉及其他模型部位：接下来对模型上其他组件（如韧带和肌肉）的距离或长度进行调整。比例因子被计算为缩放前的长度与缩放后的长度的比率，用于缩放组件中和长度相关的属性。由于肌肉长度等参数与模型结构有关，因此 OpenSim 通过缩放保持了模型基本结构。肌肉力在标定过程中不会被缩放。

OpenSim 模型库中具有多种通用模型，本书选择了 Models 文件下的通用模型 gait2392_simbody.osim。该模型为人体全身肌骨模型，具有 23 个自由度和 92 块肌肉，足以满足本书研究所用。

在通用模型中添加的虚拟坐标点，由于模型中不包含上肢结构，故只选择了躯干、骨盆及下肢的 25 个实验标记点添加至通用模型中作为模型的虚拟坐标点。具体添加的标记点有：LFHD、RFHD、LBHD、RBHD、CLAV、STRN、C7、RBAK、T10、LASI、RASI、LPSI、RPSI、LTHI、RTHI、LKNE、RKNE、LTIB、RTIB、LANK、RANK、LHEE、RHEE、LTOE、RTOE。虚拟标记点应完全按照实验标记点的位置进行安放，安放位置不准确会导致标定的模型姿态产生畸形。虚拟标记点位置如图 2-37 所示。

图 2-37　通用模型中虚拟标记点位置

通过 Scale Tool 对缩放参数进行设置。设定受试者数据中的质量数据为 65kg，并添加受试者静态标记点数据 static.trc。通过 Scale Factors 对缩放因素进行设置，通过 Static Pose Weights 对标记点位置和坐标权重进行设置（图 2-38）。对权重的设置可有效改善模型的标定效果，有助于增加逆运动学及逆动力学求解的准确性。标定前后模型如图 2-39 所示。

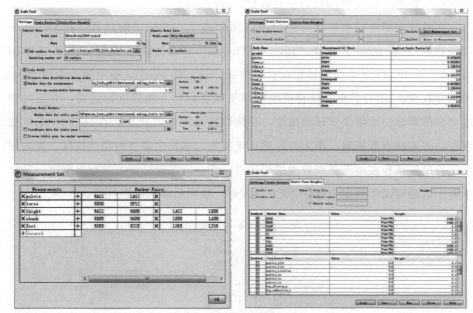

图 2-38 模型标定参数设置

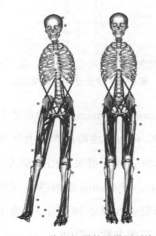

图 2-39 施加权重前后模型对比

由于 OpenSim 软件中设置的坐标系与动作捕捉系统中的坐标系不同，因此在将实验数据导入 OpenSim 模型中进行分析之前需要对实验数据进行处理和信息提取。OpenSim 官网提供了相应的工具 Biomechanical ToolKit（.btk），利用 MatLab 程序进行 GUI 设计并提取、转化可导入 OpenSim 的实验数据（如：实验标记点轨迹.trc 文件和测力平台数据.mot 文件）。

在对模型标定结束后即可进行逆运动学和逆动力学求解计算。在 OpenSim 文件栏的 Tool 菜单下选择"Inverse Kinematics"，加载实验标记点轨迹数据（.trc）。在 IK Trial 中添加标记点轨迹数据.trc，在 weights 中对标记点权重 w_i 和坐标权重 ω_j 进行设置，使得模型按照受试者标记点轨迹进行运动，并通过逆运动学仿真算法求解关节转动角度，具体设置如图 2-40 所示。在进行 IK 求解过程中，需实时查看模型（图 2-41）的行走姿态，如发生姿态畸形的情况，需对权重进行反复调校甚至重新安放虚拟标记点位置，以匹配受试者的行走姿态。最终求解出的逆运动学数据会保存为.mot 文件，以供后续的数据处理。

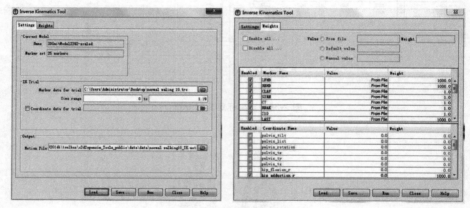

图 2-40　逆运动学工具箱设置

在 Tool 菜单下选择"Inverse Dynamics"即可进行逆动力学工具箱设置。添加人体下肢逆运动学文件 IK.mot 及地面反作用力数据，并对数据进行 6 Hz 低通滤波，进行逆动力学仿真求解人体下肢关节的运动力矩（图 2-42）。

首先，选取 gait2392_simbody.osim 通用模型（具有 92 块肌肉和 23 个自由度）进行肌骨模型缩放与标定（如图 2-36 所示）。为了使受试者人体测量学尺寸与模型尺寸相匹配，修改模型的参数及尺寸。

其次，添加人体下肢逆运动学文件及地面反作用力数据，进行逆运动学和逆动力学求解计算，对数据采用进行 6 Hz 低通滤波处理。将实验测量数据代入 OpenSim 进行求解，获得人体在矢状面内的关节角度及力矩曲线，如图 2-43 所示。

图 2-41 人体行走模型

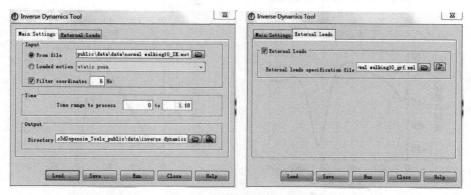

图 2-42 逆动力学工具箱设置

对比 OpenSim 与人体步态测试的下肢关节运动角度，曲线基本吻合。对于髋关节力矩，仿真显示屈曲和伸展力矩均有所增加，为 1.5N·m/kg。对于膝关节力矩，主要体现为屈曲力矩，并且发生在摆动腿离地时刻，最大值为 0.7N·m/kg。对于踝关节，主要表现为背屈力矩，最大值为 1.2N·m/kg，发生于足尖离地时刻。

通过对比人体下肢髋、膝、踝关节的力矩曲线，由踝关节和髋关节驱动人体向前行走，膝关节支撑人体，维持姿态稳定。在站立阶段的开始与终止时，髋关节力矩最大，表明人体主要由髋关节驱动肢体前移。膝关节主要承受身体重量，其最大力矩发生在摆动腿离地时刻，与理论分析吻合。在站立阶段末期，人体支

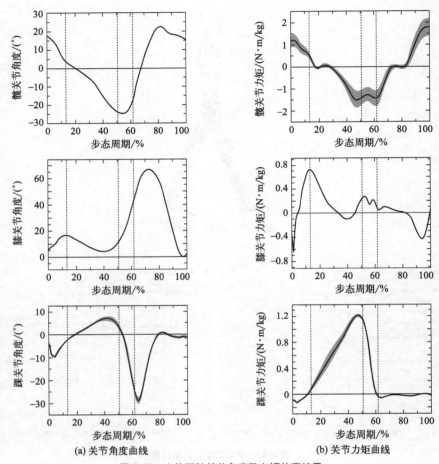

(a) 关节角度曲线　　　　　　　　　　(b) 关节力矩曲线

图 2-43　人体下肢关节角度及力矩仿真结果

撑腿蹬地前进，完成行走。

　　ADAMS 是国外研发的用于研究系统力学仿真的软件。使用 ADAMS 软件对人体下肢模型的行走步态模拟分析，因此动态分析是通过使用收集到的步态信息中的运动学信息进行的。使用 ADAMS 来模拟仿真，模型的创建一般有两种方式，一是通过在 ADMAS 软件的系统中创建，二是由其他建模软件建模后创建模型。由于 ADAMS 的建模过程相对复杂，只适合创建一些简单的机构模型，因此在 UG 中建立三维模型。

　　本书通过参考国标中的人体的各个体节的几何尺寸和转动惯量，使用 UG 对下肢骨骼模型进行设计及简化。人体下肢尺寸参数分析，为了方便对下肢的建模，参考 GB/T 10000—2023《中国成年人人体尺寸》[45] 以及 GB/T 17245—2004《成年人人体惯性参数》[46]，取身高为 1800mm、体重为 65kg 的人体为研究对象。如图 2-44 和表 2-9 所示为下肢的测量方法和尺寸数据。

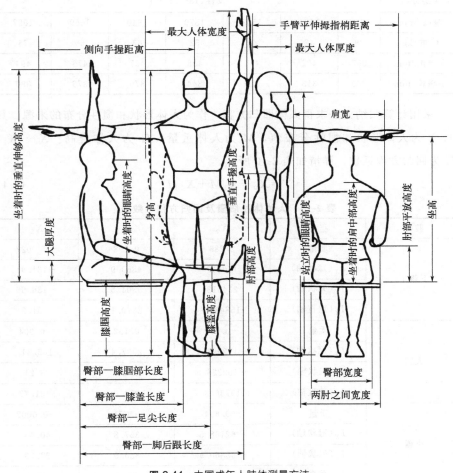

图 2-44　中国成年人肢体测量方法

表 2-9　人体主要尺寸表

年龄分组	男性（18～60 岁）							
身高/mm	1543	1583	1604	1678	1754	1775	1814
体重/kg	44	48	50	59	71	75	83
大腿长/mm	413	428	436	465	496	505	523

续表

年龄分组	男性(18~60岁)						
小腿长/mm	324	338	344	369	396	403	419
年龄分组	女性(18~55岁)						
身高/mm	1449	1484	1503	1570	1640	1659	1697
体重/kg	39	42	44	52	63	66	74
大腿长/mm	387	402	410	438	467	476	494
小腿长/mm	300	313	319	344	370	376	390

采用计算归纳方法求得人体回归方程,作为人体形状和惯性分布的来源。其中,Y 为人体形状和惯性分布值,M 为人体重量,H 为人体身高。X_0、X_1、X_2 为回归方程系数,详情如表 2-10 所示。

$$Y = X_0 + X_1 M + X_2 H \tag{2-4}$$

表 2-10 人体体段质量及回归方程系数表

肢体	指标	X_0	X_1	X_2
下躯干	质量	2.286	0.298	−0.0027
	I_X(冠状轴)	160819	4869.9	−131.91
	I_Y(矢状轴)	234318	5304.5	−186.66
	I_Z(垂直轴)	15843.4	2670.1	−51.3
大腿	质量	−0.093	0.152	−0.004
	I_X(冠状轴)	−192693.4	2537.4	103.31
	I_Y(矢状轴)	−162226.5	2920	73.21
	I_Z(垂直轴)	19736.3	954.8	−31.77
小腿	质量	−0.834	0.061	−0.0002
	I_X(冠状轴)	−62188.5	357.8	40.44
	I_Y(矢状轴)	−58860.9	385.9	37.73
	I_Z(垂直轴)	−1516.6	74.9	0
足	质量	−0.715	0.006	0.0007

人体身高与肢体尺寸成比例关系,取身高为 1678mm、体重为 59kg 的人体为研究对象,大腿长 465mm,小腿长 369mm。鉴于人体结构复杂,将人体抽象成简单的刚性几何实体。人体在矢状面上行走,在引导轨迹构件与躯体之间建立平移副,使模型在运动过程中不会出现冠状面倾倒现象,如图 2-45 所示,下肢各关节的约束情况如表 2-11 所示。

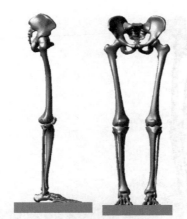

图 2-45 地板和引导轨迹

表 2-11 下肢各关节的约束情况

关节名称	类型	肢体 1	肢体 2
左髋关节	旋转副	左大腿	躯体
右髋关节	旋转副	右大腿	躯体
左膝关节	旋转副	左大腿	左小腿
右膝关节	旋转副	右大腿	右小腿
左踝关节	旋转副	左小腿	左足
右踝关节	旋转副	右小腿	右足
固定关节	固定副	地板	大地
足底引导关节	固定副	引导轨迹	大地
髋部引导关节	平移副	引导轨迹	躯体

在矢状面上，大腿与身体存在旋转运动，因此，在大腿与身体之间创建一对运动副模拟髋关节的运动。同理，在大腿与小腿之间创建旋转副来模拟膝关节的运动，在小腿与脚之间添加旋转副来模拟踝关节的运动，如图 2-46 所示。

添加约束后，需要添加适当的驱动和接触。选择合理、高效并准确的驱动函数尤为关键，关节添加旋转驱动关节运动。本书拟采用两种驱动方案作对比分析。

方案一，使用 STEP 函数驱动，如式（2-5）所示。根据人体步态仿真过程中采集的关节角度变化值，通过阶跃函数完成下肢各时间段关节的相应

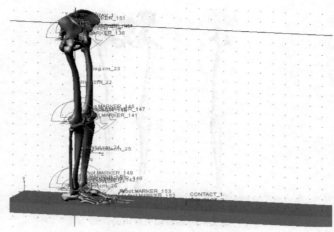

图 2-46　下肢模型的约束关系

运动。

方案二，采用 AKISPL 函数驱动，如式（2-6）所示。按照模拟结果对模型仿真，利用 OpenSim 模拟分析求得的运动数据。将人体运动过程产生的数据导入 ADAMS/VIEW 的 SPLINE 模块中，采用样条函数方法生成光滑连续的曲线。

$$\text{STEP}(x,x_0,h_0,x_1,h_1) \tag{2-5}$$

$$\text{AKISPL}(\text{time},0,\text{SPLINE},0) \tag{2-6}$$

其中 x 为第一个自变量，因为所采用的驱动是角度关于时间的函数，所以将其设定为 time，x_0 是时间的初始值，h_0 是角度的初始值，x_1 是时间的终止值，h_1 是角度的终止值。

最后，设置接触参数。由于脚与地板存在摩擦接触碰撞，设置两者之间互相接触，类型为刚体到刚体，配置摩擦系数。相关参数配置如表 2-12 所示，仿真如图 2-47 所示。

表 2-12　接触力的参数设置

参数	变量	值
刚度	k	10.0
力指数	F_e	1.5
阻尼	D	1.0
穿透深度	P	0.1
动摩擦系数	μ	0.2

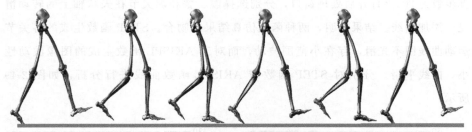

图 2-47 下肢模型仿真

采用 ADAMS 2016 版本进行仿真模型的设计，其设计流程应分为 8 步，分别是：模型建立、运动副设置、驱动设置、仿真检查、驱动函数设置、仿真环境设置、仿真运算、仿真数据处理和误差分析。流程图如图 2-48 所示。

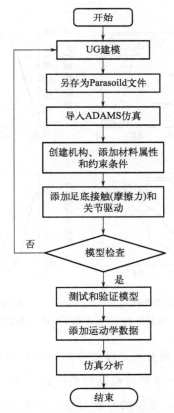

图 2-48 ADAMS 动力学仿真设计流程

根据人体行走步态周期，设置仿真时间为 0.87s。根据仿真计算精度需求，仿真步数为 200。打开后处理窗口，分别选择髋、膝和踝关节在矢状轴上的转动情况，添加曲线。结果表明，两种函数仿真结果较吻合。STEP 函数生成的各关节运动曲线图不光滑，存在小范围波动，而对于 AKISPL 函数生成的图像波动性小，曲线平滑。分别对 STEP 函数与 AKISPL 函数曲线进行分析，如图 2-49 所示。

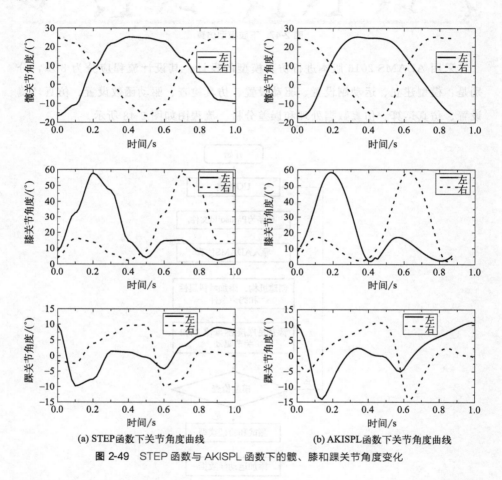

(a) STEP函数下关节角度曲线　　(b) AKISPL函数下关节角度曲线

图 2-49　STEP 函数与 AKISPL 函数下的髋、膝和踝关节角度变化

通过对两组曲线图像的分析，髋关节的转动范围是 $-15°\sim25°$，膝关节的转动范围是 $0°\sim60°$，踝关节的转动范围是 $-15°\sim10°$。起始状态为右脚悬空，左脚着地，在 $0\sim0.1\text{s}$ 内，悬空的右脚着地，形成双脚支撑，但由于人在运动状态下，这一动作很快就执行完成。表现为右脚着地，左脚面刚要离开地面，脚尖着地，髋关节和膝关节曲线波动现象不明显，但左踝关节变化明显，达到

最小转角。在0.1~0.3s内，此时左脚悬空提起，右脚着地支撑。在此期间各个关节角度变化呈对称关系，其中左髋关节和左膝关节分别达到最大转角，踝关节变化不明显。在0.3~0.4s内，左右脚实现了交替现象，起始状态恰巧相反，左髋和右踝达到最大转角，膝关节达到最小转角，各个关节的曲线变化很大。同理，之后的运动过程中，左右腿完成循环往复，从而产生一个步态周期的变化。通过对各关节转动角度的分析，证明了模型的合理性与仿真的正确性。

大腿、小腿和脚的质心位置变化曲线如图2-50所示，发现左右腿的位移变化彼此差别为1/2个周期，而且曲线变化较稳定，说明在仿真过程中下肢运动比较稳定。

以左腿为例，在一个步态周期内，位移变化为先变大后变小，呈周期性变化。左大腿行进一步，质心的位移不断增加，达到极限位移，大腿相对质心的位置就达到一个峰值，质心位置随大腿运动不断变化。同理，小腿和脚的质心变化与大腿相似，都是随着左右腿的变化而变化，先增后减。通过对下肢各个结构质心的位移变化分析，可以直观地看出整体行走位置变化。

髋关节角速度变化如图2-51(a)所示。在一个步态周期内，左髋关节角度变化先增加后减小到零再增加后减小，整体呈周期性变化。这种变化是因为左腿向前摆动时，带动整个人体前进，左右腿交替运动维持整体平衡，故而有规律地上升和下降。右髋的变化与左髋的变化相似，它们之间存在半周期的时间差异。

膝关节角速度变化如图2-51(b)所示。在一个运动周期内，膝关节的转速变化最为明显，因为膝关节在相同时间内的转动变化量较大，时间短变化大，导致角速度变化很大。同理，跟髋关节一样呈周期变化较为明显，且有规律地升和降。左膝关节与右膝关节变化相似，反向对称，且相差半个周期。这里对膝关节的研究也很重要，有利于避免人体关节的磨损和研究。

踝关节角速度变化如图2-51(c)所示。同理，踝关节变化也呈周期性，且左右踝关节的角速度变化相似并相差半个周期。

步态周期内的步长变化曲线如图2-52(a)所示。规定原点位置在支撑腿上，当步长为正时，右腿位于左腿前方，步长为负时，右腿位于左腿后方。步长呈周期性变化，范围为-0.65~0.65m。在0~0.45s内，两腿之间交替运动，到达

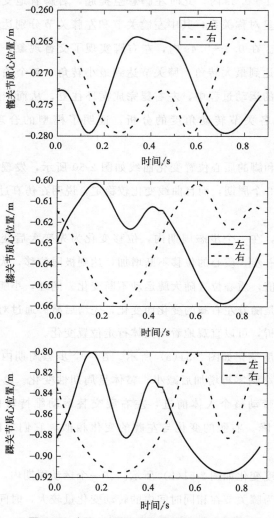

图 2-50 大腿、小腿和脚的质心位置变化曲线

交替临界点。在 0.45~0.87s 内，步长逐渐增大，变回最初状态，实现一个运动过程。

如图 2-52(b) 所示为步态周期内的步高变化曲线，存在两个峰值，变化范围为 -0.1~0.18m。就右腿（摆动腿）而言，初始状态右腿为悬空，步高约为 0.05m。由曲线变化可知，右脚在行进过程中先逐渐减小后逐渐增加，体现了步态的变化。在 0.4s 时，下降到最低点，步高约为 0.1m。在 0.6s 时，上升到最

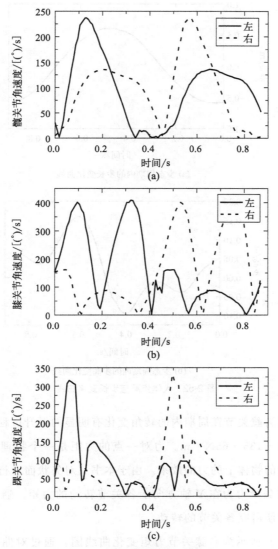

图 2-51 下肢关节角速度变化曲线

高点,步高约为 0.17m。

设置仿真时间为 0.87s、仿真步数为 100,剩下的使用默认配置。这里由于左右腿变化相似且对称,只对右腿进行分析研究。如图 2-53(a) 所示为右髋关节力矩变化曲线图,由图可得出关节所承受的最大力矩,通过力矩曲线变换出现的两个较大的峰值得到右腿在周期内摆动了两次,且都在拐点处。而最大和最小峰

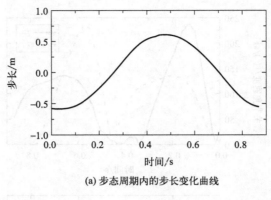

(a) 步态周期内的步长变化曲线

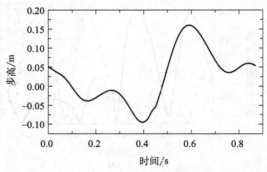

(b) 步态周期内的步高变化曲线

图 2-52 人体步高与步长变化曲线

值的出现，是因为髋关节在周期内的转角变化有明显的上升过程和下降过程。力矩的变换范围为 $-135 \sim 65\mathrm{N\cdot m}$。力对一点的力矩是一个物理量，用来测量作用在绕该点旋转的物体上的力的效果。由于本书只对矢状面进行研究，而关节转动轴为 Y 轴，故矢量力为在 Y 轴方向上各关节转动的力矩。通过分析各关节上的力矩特征，方便研究各关节的转动。

如图 2-54(a) 所示为右膝关节力矩变化曲线图，通过对曲线进行观察，在一个步态周期内，膝关节的力矩分为正力矩和负力矩，范围为 $-50 \sim 150\mathrm{N\cdot m}$。在 0.22s 时膝关节力矩达到最低值，为 $-30\mathrm{N\cdot m}$；在 0.65s 时膝关节力矩达到最高值，为 $140\mathrm{N\cdot m}$。由于实验仿真不一定代表实际情况，曲线存在波动变化是正常的，故仿真得到的曲线符合人体下肢膝关节的力矩变化情况。当今对膝关节的研究一直都是重点研究对象，为之后的研究提供理论依据。

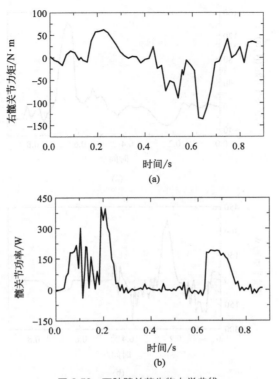

图 2-53 下肢髋关节生物力学曲线

如图 2-55(a) 所示为右踝关节力矩变化曲线图，整体波动较大，存在一个极大峰值，为 90N·m，其他变化情况不明显。因为在 0.5s 时，踝关节速度、角度等变化较大，产生极大峰值，力矩变化范围为 $-10 \sim 100$N·m。

通过对模型的动力学仿真，方便研究下肢系统的受力情况和各关节的工况。如图 2-53(b) 所示为髋关节功率变化曲线图。通过观察，在时间周期内，左右腿两者相差半个周期，且都存在两个峰值点，变化范围为 $-100 \sim 450$W。对髋关节的峰值波动进行分析，在 0.2s 时，左右腿开始交替运动，表现为左腿由之前的接地到悬空运动，右腿由之前的悬空到着地支撑运动，此时髋关节运动的功率变化达到最大。在 0.4s 时，左右腿完成交替运动，表现为与起始状态相反，左腿悬空向前迈，右腿支撑整体，此时髋关节功率变化回到初值。

如图 2-54(b) 所示为膝关节功率变化曲线图。同理，左右膝关节功率变化相

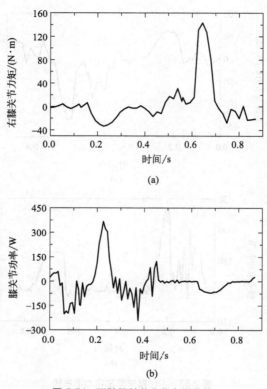

图 2-54　下肢膝关节生物力学曲线

差半个周期，且存在两个峰值，功率变化范围为 $-200\sim400\mathrm{W}$。对膝关节的功率变化曲线进行分析，在前半个周期内，关节运动变化较为剧烈，故功率变化波动较大，且也呈周期性；后半个周期内，关节运动初步恢复到初始状态，即一个步态周期的完成。在 0.1s 时，左膝关节变化不大，右膝关节从悬空阶段逐渐往回撤，做负功，功率变化达到最低值，为 $-200\mathrm{W}$。在 0.25s 时，左膝关节仍然起到支撑作用，变化不大，右膝关节完成摆动运动，做正功，功率达到最高值，为 360W。

如图 2-55(b) 所示为踝关节功率变化曲线图。同理，踝关节功率变化也较为明显，呈周期性，左右踝关节相差半个周期，存在两个峰点，功率变化范围为 $-50\sim500\mathrm{W}$。其中在 0.05s 时，左踝关节变化最明显，达到峰值，为 500W。因为在这一时刻，踝关节角度变化较大，所做的正功带动人体前进。

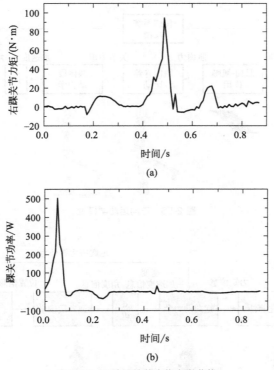

图 2-55　下肢踝关节生物力学曲线

2.6　人体下肢力学模型与人机交互机理

人体运动力学分析的目的是探究运动过程中肌肉骨骼系统的机械功能。由于人体运动过程中,关节及体段内部受力无法直接测量,所以许多研究结合数学建模和非侵入性实验测量,通过动力学分析计算肌肉骨骼内力[47-50]。

人体运动力学分析分为正向分析和逆向分析,如图 2-56 和图 2-57 所示。人体正向运动力学分析是指人体运动由神经系统激励肌肉-肌腱动作,产生肌肉力作用于肌肉骨骼模型并产生关节力矩,关节力矩驱动人体各体段运动,通过积分运算可得到体段角速度、角度等人体运动信息,人体感受器官将感知到的信息反馈至人体神经系统。人体正向运动力学利用脑电采集仪、肌电采集仪等设备采集脑电信号(EEG)、肌电信号(EMG)等数据,预测相关肌肉力、关节力矩、人体运动模式等信息[51]。

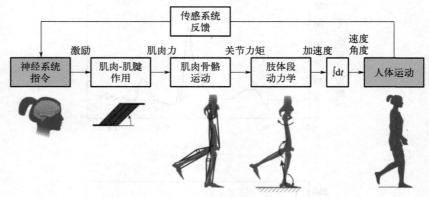

图 2-56 正向运动学模型

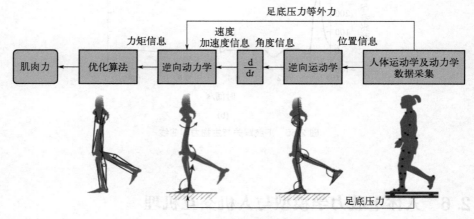

图 2-57 逆向运动学模型

人体逆向运动力学分析使用测力台和人体运动捕捉系统采集标识点位置、足底压力等人体运动学和动力学数据，通过逆向运动学计算得到关节角度、角速度、加速度等信息，再进行逆向动力学分析得到关节力和关节力矩，最后利用优化算法得到肌肉力等信息[52]。

其中运动学数据主要包括各关节角度、体段角速度和加速度等，通常利用光学运动捕捉系统、惯性运动捕捉系统、计算机视觉运动捕捉系统等设备完成数据采集任务。动力学数据主要有足底压力和人体受到的其他外部载荷，对于步行、跑步等常见运动模式，一般只考虑足底压力。通常利用外置式足底压力采集系统或穿戴式足底压力采集系统获取足压数据。

基于运动捕捉系统和足底压力采集系统,完成上述运动学和动力学数据实时采集后,将数据离线保存为 C3D 或 Excel 等格式文件。通过将上述文件导入 OpenSim、AnaBody 等生物力学分析软件中进行逆向动力学分析,得到各骨骼和关节的动态受力和变形情况,并利用优化算法得到肌肉力、韧带力,分析肌腱的弹性能、对抗肌和拮抗肌的动态作用和其他运动生物力学响应特性[53,54]。

下肢外骨骼机器人是典型的开链式串联多自由度机构,动力学建模的方法常用的有拉格朗日法、牛顿欧拉法、凯恩方法等[25]。无论采用哪种方法,建立的模型都是等价的,只是表达方式不同,因此计算方法、计算效率及应用有所差异[26]。拉格朗日法是从能量的角度建模,用于多刚体系统时不需要考虑内部约束力,建模方法简单,但当广义变量及广义力较多时,推导过程中需要计算大量的微分和偏微分,算法复杂度为 $O(n^4)$。牛顿欧拉法是基于矢量力学,利用运动和力递推的方法建模,递推方法很适合于实时编程的实现,但随着机构自由度增多,物体之间的连接方式与约束分析逐渐复杂,导致分析难度和计算量激增。凯恩方法引入伪速度描述系统的运动状态,基于广义主动力与广义惯性力相平衡的思想建立的动力学方程简洁[26],便于在计算机上实现,但分析过程几何意义不明确。

人机一体的协调运动需要机械体完美伴随生物体运动,故机械体结构与运动过程必须与生物体保持一致,因此建立机械体的运动学和动力学模型,以便于分析机械体在行走过程中关节角度与各肢体之间的位置关系和关节的力矩关系。

本书选择拉格朗日能量建模方法用于机器人、人体下肢和人机耦合系统的动力学建模,结合旋量理论和李群李代数方法对拉格朗日方程建模过程进行了表述,不仅物理意义明确,推导过程简化,还便于推导出动力学模型的显式表达式,有利于对动力学特性的分析。

人体的运动是一个极其复杂的过程,而人体的平地行走运动具有一定的周期性与规律性。尽管如此,在人体行走时,下肢的运动仍是较为复杂的三维空间运动。通过相关的生物力学实验研究表明,相较于冠状面和横切面,人体的运动主要发生在矢状面内。由于外骨骼在设计时应符合人体结构以及行走特性,因此为了简化算法,可在进行下肢外骨骼运动学研究时,将外骨骼简化为在矢状面内进行平面运动的串联多刚体杆件模型。

常见的下肢外骨骼运动学和动力学模型为五连杆模型和七连杆模型,这两种模型都将外骨骼上肢及头部的质量划归于躯干,外骨骼的下肢被简化为铰链连接的刚性杆件。由此,对于外骨骼五连杆模型即代表躯干、左/右大腿、左/右小腿的五根刚性杆件,对于七连杆模型即代表躯干、左/右大腿、左/右小腿、左/右足的七根刚性杆件。在对外骨骼五连杆运动模型进行解算时,假设模型仅通过小腿刚性杆件的末端与地面接触,根据运动过程中下肢关节角度、角速度、角加速度的变化进行外骨骼的运动学和动力学分析。

区别于五连杆模型,七连杆模型更为精确,其在五连杆模型的基础上增加了足部结构,能够计算出摆动腿的踝关节力矩,但增加了模型的自由度,导致计算量增加。由于踝关节在摆动相内的力矩很小,基本为零,对外骨骼的运动影响很小,因此五连杆模型具有更高的实用价值,本次采用五连杆运动模型进行下肢外骨骼的运动学和动力学分析。

运动数据包括运动学以及动力学两部分,其中,关节角度、角速度和角加速度等体现运动学参数,足底压力和人体受到的其他外部载荷体现动力学参数。人体下肢骨骼属于多刚体系统,通常需建立 D-H(denavit-hartenberg)模型,确定各刚体的系统的绝对坐标与局部坐标,对各构件位姿求解常采用连杆的齐次坐标变换[55]。建立机械体的运动学与动力学模型,如图 2-58 所示,分析关节角度与各肢体之间的位置和力矩关系。

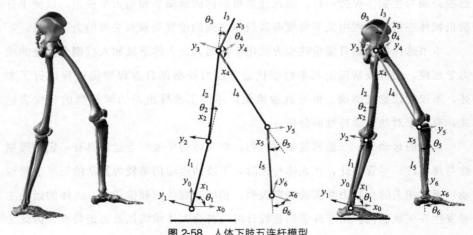

图 2-58　人体下肢五连杆模型

将人体简化为在矢状面内平面运动的串联多刚体模型。选择拉格朗日能量建模方法,简化人体下肢刚体连杆模型,利用齐次变换矩阵和 Jacobian 矩阵分别对下肢的运动学参数进行求解，获得动力学方程。通过研究行走过程中系统各部分之间的作用关系，确定下肢各部位在广义坐标系下的空间位置和各关节力矩。

为了确定各连杆的位姿，定义各连杆的局部坐标系，通过坐标系描述人体各个肢体的关系。其中，α_i 为绕 x_i 轴从 z_i 轴旋转到 z_{i+1} 轴的角度；a_i 为相邻两轴线 i 和 $i+1$ 之间的距离；d_i 为沿 z_i 轴，从 x_{i-1} 轴移动到 x_i 轴的距离；θ_i 为绕 z_i 轴，从 x_{i-1} 轴转到 x_i 轴的角度。D-H 模型参数表如表 2-13 所示。

表 2-13　D-H 模型参数表

i	α_{i-1}	a_{i-1}	d_i	θ_i
1	0	0	0	θ_1
2	0	L_s	0	θ_2
3	0	L_t	0	θ_3
4	0	0	0	θ_4
5	0	L_t	0	θ_5
6	0	L_s	0	θ_6

其中，坐标系 0——取脚跟着地位置即绝对坐标系，x_0 与脚面平行，从踝关节指向脚尖，则 y_0 垂直于脚面向上。除了绝对坐标系，其他坐标系均属于局部坐标系，与系统状态相关。坐标系 1——取站立腿的踝关节 1 点位。坐标系 2——取站立腿的膝关节 2 点位。坐标系 3——取站立腿的髋关节 3 点位。坐标系 4——取摆动腿的髋关节 4 点位。坐标系 5——取摆动腿的膝关节 5 点位。坐标系 6——取摆动腿的踝关节 6 点位。

2.6.1　人体下肢运动学与动力学分析

进行下肢运动学分析时，在绝对坐标系或局部坐标系下，人体运动学方程是人体下肢末端执行器的位置和姿态的方程。当人体下肢行走时，求解摆动脚在绝对坐标系下的位姿与关节角度关系，通常相邻两个刚性连杆的变换矩阵表示如下：

$$^{i}T_{i-1} = \begin{bmatrix} \cos\theta_i & -\cos\alpha_i\sin\theta_i & \sin\alpha_i\sin\theta_i & a_i\cos\theta_i \\ \sin\theta_i & -\cos\alpha_i\cos\theta_i & -\sin\alpha_i\cos\theta_i & a_i\sin\theta_i \\ 0 & \sin\alpha_i & \cos\alpha_i & d_i \\ 0 & 0 & 0 & 1 \end{bmatrix} \quad (2\text{-}7)$$

获得下肢多刚体系统各关节连杆坐标系的齐次变换矩阵 $^{i}T_{i-1}$ 后，为了获得多刚体系统末端执行器的位姿信息，对多刚体系统的正向运动学问题，可以根据 D-H 模型求解。

$$^nT_0 = {^1T_0}{^2T_1}\cdots{^nT_{n-1}} \tag{2-8}$$

根据图 2-58 对人体运动学解算，将下肢的运动简化为矢状面内的运动，利用绕 Z 轴的旋转矩阵获得多刚体系统末端执行器的位姿信息如下：

$$^0_6T = {^0_1T}{^1_2T}{^2_3T}{^3_4T}{^4_5T}{^5_6T} = \begin{bmatrix} n_x & o_x & a_x & p_x \\ n_y & o_y & a_y & p_y \\ n_z & o_z & a_z & p_z \\ 0 & 0 & 0 & 1 \end{bmatrix} \tag{2-9}$$

式中：

$$\begin{cases} n_x = \cos(\theta_1 + \theta_2 + \theta_3 + \theta_4 + \theta_5 + \theta_6) \\ n_y = \sin(\theta_1 + \theta_2 + \theta_3 + \theta_4 + \theta_5 + \theta_6) \\ n_z = 0 \end{cases}$$

$$\begin{cases} o_x = -\sin(\theta_1 + \theta_2 + \theta_3 + \theta_4 + \theta_5 + \theta_6) \\ o_y = \cos(\theta_1 + \theta_2 + \theta_3 + \theta_4 + \theta_5 + \theta_6) \\ o_z = 0 \end{cases} ; \begin{cases} a_x = a_y = 0 \\ a_z = 1 \end{cases}$$

$$\begin{cases} p_x = L_t\cos(\theta_1 + \theta_2) + L_s\cos\theta_1 + L_s\cos(\theta_1 + \theta_2 + \theta_3 + \theta_4 + \theta_5) + L_t\cos(\theta_1 + \theta_2 + \theta_3 + \theta_4) \\ p_y = L_t\sin(\theta_1 + \theta_2) + L_s\sin\theta_1 + L_s\sin(\theta_1 + \theta_2 + \theta_3 + \theta_4 + \theta_5) + L_t\sin(\theta_1 + \theta_2 + \theta_3 + \theta_4) \\ p_z = 0 \end{cases}$$

$$\tag{2-10}$$

下肢摆动腿的末端 $P = (P_x, P_y, P_z)$ 位置，就是绝对坐标系下的空间坐标位置。在人体步态分析中，步长 P_x 定义为两足跟或两足尖先后着地时前后方向的距离，步高 P_y 定义为摆动期脚跟离开地面最高的距离。假设末端执行器的运动方程，q 与 x 之间存在的微分关系如下：

$$\dot{x} = J(q)\dot{q} \tag{2-11}$$

式中 $\dot{x}$——广义速度，也称操作速度，即末端执行器在操作空间的速度；

$\dot{q}$——关节速度。

$J(q)$ 是 $6 \times n$ 的偏导数矩阵，其中，Jacobian 矩阵的第 i 行、第 j 列元素如下：

$$J_{ij}(\boldsymbol{q}) = \frac{\partial x_i(\boldsymbol{q})}{\partial q_j}, i = 1,2,3,\cdots,6; j = 1,2,3,\cdots,n \tag{2-12}$$

人体下肢运动的关节速度为 $\dot{\boldsymbol{\theta}}$,相对于绝对坐标系下,末端执行器的平移速度矢量为 $\dot{\boldsymbol{p}}$,表示相对于绝对坐标系下,末端执行器的旋转角速度矢量为 $\boldsymbol{\omega}$,因此在绝对坐标系中,末端执行器的速度为 $v = [\dot{\boldsymbol{p}} \quad \boldsymbol{\omega}]^{-1}$,$v$ 与 $\dot{\boldsymbol{\theta}}$ 关系如下:

$$v = J(q) \cdot \dot{\boldsymbol{\theta}} \tag{2-13}$$

J 是一个 6×6 的矩阵,表示末端执行器的几何 Jacobian 矩阵,且 J 可以被分为两部分,即 $[J_p \quad J_\omega]^T$,这两部分分别为平移速度和角速度:

$$J_p = [J_{p_1} \quad J_{p_2} \quad J_{p_3}]^T, J_\omega = [J_{\omega_1} \quad J_{\omega_2} \quad J_{\omega_3}]^T \tag{2-14}$$

其中:

$$J_{p_1} = \begin{bmatrix} \frac{\partial p_x}{\partial \theta_1} \\ \frac{\partial p_x}{\partial \theta_2} \\ \frac{\partial p_x}{\partial \theta_3} \\ \frac{\partial p_x}{\partial \theta_4} \\ \frac{\partial p_x}{\partial \theta_5} \\ \frac{\partial p_x}{\partial \theta_6} \end{bmatrix}^T = \begin{bmatrix} -L_t\sin(\theta_1+\theta_2) - L_s\sin(\theta_1) + L_s\sin(\theta_1+\theta_2+\theta_3+\theta_4+\theta_5) + L_t\sin(\theta_1+\theta_2+\theta_3+\theta_4) \\ -L_t\sin(\theta_1+\theta_2) + L_s\sin(\theta_1+\theta_2+\theta_3+\theta_4+\theta_5) + L_t\sin(\theta_1+\theta_2+\theta_3+\theta_4) \\ L_s\sin(\theta_1+\theta_2+\theta_3+\theta_4+\theta_5) + L_t\sin(\theta_1+\theta_2+\theta_3+\theta_4) \\ L_s\sin(\theta_1+\theta_2+\theta_3+\theta_4+\theta_5) + L_t\sin(\theta_1+\theta_2+\theta_3+\theta_4) \\ L_s\sin(\theta_1+\theta_2+\theta_3+\theta_4+\theta_5) \\ 0 \end{bmatrix}^T$$

$$J_{p_2} = \begin{bmatrix} \frac{\partial p_y}{\partial \theta_1} \\ \frac{\partial p_y}{\partial \theta_2} \\ \frac{\partial p_y}{\partial \theta_3} \\ \frac{\partial p_y}{\partial \theta_4} \\ \frac{\partial p_y}{\partial \theta_5} \\ \frac{\partial p_y}{\partial \theta_6} \end{bmatrix}^T = \begin{bmatrix} L_t\cos(\theta_1+\theta_2) + L_s\cos\theta_1 + L_s\cos(\theta_1+\theta_2+\theta_3+\theta_4+\theta_5) + L_t\cos(\theta_1+\theta_2+\theta_3+\theta_4) \\ L_t\cos(\theta_1+\theta_2) + L_s\cos(\theta_1+\theta_2+\theta_3+\theta_4+\theta_5) + L_t\cos(\theta_1+\theta_2+\theta_3+\theta_4) \\ L_s\cos(\theta_1+\theta_2+\theta_3+\theta_4+\theta_5) + L_t\cos(\theta_1+\theta_2+\theta_3+\theta_4) \\ L_s\cos(\theta_1+\theta_2+\theta_3+\theta_4+\theta_5) + L_t\cos(\theta_1+\theta_2+\theta_3+\theta_4) \\ L_s\cos(\theta_1+\theta_2+\theta_3+\theta_4+\theta_5) \\ 0 \end{bmatrix}^T$$

$$J_{p_3} = [0 \quad 0 \quad 0 \quad 0 \quad 0 \quad 0]$$

角速度 $\boldsymbol{\omega}$ 与旋转矩阵及其微分之间存在如下关系:

$$_6^0\dot{R} = S(\omega) \cdot {_6^0}R \tag{2-15}$$

$S(\omega)$ 定义如下：

$$S = \begin{bmatrix} 0 & -\omega_z & \omega_y \\ \omega_z & 0 & -\omega_x \\ -\omega_y & \omega_x & 0 \end{bmatrix} \tag{2-16}$$

且 $S(\omega)$ 为斜对称矩阵，则：

$$S(\omega) = {_6^0}\dot{R} \cdot {_6^0}R^T = \begin{bmatrix} 0 & -\omega_z & \omega_y \\ \omega_z & 0 & -\omega_x \\ -\omega_y & \omega_x & 0 \end{bmatrix} \tag{2-17}$$

式中：

$$_6^0\dot{R} = (\dot{\theta}_1 + \dot{\theta}_2 + \dot{\theta}_3 + \dot{\theta}_4 + \dot{\theta}_5 + \dot{\theta}_6) \cdot$$

$$\begin{bmatrix} -\sin(\theta_1+\theta_2+\theta_3+\theta_4+\theta_5+\theta_6) & -\cos(\theta_1+\theta_2+\theta_3+\theta_4+\theta_5+\theta_6) & 0 \\ \cos(\theta_1+\theta_2+\theta_3+\theta_4+\theta_5+\theta_6) & -\sin(\theta_1+\theta_2+\theta_3+\theta_4+\theta_5+\theta_6) & 0 \\ 0 & 0 & 0 \end{bmatrix}$$

可得：

$$S(\omega) = \begin{bmatrix} 0 & -(\dot{\theta}_1+\dot{\theta}_2+\dot{\theta}_3+\dot{\theta}_4+\dot{\theta}_5+\dot{\theta}_6) & 0 \\ \dot{\theta}_1+\dot{\theta}_2+\dot{\theta}_3+\dot{\theta}_4+\dot{\theta}_5+\dot{\theta}_6 & 0 & 0 \\ 0 & 0 & 0 \end{bmatrix}$$

可得：

$$\omega_x = \omega_y = 0 \tag{2-18}$$

$$\omega_z = \dot{\theta}_1 + \dot{\theta}_2 + \dot{\theta}_3 + \dot{\theta}_4 + \dot{\theta}_5 + \dot{\theta}_6 \tag{2-19}$$

即：

$$\omega = \begin{bmatrix} 0 \\ 0 \\ \dot{\theta}_1+\dot{\theta}_2+\dot{\theta}_3+\dot{\theta}_4+\dot{\theta}_5+\dot{\theta}_6 \end{bmatrix}$$

所以：

$$J_\omega = \begin{bmatrix} J_{\omega_1} \\ J_{\omega_2} \\ J_{\omega_3} \end{bmatrix} = \begin{bmatrix} 0 & 0 & 0 & 0 & 0 & 0 \\ 0 & 0 & 0 & 0 & 0 & 0 \\ 1 & 1 & 1 & 1 & 1 & 1 \end{bmatrix} \tag{2-20}$$

最终，求得 Jacobian 矩阵为：

$$J = \begin{bmatrix} J_p & J_\omega \end{bmatrix}^T = \begin{bmatrix} J_{p_1} & J_{p_2} & J_{p_3} & J_{\omega_1} & J_{\omega_2} & J_{\omega_3} \end{bmatrix}^T \quad (2\text{-}21)$$

下肢外骨骼的步行运动过程涉及的自由度很多，因此用于运动控制的数学方程组相当复杂。动力学分析在外骨骼系统的设计以及驱动器的选择和设计上均可提供参考。实验表明，下肢外骨骼各个关节运动的驱动力/力矩主要表现在矢状面内，而冠状面和横切面内的关节力/力矩主要起到调整身体平衡及转向作用，因此利用下肢外骨骼简化五连杆模型即可进行动力学分析。根据人体步态阶段的划分，下肢外骨骼的运动过程也可分为单腿支撑相和双腿支撑相这两个阶段。在不同的运动阶段下，环境对外骨骼的约束条件不同，动力学参数也会随之改变，因此需考虑针对不同的运动阶段，分别建立动力学方程。

（1）单腿支撑相动力学建模

针对单腿支撑相动力学问题，建立模型如图 2-59 所示，定义参数如下：连杆质量取 m_i；连杆 i 的长度取 l_i，连杆竖直方向的夹角顺时针为正，取绝对角度 θ_i，连杆质心与关节之间的距离取 d_i，连杆相对于轴的转动惯量取 I_i，该轴穿过连杆质心，垂直于矢状面。腿与地面支撑时，相接触的支撑点位置是 (x_b, y_b)，摆动腿末端端点位置是 (x_e, y_e)。

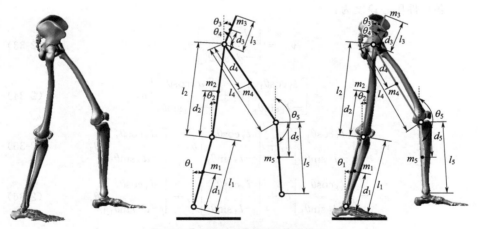

图 2-59 下肢单腿支撑相动力学模型

该模型中角度参数 θ_i 为绝对角度，q_i 表示相邻两肢体夹角的锐角。绝对角度 θ_i 与相对角度 q_i 两个空间矢量的关系表示如下：

$$q_i = M_{q\theta}\theta_i + \Pi, M_{q\theta} = \begin{bmatrix} 1 & 0 & 0 & 0 & 0 \\ 1 & -1 & 0 & 0 & 0 \\ 0 & -1 & 1 & 0 & 0 \\ 0 & 0 & 1 & -1 & 0 \\ 0 & 0 & 0 & -1 & 1 \end{bmatrix}, \Pi = \begin{bmatrix} 0 \\ 0 \\ 0 \\ \pi \\ 0 \end{bmatrix} \quad (2\text{-}22)$$

在单腿支撑相内，杆件质心位置为：

$$x_{C_1} = d_1 \sin\theta_1 + x_b \tag{2-23}$$

$$y_{C_1} = d_1 \cos\theta_1 + y_b \tag{2-24}$$

$$x_{C_2} = l_1 \sin\theta_1 + d_2 \sin\theta_2 + x_b \tag{2-25}$$

$$y_{C_2} = l_1 \cos\theta_1 + d_2 \cos\theta_2 + y_b \tag{2-26}$$

$$x_{C_3} = l_1 \sin\theta_1 + l_2 \sin\theta_2 + d_3 \sin\theta_3 + x_b \tag{2-27}$$

$$y_{C_3} = l_1 \cos\theta_1 + l_2 \cos\theta_2 + d_3 \cos\theta_3 + y_b \tag{2-28}$$

$$x_{C_4} = l_1 \sin\theta_1 + l_2 \sin\theta_2 + d_4 \sin\theta_4 + x_b \tag{2-29}$$

$$y_{C_4} = l_1 \cos\theta_1 + l_2 \cos\theta_2 + d_4 \cos\theta_4 + y_b \tag{2-30}$$

$$x_{C_5} = l_1 \sin\theta_1 + l_2 \sin\theta_2 + l_4 \sin\theta_4 + d_5 \sin\theta_5 + x_b \tag{2-31}$$

$$y_{C_5} = l_1 \cos\theta_1 + l_2 \cos\theta_2 + l_4 \cos\theta_4 + d_5 \cos\theta_5 + y_b \tag{2-32}$$

各杆件质心速度为：

$$\boldsymbol{v}_{C_1} = \begin{bmatrix} d_1 \cos\theta_1 \\ -d_1 \sin\theta_1 \end{bmatrix} \dot{\theta}_1 \tag{2-33}$$

$$\boldsymbol{v}_{C_2} = \begin{bmatrix} l_1 \cos\theta_1 \\ -l_1 \sin\theta_1 \end{bmatrix} \dot{\theta}_1 + \begin{bmatrix} d_2 \cos\theta_2 \\ -d_2 \sin\theta_2 \end{bmatrix} \dot{\theta}_2 \tag{2-34}$$

$$\boldsymbol{v}_{C_3} = \begin{bmatrix} l_1 \cos\theta_1 \\ -l_1 \sin\theta_1 \end{bmatrix} \dot{\theta}_1 + \begin{bmatrix} l_2 \cos\theta_2 \\ -l_2 \sin\theta_2 \end{bmatrix} \dot{\theta}_2 + \begin{bmatrix} d_3 \cos\theta_3 \\ -d_3 \sin\theta_3 \end{bmatrix} \dot{\theta}_3 \tag{2-35}$$

$$\boldsymbol{v}_{C_4} = \begin{bmatrix} l_1 \cos\theta_1 \\ -l_1 \sin\theta_1 \end{bmatrix} \dot{\theta}_1 + \begin{bmatrix} l_2 \cos\theta_2 \\ -l_2 \sin\theta_2 \end{bmatrix} \dot{\theta}_2 + \begin{bmatrix} d_4 \cos\theta_4 \\ -d_4 \sin\theta_4 \end{bmatrix} \dot{\theta}_4 \tag{2-36}$$

$$\boldsymbol{v}_{C_5} = \begin{bmatrix} l_1 \cos\theta_1 \\ -l_1 \sin\theta_1 \end{bmatrix} \dot{\theta}_1 + \begin{bmatrix} l_2 \cos\theta_2 \\ -l_2 \sin\theta_2 \end{bmatrix} \dot{\theta}_2 + \begin{bmatrix} l_2 \cos\theta_2 \\ -l_2 \sin\theta_2 \end{bmatrix} \dot{\theta}_2$$

$$+ \begin{bmatrix} l_4 \cos\theta_4 \\ -l_4 \sin\theta_4 \end{bmatrix} \dot{\theta}_4 + \begin{bmatrix} d_5 \cos\theta_5 \\ -d_5 \sin\theta_5 \end{bmatrix} \dot{\theta}_5 \tag{2-37}$$

下肢多刚体系统的总势能为：

$$P = \sum_{i=1}^{5} P_i, P_i = m_i g y_{C_i} \tag{2-38}$$

下肢多刚体系统的总动能为：

$$K = \sum_{i=1}^{5} K_i, K_i = \frac{1}{2} m_i v_{C_i}^2 + \frac{1}{2} I_i \dot{\theta}_i^2 \tag{2-39}$$

其中，杆件 1 的动能与势能分别为：

$$P_1 = m_1 g y_{C_1} = m_1 g d_1 \cos\theta_1 \tag{2-40}$$

$$K_1 = \frac{1}{2} m_1 v_{C_1}^2 + \frac{1}{2} I_1 \dot{\theta}_1^2 = \frac{1}{2} (m_1 d_1^2 + I_1) \dot{\theta}_1^2 \tag{2-41}$$

杆件 2 的动能与势能分别为：

$$P_2 = m_2 g y_{C_2} = m_2 g (l_1 \cos\theta_1 + d_2 \cos\theta_2) \tag{2-42}$$

$$K_2 = \frac{1}{2} m_2 v_{C_2}^2 + \frac{1}{2} I_2 \dot{\theta}_2^2 = \frac{1}{2} (m_2 d_2^2 + I_2) \dot{\theta}_2^2 + \frac{1}{2} m_2 l_1^2 \dot{\theta}_1^2 + m_2 l_1 d_2 \dot{\theta}_1 \dot{\theta}_2 \cos(\theta_1 - \theta_2)$$

$$\tag{2-43}$$

杆件 3 的动能与势能分别为：

$$P_3 = m_3 g y_{C_3} = m_3 g (l_1 \cos\theta_1 + l_2 \cos\theta_2 + d_3 \cos\theta_3) \tag{2-44}$$

$$K_3 = \frac{1}{2} m_3 v_{C_3}^2 + \frac{1}{2} I_3 \dot{\theta}_3^2 = \frac{1}{2} (m_3 d_3^2 + I_3) \dot{\theta}_3^2 + \frac{1}{2} m_3 [l_1^2 \dot{\theta}_1^2 + l_2^2 \dot{\theta}_2^2$$
$$+ 2 l_1 l_2 \dot{\theta}_1 \dot{\theta}_2 \cos(\theta_1 - \theta_2) + 2 l_1 d_3 \dot{\theta}_1 \dot{\theta}_3 \cos(\theta_1 - \theta_3) + 2 l_2 d_3 \dot{\theta}_2 \dot{\theta}_3 \cos(\theta_2 - \theta_3)]$$

$$\tag{2-45}$$

杆件 4 的动能与势能分别为：

$$P_4 = m_4 g y_{C_4} = m_4 g (l_1 \cos\theta_1 + l_2 \cos\theta_2 + d_4 \cos\theta_4) \tag{2-46}$$

$$K_4 = \frac{1}{2} m_4 v_{C_4}^2 + \frac{1}{2} I_4 \dot{\theta}_4^2 = \frac{1}{2} (m_4 d_4^2 + I_4) \dot{\theta}_4^2 + \frac{1}{2} m_4 [l_1^2 \dot{\theta}_1^2 + l_2^2 \dot{\theta}_2^2$$
$$+ 2 l_1 l_2 \dot{\theta}_1 \dot{\theta}_2 \cos(\theta_1 - \theta_2) + 2 l_1 d_4 \dot{\theta}_1 \dot{\theta}_4 \cos(\theta_1 - \theta_4) + 2 l_2 d_4 \dot{\theta}_2 \dot{\theta}_4 \cos(\theta_2 - \theta_4)]$$

$$\tag{2-47}$$

杆件 5 的动能与势能分别为：

$$P_5 = m_5 g y_{C_5} = m_5 g (l_1 \cos\theta_1 + l_2 \cos\theta_2 + l_4 \cos\theta_4 + d_5 \cos\theta_5) \tag{2-48}$$

$$K_5 = \frac{1}{2} m_5 v_{C_5}^2 + \frac{1}{2} I_5 \dot{\theta}_5^2 = \frac{1}{2} (m_5 d_5^2 + I_5) \dot{\theta}_5^2 + \frac{1}{2} m_5 [l_1^2 \dot{\theta}_1^2 + l_2^2 \dot{\theta}_2^2$$
$$+ 2 l_1 l_2 \dot{\theta}_1 \dot{\theta}_2 \cos(\theta_1 - \theta_2) + l_4^2 \dot{\theta}_4^2 + 2 l_1 d_4 \dot{\theta}_1 \dot{\theta}_4 \cos(\theta_1 - \theta_4) + 2 l_2 d_4 \dot{\theta}_2 \dot{\theta}_4 \cos(\theta_2 - \theta_4)$$

$$+2l_1d_5\dot{\theta}_1\dot{\theta}_5\cos(\theta_1-\theta_5)+2l_2d_5\dot{\theta}_2\dot{\theta}_5\cos(\theta_2-\theta_5)+2l_4d_5\dot{\theta}_4\dot{\theta}_5\cos(\theta_4-\theta_5)]$$

(2-49)

多刚体系统的总势能为：

$$\begin{aligned}P=\sum_{i=1}^{5}P_i=&m_1gd_1\cos\theta_1+m_2g(l_1\cos\theta_1+d_2\cos\theta_2)\\&+m_3g(l_1\cos\theta_1+l_2\cos\theta_2+d_3\cos\theta_3)\\&+m_4g(l_1\cos\theta_1+l_2\cos\theta_2+d_4\cos\theta_4)\\&+m_5g(l_1\cos\theta_1+l_2\cos\theta_2+l_4\cos\theta_4+d_5\cos\theta_5)\end{aligned}$$

(2-50)

多刚体系统的总动能为：

$$\begin{aligned}K=\sum_{i=1}^{5}K_i=&\frac{1}{2}[(I_1+m_1d_1^2+m_2l_1^2+m_3l_1^2+m_4l_1^2+m_5l_1^2)\dot{\theta}_1^2\\&+(I_2+m_2d_2^2+m_3l_2^2+m_4l_2^2+m_5l_2^2)\dot{\theta}_2^2]+\frac{1}{2}[(I_3+m_3d_3^2)\dot{\theta}_3^2\\&+(I_4+m_4d_4^2+m_5l_4^2)\dot{\theta}_4^2+(I_5+m_5d_5^2)\dot{\theta}_5^2]\\&+(m_2l_1d_2+m_3l_1l_2+m_4l_1l_2+m_5l_1l_2)\dot{\theta}_1\dot{\theta}_2\cos(\theta_1-\theta_2)\\&+m_3l_1d_3\dot{\theta}_1\dot{\theta}_3\cos(\theta_1-\theta_3)+(m_4l_1d_4+m_5l_1d_4)\dot{\theta}_1\dot{\theta}_4\cos(\theta_1-\theta_4)\\&+m_5l_1d_5\dot{\theta}_1\dot{\theta}_5\cos(\theta_1-\theta_5)+m_3l_2d_3\dot{\theta}_2\dot{\theta}_3\cos(\theta_2-\theta_3)\\&+(m_4l_2d_4+m_5l_2d_4)\dot{\theta}_2\dot{\theta}_4\cos(\theta_2-\theta_4)+m_5l_2d_5\dot{\theta}_2\dot{\theta}_5\cos(\theta_2-\theta_5)\\&+m_5l_4d_5\dot{\theta}_4\dot{\theta}_5\cos(\theta_4-\theta_5)\end{aligned}$$

(2-51)

$$\begin{aligned}\frac{\partial K}{\partial \dot{\theta}_1}=&(I_1+m_1d_1^2+m_2l_1^2+m_3l_1^2+m_4l_1^2+m_5l_1^2)\dot{\theta}_1\\&+(m_2l_1d_2+m_3l_1l_2+m_4l_1l_2+m_5l_1l_2)\dot{\theta}_2\cos(\theta_1-\theta_2)\\&+m_3l_1d_3\dot{\theta}_3\cos(\theta_1-\theta_3)+(m_4l_1d_4+m_5l_1l_4)\dot{\theta}_4\cos(\theta_1-\theta_4)\\&+m_5l_1d_5\dot{\theta}_5\cos(\theta_1-\theta_5)\end{aligned}$$

(2-52)

$$\begin{aligned}\frac{\partial K}{\partial \dot{\theta}_2}=&(I_2+m_2d_2^2+m_3l_2^2+m_4l_2^2+m_5l_2^2)\dot{\theta}_1\\&+(m_2l_1d_2+m_3l_1l_2+m_4l_1l_2+m_5l_1l_2)\dot{\theta}_1\cos(\theta_1-\theta_2)\\&+m_3l_2d_3\dot{\theta}_3\cos(\theta_2-\theta_3)+(m_4l_2d_4+m_5l_2l_4)\dot{\theta}_4\cos(\theta_2-\theta_4)\\&+m_5l_2d_5\dot{\theta}_5\cos(\theta_2-\theta_5)\end{aligned}$$

(2-53)

$$\frac{\partial K}{\partial \dot{\theta}_3} = (I_3 + m_3 d_3^2)\dot{\theta}_3 + m_3 l_1 d_3 \dot{\theta}_1 \cos(\theta_1 - \theta_3) + m_3 l_2 d_3 \dot{\theta}_2 \cos(\theta_2 - \theta_3) \quad (2\text{-}54)$$

$$\frac{\partial K}{\partial \dot{\theta}_4} = (I_4 + m_4 d_4^2 + m_5 l_4^2)\dot{\theta}_4 + (m_4 l_1 d_4 + m_5 l_1 l_4)\dot{\theta}_1 \cos(\theta_1 - \theta_4)$$
$$+ (m_4 l_2 d_4 + m_5 l_2 l_4)\dot{\theta}_2 \cos(\theta_2 - \theta_4) + m_3 l_2 d_3 \dot{\theta}_3 \cos(\theta_2 - \theta_3)$$
$$+ m_5 l_4 d_5 \dot{\theta}_5 \cos(\theta_4 - \theta_5) \quad (2\text{-}55)$$

$$\frac{\partial K}{\partial \dot{\theta}_5} = (I_5 + m_5 d_5^2)\dot{\theta}_5 + m_5 l_1 d_5 \dot{\theta}_1 \cos(\theta_1 - \theta_5) +$$
$$m_5 l_2 d_5 \dot{\theta}_2 \cos(\theta_2 - \theta_5) + m_5 l_4 d_5 \dot{\theta}_4 \cos(\theta_4 - \theta_5) \quad (2\text{-}56)$$

$$\frac{\mathrm{d}}{\mathrm{d}t}\left(\frac{\partial K}{\partial \dot{\theta}_1}\right) = (I_1 + m_1 d_1^2 + m_2 l_1^2 + m_3 l_1^2 + m_4 l_1^2 + m_5 l_1^2)\ddot{\theta}_1$$
$$+ m_3 l_1 d_3 \ddot{\theta}_3 \cos(\theta_1 - \theta_3) + m_5 l_1 d_5 \ddot{\theta}_5 \cos(\theta_1 - \theta_5)$$
$$+ (m_2 l_1 d_2 + m_3 l_1 l_2 + m_4 l_1 l_2 + m_5 l_1 l_2)\ddot{\theta}_2 \cos(\theta_1 - \theta_2)$$
$$+ (m_4 l_1 d_4 + m_5 l_1 l_4)\ddot{\theta}_4 \cos(\theta_1 - \theta_4)$$
$$- (m_2 l_1 d_2 + m_3 l_1 l_2 + m_4 l_1 l_2 + m_5 l_1 l_2)\dot{\theta}_1 \dot{\theta}_2 \sin(\theta_1 - \theta_2)$$
$$+ (m_2 l_1 d_2 + m_3 l_1 l_2 + m_4 l_1 l_2 + m_5 l_1 l_2)\dot{\theta}_2^2 \cos(\theta_1 - \theta_2)$$
$$- m_3 l_1 d_3 \dot{\theta}_1 \dot{\theta}_3 \sin(\theta_1 - \theta_3) + m_3 l_1 d_3 \dot{\theta}_3^2 \sin(\theta_1 - \theta_3)$$
$$- (m_4 l_1 d_4 + m_5 l_1 l_4)\dot{\theta}_1 \dot{\theta}_4 \sin(\theta_1 - \theta_4)$$
$$+ (m_4 l_1 d_4 + m_5 l_1 l_4)\dot{\theta}_4^2 \sin(\theta_1 - \theta_4)$$
$$- m_5 l_1 d_5 \dot{\theta}_1 \dot{\theta}_5 \sin(\theta_1 - \theta_5) + m_5 l_1 d_5 \dot{\theta}_5^2 \sin(\theta_1 - \theta_5) \quad (2\text{-}57)$$

$$\frac{\mathrm{d}}{\mathrm{d}t}\left(\frac{\partial K}{\partial \dot{\theta}_2}\right) = (I_2 + m_2 d_2^2 + m_3 l_2^2 + m_4 l_2^2 + m_5 l_2^2)\ddot{\theta}_2 + m_3 l_2 d_3 \ddot{\theta}_3 \cos(\theta_2 - \theta_3)$$
$$+ m_5 l_2 d_5 \ddot{\theta}_5 \cos(\theta_2 - \theta_5)$$
$$+ (m_2 l_1 d_2 + m_3 l_1 l_2 + m_4 l_1 l_2 + m_5 l_1 l_2)\ddot{\theta}_1 \cos(\theta_1 - \theta_2)$$
$$+ (m_4 l_2 d_4 + m_5 l_2 l_4)\ddot{\theta}_4 \cos(\theta_2 - \theta_4)$$
$$- (m_2 l_1 d_2 + m_3 l_1 l_2 + m_4 l_1 l_2 + m_5 l_1 l_2)\dot{\theta}_1^2 \sin(\theta_1 - \theta_2)$$
$$+ (m_2 l_1 d_2 + m_3 l_1 l_2 + m_4 l_1 l_2 + m_5 l_1 l_2)\dot{\theta}_1 \dot{\theta}_2 \cos(\theta_1 - \theta_2)$$
$$- m_3 l_2 d_3 \dot{\theta}_2 \dot{\theta}_3 \sin(\theta_2 - \theta_3) + m_3 l_2 d_3 \dot{\theta}_3^2 \sin(\theta_2 - \theta_3)$$

$$-(m_4l_2d_4+m_5l_2l_4)\dot\theta_2\dot\theta_4\sin(\theta_2-\theta_4)$$

$$+(m_4l_2d_4+m_5l_2l_4)\dot\theta_4^2\sin(\theta_2-\theta_4)$$

$$-m_5l_2d_5\dot\theta_2\dot\theta_5\sin(\theta_2-\theta_5)+m_5l_2d_5\dot\theta_5^2\sin(\theta_2-\theta_5) \quad (2\text{-}58)$$

$$\frac{\mathrm d}{\mathrm dt}\left(\frac{\partial K}{\partial \dot\theta_3}\right)=(I_3+m_3d_3^2)\ddot\theta_3+m_3l_1d_3\ddot\theta_1\cos(\theta_1-\theta_3)+m_3l_2d_3\ddot\theta_2\cos(\theta_2-\theta_3)$$

$$-m_3l_2d_3\dot\theta_2^2\sin(\theta_2-\theta_3)+m_3l_2d_3\dot\theta_2\dot\theta_3\sin(\theta_2-\theta_3)$$

$$-m_3l_1d_3\dot\theta_1^2\sin(\theta_1-\theta_3)+m_3l_1d_3\dot\theta_1\dot\theta_3\sin(\theta_1-\theta_3) \quad (2\text{-}59)$$

$$\frac{\mathrm d}{\mathrm dt}\left(\frac{\partial K}{\partial \dot\theta_4}\right)=(I_4+m_4d_4^2+m_5l_4^2)\ddot\theta_4+(m_4l_1d_4+m_5l_1l_4)\ddot\theta_1\cos(\theta_1-\theta_4)$$

$$+(m_4l_2d_4+m_5l_2l_4)\ddot\theta_2\cos(\theta_2-\theta_4)+m_5l_4d_5\ddot\theta_5\cos(\theta_4-\theta_5)$$

$$-(m_4l_1d_4+m_5l_1l_4)\dot\theta_1^2\sin(\theta_1-\theta_4)$$

$$+(m_4l_1d_4+m_5l_1l_4)\dot\theta_1\dot\theta_4\sin(\theta_1-\theta_4)$$

$$-(m_4l_2d_4+m_5l_2l_4)\dot\theta_2^2\sin(\theta_2-\theta_4)$$

$$+(m_4l_2d_4+m_5l_2l_4)\dot\theta_2\dot\theta_4\sin(\theta_2-\theta_4)-m_5l_4d_5\dot\theta_4\dot\theta_5\sin(\theta_4-\theta_5)$$

$$+m_5l_4d_5\dot\theta_5^2\sin(\theta_4-\theta_5) \quad (2\text{-}60)$$

$$\frac{\mathrm d}{\mathrm dt}\left(\frac{\partial K}{\partial \dot\theta_5}\right)=(I_5+m_5d_5^2)\ddot\theta_5+m_5l_1d_5\ddot\theta_1\cos(\theta_1-\theta_5)+m_5l_2d_5\ddot\theta_2\cos(\theta_2-\theta_5)$$

$$+m_5l_4d_5\ddot\theta_4\cos(\theta_4-\theta_5)-m_5l_1d_5\dot\theta_1^2\sin(\theta_1-\theta_5)$$

$$+m_5l_1d_5\dot\theta_1\dot\theta_5\sin(\theta_1-\theta_5)-m_5l_2d_5\dot\theta_2^2\sin(\theta_2-\theta_5)$$

$$+m_5l_2d_5\dot\theta_2\dot\theta_5\sin(\theta_2-\theta_5)-m_5l_4d_5\dot\theta_4^2\sin(\theta_4-\theta_5)$$

$$+m_5l_4d_5\dot\theta_4\dot\theta_5\sin(\theta_4-\theta_5) \quad (2\text{-}61)$$

$$\frac{\partial K}{\partial \theta_1}=-(m_2l_1d_2+m_3l_1l_2+m_4l_1l_2+m_5l_1l_2)\dot\theta_1\dot\theta_2\sin(\theta_1-\theta_2)$$

$$-m_3l_1d_3\dot\theta_1\dot\theta_3\sin(\theta_1-\theta_3)-(m_4l_1d_4+m_5l_1l_4)\dot\theta_1\dot\theta_4\sin(\theta_1-\theta_4)$$

$$-m_5l_1d_5\dot\theta_1\dot\theta_5\sin(\theta_1-\theta_5) \quad (2\text{-}62)$$

$$\frac{\partial K}{\partial \theta_2}=(m_2l_1d_2+m_3l_1l_2+m_4l_1l_2+m_5l_1l_2)\dot\theta_1\dot\theta_2\sin(\theta_1-\theta_2)$$

$$-m_3l_2d_3\dot\theta_2\dot\theta_3\sin(\theta_2-\theta_3)-(m_4l_2d_4+m_5l_2l_4)\dot\theta_2\dot\theta_4\sin(\theta_2-\theta_4)$$

$$-m_5 l_2 d_5 \dot{\theta}_2 \dot{\theta}_5 \sin(\theta_2-\theta_5) \qquad (2\text{-}63)$$

$$\frac{\partial K}{\partial \theta_3} = m_3 l_1 d_3 \dot{\theta}_1 \dot{\theta}_3 \sin(\theta_1-\theta_3) + m_3 l_2 d_3 \dot{\theta}_2 \dot{\theta}_3 \sin(\theta_2-\theta_3) \qquad (2\text{-}64)$$

$$\frac{\partial K}{\partial \theta_4} = (m_4 l_1 d_4 + m_5 l_1 l_4) \dot{\theta}_1 \dot{\theta}_4 \sin(\theta_1-\theta_4)$$
$$+ (m_4 l_2 d_4 + m_5 l_2 l_4) \dot{\theta}_2 \dot{\theta}_4 \sin(\theta_2-\theta_4) + m_5 l_4 d_5 \dot{\theta}_4 \dot{\theta}_5 \sin(\theta_4-\theta_5) \qquad (2\text{-}65)$$

$$\frac{\partial K}{\partial \theta_5} = m_5 l_1 d_5 \dot{\theta}_1 \dot{\theta}_5 \sin(\theta_1-\theta_5) + m_5 l_2 d_5 \dot{\theta}_2 \dot{\theta}_5 \sin(\theta_2-\theta_5) + m_5 l_4 d_5 \dot{\theta}_4 \dot{\theta}_5 \sin(\theta_4-\theta_5)$$
$$(2\text{-}66)$$

$$\frac{\partial P}{\partial \theta_1} = -(m_1 d_1 + m_2 l_1 + m_3 l_1 + m_4 l_1 + m_5 l_1) g \sin\theta_1 \qquad (2\text{-}67)$$

$$\frac{\partial P}{\partial \theta_2} = -(m_2 d_2 + m_3 l_2 + m_4 l_2 + m_5 l_2) g \sin\theta_2 \qquad (2\text{-}68)$$

$$\frac{\partial P}{\partial \theta_3} = -m_3 g d_3 \sin\theta_3 \qquad (2\text{-}69)$$

$$\frac{\partial P}{\partial \theta_4} = -(m_4 d_4 + m_5 l_4) g \sin\theta_4 \qquad (2\text{-}70)$$

$$\frac{\partial P}{\partial \theta_5} = -m_5 g d_5 \sin\theta_5 \qquad (2\text{-}71)$$

拉格朗日函数 L 为：

$$L = \sum_{i=1}^{5} K_i - \sum_{i=1}^{5} P_i \qquad (2\text{-}72)$$

于是：

$$T = \frac{\mathrm{d}}{\mathrm{d}t}\left(\frac{\partial L}{\partial \dot{\theta}_i}\right) - \frac{\partial L}{\partial \theta_i} \qquad (2\text{-}73)$$

关节角速度 $\dot{\theta}_i$ 和系统势能无关，上式化简如下：

$$T_i = \frac{\mathrm{d}}{\mathrm{d}t}\left(\frac{\partial K}{\partial \dot{\theta}_i}\right) - \frac{\partial K}{\partial \theta_i} + \frac{\partial P}{\partial \theta_i} \qquad (2\text{-}74)$$

整理可得：

$$\boldsymbol{T}_i = \boldsymbol{D}(\boldsymbol{\theta})\ddot{\boldsymbol{\theta}} + \boldsymbol{H}(\boldsymbol{\theta},\dot{\boldsymbol{\theta}})\dot{\boldsymbol{\theta}} + \boldsymbol{G}(\boldsymbol{\theta}) \qquad (2\text{-}75)$$

式中　$\boldsymbol{D}(\boldsymbol{\theta})$——惯性矩阵，且为 5×5 的正定对称矩阵；

　　　$\boldsymbol{H}(\boldsymbol{\theta},\dot{\boldsymbol{\theta}})$——$5\times5$ 的 Coriolis 项；

　　　$\boldsymbol{G}(\boldsymbol{\theta})$——重力项 5×1 矩阵，$\boldsymbol{\theta}$、$\dot{\boldsymbol{\theta}}$、$\ddot{\boldsymbol{\theta}}$ 和 $\boldsymbol{T}_i$ 都为 5×1 矩阵。

$$D_{11} = I_1 + m_1 d_1^2 + (m_2 + m_3 + m_4 + m_5) l_1^2 \tag{2-76}$$

$$D_{12} = [m_2 l_1 d_2 + (m_3 + m_4 + m_5) l_1 l_2] \cos(\theta_1 - \theta_2) \tag{2-77}$$

$$D_{13} = m_3 l_1 d_3 \cos(\theta_1 - \theta_3) \tag{2-78}$$

$$D_{14} = (m_4 l_1 d_4 + m_5 l_1 l_4) \cos(\theta_1 - \theta_4) \tag{2-79}$$

$$D_{15} = m_5 l_1 d_5 \cos(\theta_1 - \theta_5) \tag{2-80}$$

$$D_{21} = D_{12} \tag{2-81}$$

$$D_{22} = I_2 + m_2 d_2^2 + (m_3 + m_4 + m_5) l_2^2 \tag{2-82}$$

$$D_{23} = m_3 l_2 d_3 \cos(\theta_2 - \theta_3) \tag{2-83}$$

$$D_{24} = (m_4 l_2 d_4 + m_5 l_2 l_4) \cos(\theta_2 - \theta_4) \tag{2-84}$$

$$D_{25} = m_5 l_2 d_5 \cos(\theta_2 - \theta_5) \tag{2-85}$$

$$D_{31} = D_{13} \tag{2-86}$$

$$D_{32} = D_{23} \tag{2-87}$$

$$D_{33} = I_3 + m_3 d_3^2 \tag{2-88}$$

$$D_{34} = D_{35} = 0 \tag{2-89}$$

$$D_{41} = D_{14} \tag{2-90}$$

$$D_{42} = D_{24} \tag{2-91}$$

$$D_{43} = D_{34} = 0 \tag{2-92}$$

$$D_{44} = I_4 + m_4 d_4^2 + m_5 l_4^2 \tag{2-93}$$

$$D_{45} = m_5 l_4 d_5 \cos(\theta_4 - \theta_5) \tag{2-94}$$

$$D_{51} = D_{15} \tag{2-95}$$

$$D_{52} = D_{25} \tag{2-96}$$

$$D_{53} = D_{35} = 0 \tag{2-97}$$

$$D_{54} = D_{45} \tag{2-98}$$

$$D_{55} = I_5 + m_5 d_5^2 \tag{2-99}$$

$$H_{11} = 0 \tag{2-100}$$

$$H_{12} = (m_2 l_1 d_2 + m_3 l_1 l_2 + m_4 l_1 l_2 + m_5 l_1 l_2) \dot{\theta}_2 \sin(\theta_1 - \theta_2) \tag{2-101}$$

$$H_{13} = m_3 l_1 d_3 \dot{\theta}_3 \sin(\theta_1 - \theta_3) \tag{2-102}$$

$$H_{14} = (m_4 l_1 d_4 + m_5 l_1 l_4) \dot{\theta}_4 \sin(\theta_1 - \theta_4) \tag{2-103}$$

$$H_{15} = m_5 l_1 d_5 \dot{\theta}_5 \sin(\theta_1 - \theta_5) \tag{2-104}$$

$$H_{21} = -(m_2 l_1 d_2 + m_3 l_1 l_2 + m_4 l_1 l_2 + m_5 l_1 l_2)\dot{\theta}_1 \sin(\theta_1 - \theta_2) \tag{2-105}$$

$$H_{22} = 0 \tag{2-106}$$

$$H_{23} = m_3 l_2 d_3 \dot{\theta}_3 \sin(\theta_2 - \theta_3) \tag{2-107}$$

$$H_{24} = (m_4 l_2 d_4 + m_5 l_2 l_4)\dot{\theta}_4 \sin(\theta_2 - \theta_4) \tag{2-108}$$

$$H_{25} = m_5 l_2 d_5 \dot{\theta}_5 \sin(\theta_2 - \theta_5) \tag{2-109}$$

$$H_{31} = -m_3 l_1 d_3 \dot{\theta}_1 \sin(\theta_1 - \theta_3) \tag{2-110}$$

$$H_{32} = -m_3 l_2 d_3 \dot{\theta}_2 \sin(\theta_2 - \theta_3) \tag{2-111}$$

$$H_{33} = H_{34} = H_{35} = 0 \tag{2-112}$$

$$H_{41} = -(m_4 l_1 d_4 + m_5 l_1 l_4)\dot{\theta}_1 \sin(\theta_1 - \theta_4) \tag{2-113}$$

$$H_{42} = -(m_4 l_2 d_4 + m_5 l_2 l_4)\dot{\theta}_2 \sin(\theta_2 - \theta_4) \tag{2-114}$$

$$H_{43} = H_{44} = 0 \tag{2-115}$$

$$H_{45} = m_5 l_4 d_5 \dot{\theta}_5 \sin(\theta_4 - \theta_5) \tag{2-116}$$

$$H_{51} = -m_5 l_1 d_5 \dot{\theta}_1 \sin(\theta_1 - \theta_5) \tag{2-117}$$

$$H_{52} = -m_5 l_2 d_5 \dot{\theta}_2 \sin(\theta_2 - \theta_5) \tag{2-118}$$

$$H_{53} = 0 \tag{2-119}$$

$$H_{54} = -m_5 l_4 d_5 \dot{\theta}_4 \sin(\theta_4 - \theta_5) \tag{2-120}$$

$$H_{55} = 0 \tag{2-121}$$

$$G_1 = -(m_1 d_1 + m_2 l_1 + m_3 l_1 + m_4 l_1 + m_5 l_1)g \sin\theta_1 \tag{2-122}$$

$$G_2 = -(m_2 d_2 + m_3 l_2 + m_4 l_2 + m_5 l_2)g \sin\theta_2 \tag{2-123}$$

$$G_3 = -m_3 g d_3 \sin\theta_3 \tag{2-124}$$

$$G_4 = -(m_4 d_4 + m_5 l_4)g \sin\theta_4 \tag{2-125}$$

$$G_5 = -m_5 g d_5 \sin\theta_5 \tag{2-126}$$

（2）双腿支撑相动力学建模

单脚支撑相动力学模型与双腿支撑相动力学模型有所区别，当双腿与地面完全接触时形成闭环约束，在双腿支撑期，外骨骼上肢部分移动速度缓慢且基本恒定，所以近似认为是准静态过程，模型如图 2-60 所示。

在双腿支撑期内上肢部分移动速度缓慢，近似为准静态。此时躯干质量拆成两块，拆解成两个三自由度连杆系统，如图 2-61 所示。

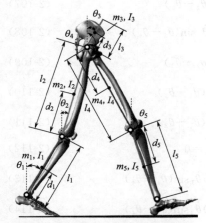

图 2-60 下肢双腿支撑相动力学模型

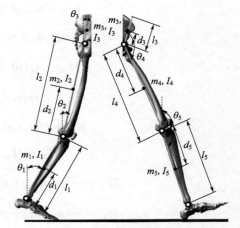

图 2-61 下肢前后腿模型

躯干作用于前腿的质量为 m'_3，作用于后腿的质量为 m''_3，该值与杆件 3 的质心在 X 方向的前脚距离 x_{q3} 及后脚距离 x_{h3} 有关，质量之间的关系如下：

$$m_3 = m'_3 + m''_3 \tag{2-127}$$

$$\frac{m'_3}{m''_3} = \frac{x_{h3}}{x_{q3}} \tag{2-128}$$

$$x_{h3} = l_1 \sin\theta_1 + l_2 \sin\theta_2 + d_3 \sin\theta_3 \tag{2-129}$$

$$x_{q3} = l_5 \sin\theta_5 + l_4 \sin\theta_4 - d_3 \sin\theta_3 \tag{2-130}$$

对后腿而言，各杆件质心坐标及质心速度分别为：

$$x_{C_1} = d_1 \sin\theta_1 \tag{2-131}$$

$$y_{C_1} = d_1 \cos\theta_1 \tag{2-132}$$

$$x_{C_2} = l_1 \sin\theta_1 + d_2 \sin\theta_2 \tag{2-133}$$

$$y_{C_2} = l_1 \cos\theta_1 + d_2 \cos\theta_2 \tag{2-134}$$

$$x_{C_3} = l_1 \sin\theta_1 + l_2 \sin\theta_2 + d_3 \sin\theta_3 \tag{2-135}$$

$$y_{C_3} = l_1 \cos\theta_1 + l_2 \cos\theta_2 + d_3 \cos\theta_3 \tag{2-136}$$

$$v_{C_1} = \begin{bmatrix} d_1 \cos\theta_1 \\ -d_1 \sin\theta_1 \end{bmatrix} \dot{\theta}_1 \tag{2-137}$$

$$\boldsymbol{v}_{C_2} = \begin{bmatrix} l_1\cos\theta_1 \\ -l_1\sin\theta_1 \end{bmatrix}\dot{\theta}_1 + \begin{bmatrix} d_2\cos\theta_2 \\ -d_2\sin\theta_2 \end{bmatrix}\dot{\theta}_2 \tag{2-138}$$

$$\boldsymbol{v}_{C_3} = \begin{bmatrix} l_1\cos\theta_1 \\ -l_1\sin\theta_1 \end{bmatrix}\dot{\theta}_1 + \begin{bmatrix} l_2\cos\theta_2 \\ -l_2\sin\theta_2 \end{bmatrix}\dot{\theta}_2 + \begin{bmatrix} d_3\cos\theta_3 \\ -d_3\sin\theta_3 \end{bmatrix}\dot{\theta}_3 \tag{2-139}$$

下肢多刚体系统的总势能为:

$$P = \sum_{i=1}^{3} P_i, \quad P_i = m_i g y_{C_i} \tag{2-140}$$

下肢多刚体系统的总动能为:

$$K = \sum_{i=1}^{3} K_i, \quad K_i = \frac{1}{2}m_i v_{C_i}^2 + \frac{1}{2}I_i \dot{\theta}_i^2 \tag{2-141}$$

式中,杆件 1 的势能 P_1 与动能 K_1 分别为:

$$P_1 = m_1 g y_{C_1} = m_1 g d_1 \cos\theta_1 \tag{2-142}$$

$$K_1 = \frac{1}{2}m_1 v_{C_1}^2 + \frac{1}{2}I_1 \dot{\theta}_1^2 = \frac{1}{2}(m_1 d_1^2 + I_1)\dot{\theta}_1^2 \tag{2-143}$$

杆件 2 的势能 P_2 与动能 K_2 分别为:

$$P_2 = m_2 g y_{C_2} = m_2 g (l_1\cos\theta_1 + d_2\cos\theta_2) \tag{2-144}$$

$$K_2 = \frac{1}{2}m_2 v_{C_2}^2 + \frac{1}{2}I_2 \dot{\theta}_2^2 = \frac{1}{2}(m_2 d_2^2 + I_2)\dot{\theta}_2^2 + \frac{1}{2}m_2 l_1^2 \dot{\theta}_1^2 + m_2 l_1 d_2 \dot{\theta}_1 \dot{\theta}_2 \cos(\theta_1 - \theta_2)$$

$$\tag{2-145}$$

杆件 3 的势能 P_3 与动能 K_3 分别为:

$$P_3 = m_3'' g y_{C_3} = m_3'' g (l_1\cos\theta_1 + l_2\cos\theta_2 + d_3\cos\theta_3) \tag{2-146}$$

$$K_3 = \frac{1}{2}m_3'' v_{C_3}^2 + \frac{1}{2}I_3 \dot{\theta}_3^2 = \frac{1}{2}(m_3'' d_3^2 + I_3)\dot{\theta}_3^2 + \frac{1}{2}m_3''[l_1^2 \dot{\theta}_1^2 + l_2^2 \dot{\theta}_2^2$$

$$+ 2l_1 l_2 \dot{\theta}_1 \dot{\theta}_2 \cos(\theta_1 - \theta_2) + 2l_1 d_3 \dot{\theta}_1 \dot{\theta}_3 \cos(\theta_1 - \theta_3) + 2l_2 d_3 \dot{\theta}_2 \dot{\theta}_3 \cos(\theta_2 - \theta_3)]$$

$$\tag{2-147}$$

由此可得系统动能如下:

$$K = \frac{1}{2}(I_1 + m_1 d_1^2 + m_2 l_1^2 + m_3'' l_1^2)\dot{\theta}_1^2 + \frac{1}{2}(I_2 + m_2 d_2^2 + m_3'' l_2^2)\dot{\theta}_2^2 + \frac{1}{2}(I_3 + m_3'' d_3^2)\dot{\theta}_3^2$$

$$+ (m_2 l_1 d_2 + m_3'' l_1 l_2)\dot{\theta}_1 \dot{\theta}_2 \cos(\theta_1 - \theta_2) + 2l_1 d_3 \dot{\theta}_1 \dot{\theta}_3 \cos(\theta_1 - \theta_3)$$

$$+ 2l_2 d_3 \dot{\theta}_2 \dot{\theta}_3 \cos(\theta_2 - \theta_3) \tag{2-148}$$

由此可得系统势能如下：

$$P = m_1 g d_1 \cos\theta_1 + m_2 g(l_1 \cos\theta_1 + d_2 \cos\theta_2) + m_3'' g(l_1 \cos\theta_1 + l_2 \cos\theta_2 + d_3 \cos\theta_3)$$

(2-149)

与单腿支撑相分析相同，可以得到系统动力学方程如下：

$$T_i = D(\boldsymbol{\theta})\ddot{\boldsymbol{\theta}} + H(\boldsymbol{\theta},\dot{\boldsymbol{\theta}})\dot{\boldsymbol{\theta}} + G(\boldsymbol{\theta})$$

(2-150)

$$\begin{cases} D_{ij} = p_{ij} \cos(\theta_i - \theta_j) \\ H_{ij} = p_{ij} \sin(\theta_i - \theta_j)\dot{\theta}_j \\ G_i = g_i \sin\theta_i \end{cases}$$

(2-151)

$$p_{ij} = \begin{cases} I_i + m_i d_i^2 + (\sum_{j=i+1}^{3} m_j) l_i^2, & i = j \\ m_j d_j l_i + (\sum_{K=j+1}^{3} m_K) I_i I_j, & j > i \\ p_{ji} \end{cases}$$

(2-152)

$$g_i = m_i d_i g + (\sum_{j=i+1}^{3} m_j) l_i g$$

(2-153)

2.6.2 人机交互机理与力学分析

肌电信号是由所有被电激活的肌纤维细胞膜表面上的动作电位叠加形成的。运动意图转换为电信号是通过人体运动神经中枢系统，运动神经元经过肌纤维膜传递，动作电位在肌纤维膜上展开，开启分子马达工作，使肌肉产生收缩力[56]。根据肌小节在肌纤维中的串联与并联结构建立骨骼肌生物力学模型，计算骨骼肌的主动收缩力方程如下：

$$F_a^m = \frac{1}{s} A \alpha \beta n_0 k_c \int_0^L x \rho(x,t) \mathrm{d}x$$

(2-154)

式中　k_c——肌球蛋白头部的弹性系数；

　　　n_0——粗肌丝中分子马达的总数；

　　　A——所有肌纤维的横截面面积；

　　　s——一根粗肌丝和六根细肌丝的截面面积；

　　　α——粗肌丝和细肌丝之间的重叠程度；

β——肌肉激活程度，取决于电位刺激频率，表示肌纤维中肌浆网的钙离子的函数；

L——细肌丝上两个结合点之间的距离；

$\rho(x,t)$——分子马达在时刻 t 时处于位置 x 的概率密度。

定义骨骼肌在最大激活程度下的等长收缩力为 F_A^m。主动收缩力模型简化如下：

$$F_A^m = \beta F_a^m \tag{2-155}$$

当某个由运动神经元和肌纤维组成的运动单元的刺激频率达到最大时，人体会通过募集更多数量的运动单元产生更大的收缩力。将宏观骨骼肌肉群的激活程度定义如下：

$$\beta = \mu f(\omega) \tag{2-156}$$

式中 μ——对应骨骼肌肉群的募集比率；

$f(\omega)$——与动作电位的频率相关的函数。

在伸展状态下，肌肉可以由外部负载进行被动拉伸，从而导致肌肉的非线性黏弹性特性。因此，肌肉被动收缩力可以分为阻尼力和弹性力，肌肉的被动力如下：

$$F_P^m = k_m \Delta l^m - \gamma v \tag{2-157}$$

式中 k_m——肌联蛋白的弹性系数；

Δl^m——肌肉肌腱长度变化量；

γ——阻力系数；

v——肌肉收缩速度。

现存大多数研究人体前向动力学的方法，基于骨骼肌的经验模型[57]，均来自于 Hill 骨骼肌模型[58]，或者在 Zajac 的基础上进行改进。模型相应的肌肉-肌腱模型如图 2-62 所示。以人体膝关节为研究对象，肌肉-肌腱单元由肌纤维与肌腱串联组成，肌肉力的主要产生结构包括 PE（被动元）和 CE（收缩元），如图 2-63 所示。

根据 Hill 骨骼肌模型，产生的肌肉-肌腱力可以表达如下[59-62]：

$$F^{mt} = (F_A^m + F_P^m)\cos\phi = (f_A(l)f_V(v)a(k) + f_P(l))F_0^m\cos\phi \tag{2-158}$$

式中 F^{mt}——肌肉-肌腱力；

F_A^m——收缩产生的主动肌肉力；

F_P^m——由并联弹性元产生的被动肌肉力；

$f_A(l)$——归一化后收缩元的主动力与长度的关系；

$f_V(v)$——归一化后收缩元力与速度的关系；

$f_P(l)$——归一化后主动弹性元力与长度的关系；

$a(k)$——第 k 个时间步上肌纤维的激活程度；

F_0^m——肌肉最大的等长收缩力；

l——归一化的肌纤维长度；

v——肌纤维的收缩速度；

ϕ——肌纤维的佩恩角。

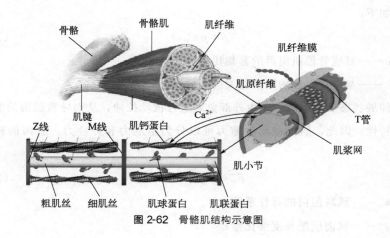

图 2-62　骨骼肌结构示意图

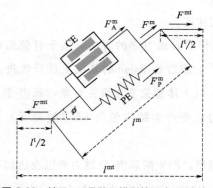

图 2-63　基于 Hill 骨骼肌模型的肌肉-肌腱单元

由于 $f_A(l)$、$f_V(v)$ 和 $f_P(l)$ 存在明显的非线性，对上述映射关系做出一定的简化如下[63,64],其中 q_0、q_1 和 q_2 为常数[65]。

$$f_A(l) = \begin{cases} q_0 + q_1 l + q_2 l^2, & 0.5 \leqslant l \leqslant 1.5 \\ 0, & \text{其他} \end{cases} \quad (2\text{-}159)$$

$$f_P(l) = e^{10l-15}; \quad f_V(v) = 1$$

通过肌肉-肌腱结构中的基本几何关系,肌肉-肌腱长度 l^{mt} 表示关节角度的方程[66], θ 表示膝关节的角度,其余为常数,简化为线性函数关系,表达如下:

$$l^{mt} = l^t + l^m \cos\phi = b_0 + b_1 \theta \quad (2\text{-}160)$$

上式求解可得肌纤维长度关于膝关节角度的方程如下:

$$l = \frac{b_1}{l_0^m \cos\phi}\theta + \frac{b_0 - l^t}{l_0^m \cos\phi}\theta \quad (2\text{-}161)$$

关节运动相关的肌肉的力臂长度 r 与肌肉力矩 τ 如下:

$$r = \frac{\partial l^{mt}(\theta)}{\partial \theta} = b_1 \quad (2\text{-}162)$$

$$\tau = F^{mt} r \quad (2\text{-}163)$$

基于肌肉与肌腱模型以及肌肉的收缩动力学关系,关节运动的模型表达为:

$$\ddot{\theta} I_e = \tau - \tau_{ex} \quad (2\text{-}164)$$

式中 I_e——膝关节转动惯量;

τ_{ex}——关节运动的外部力矩和小腿重力矩的总和。

设定系统采样时间为 T_s,关节角度和角速度的状态量均以离散形式获得,表达如下:

$$\begin{cases} \dot{\theta}_k = T_s^{-1}(\theta_{k+1} - \theta_k) \\ \ddot{\theta}_k = T_s^{-1}(\dot{\theta}_{k+1} - \dot{\theta}_k) \end{cases} \quad (2\text{-}165)$$

综上,关节运动模型可以表达为:

$$\ddot{\theta}_k = T_s^{-1}(\dot{\theta}_{k+1} - \dot{\theta}_k) = I_e^{-1}(\tau - \tau_{ex}) = I_e^{-1}(F^{mt}(t)b_1 - \tau_{ex}\sin\theta_k) \quad (2\text{-}166)$$

将状态量替换,可得关节运动的前向动力学如下:

$$\begin{cases} \dot{\theta}_{k+1} = [H_1 \theta_k^2 + H_2 \theta_k + H_3]a(k) + H_4 e^{H_5 \theta_k} - H_6 \sin\theta_k + \dot{\theta}_k \\ \theta_{k+1} = \theta_k + \dot{\theta}_k T_s \end{cases} \quad (2\text{-}167)$$

式中:

$$H_1 = \frac{T_s F_0^m b_1^3 q_2}{I_e l_0^{m^2} \cos\phi}$$

$$H_2 = \frac{T_s F_0^m b_1^2}{I_e l_0^m} \left(\frac{2(b_0 - l^t)}{l_0^m \cos\phi} q_0 + q_1 \right)$$

$$H_3 = \frac{T_s F_0^m \cos\phi \, b_1}{I_e} \left(\frac{(b_0 - l^t)^2}{l_0^{m2} (\cos\phi)^2} q_2 + \frac{b_1}{l_0^m \cos\phi} q_1 + q_0 \right)$$

$$H_4 = \frac{T_s F_0^m \cos\phi \, b_1}{I_e} e^{\frac{10(b_0 - l^t)}{l_0^m \cos\phi} - 15}$$

$$H_5 = \frac{10 b_1}{l_0^m \cos\phi}$$

$$H_6 = \frac{T_s}{I_e} \tau_{ex}$$

使用骨骼肌的半唯象模型解释人体与外骨骼的交互机制，模型结构简单，对肌肉骨骼交互作用的解释较为科学、系统与全面，因此，被学者广泛接受采用[67]。

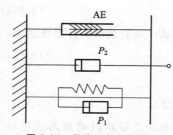

图 2-64 骨骼肌半唯象模型

半肌小节作为肌纤维的基本单位，其结构由一个主动元和若干被动元组成[68]，如图 2-64 所示。AE（active element）为肌纤维中肌球蛋白的集体运行模式，PE（passive element）为肌动蛋白的非线性黏弹性阻力 P_1 以及细胞质中的线性黏性阻力 P_2。受 AE 收缩速度的影响而产生的动力学形成了由肌纤维收缩速度决定的主动力 F_a。

肌肉力如下：

$$F_{ext} = F_a + F_p \tag{2-168}$$

式中 F_a——总肌肉力为主动力；

F_p——总肌肉力为被动力。

其中，AE 产生的收缩力可以表达如下：

$$F_a = \beta(t) G(l) (1 + \delta) \tag{2-169}$$

式中 $\beta(t)$——肌肉的激活强度；

$G(l)$——强直状态下肌纤维的力与长度的关系；

δ——受到肌小节在强直状态和松弛状态下伸长和收缩速度影响的振幅波动。

假设半唯象模型中的 $G(l)$ 与 Hill 模型中的 $f_A(l)$ 具有相同的表达形式。由此可得，$f_A(l)$ 如下：

$$f_A(l) = q_2 \left(\frac{b_1}{l_0^m \cos\phi}\right)^2 \theta^2$$

$$+ \left(q_1 \frac{b_1}{l_0^m \cos\phi} + 2q_0 b_1 \frac{b_0 - l^t}{(l_0^m \cos\phi)^2}\right)\theta + \left(q_0 + q_1 \frac{b_1}{l_0^m \cos\phi} + q_2 \left(\frac{b_0 - l^t}{l_0^m - \cos\phi^2}\right)^2\right)$$

(2-170)

为了简化模型并统一模型中的变量，将肌肉激活强度和肌肉力的关系认为是线性相关[69,70]，满足 $\beta(t) = k_{act} a(k)$，k_{act} 为比例系数。

假设肌肉激活强度和肌肉力的关系符合线性相关，Cof 为比例系数，具体表达如下：

$$a(t) = Cof \cdot F^{mt}(t) = [(q_0 + q_1 l + q_2 l^2) a(t) + e^{10l-15}] F_0^m \cos\phi \cdot Cof$$

(2-171)

$$\beta = \frac{k_{act} e^{M_{21}\theta + M_{22}}}{M_{11}\theta^2 + M_{12}\theta + M_{13}}$$

(2-172)

式中：

$$M_{11} = -q_2 \left(\frac{b_1}{l_0^m \cos\phi}\right)^2$$

$$M_{12} = -\frac{q_1 b_1}{l_0^m \cos\phi} - 2q_2 \frac{b_1(b_0 - l^t)}{(l_0^m \cos\phi)^2}$$

$$M_{13} = \frac{1}{F_0^m \cos\phi \cdot Cof} - q_1 \frac{b_0 - l^t}{l_0^m \cos\phi} - q_2 \frac{(b_0 - l^t)^2}{(l_0^m \cos\phi)^2}$$

$$M_{21} = H_5 = \frac{10 b_1}{l_0^m \cos\phi}$$

$$M_{22} = \frac{10(b_0 - l^t)}{l_0^m \cos\phi} - 15$$

考虑肌肉的收缩速度，定义可以直接测量的半肌小节的收缩速度为外部速度 V，肌纤维之间的滑行速度为内部速度 v。定义阻力在肌小节主动收缩时与外部速度 V 成正比例关系，当肌小节伸长时，该黏性阻力可以忽略不计。因此，该黏性阻力 F_v 如下：

$$F_v = \begin{cases} b_c V, & V \leqslant 0 \\ 0, & \text{其他} \end{cases}$$

(2-173)

设定 τ_t 为时间常数，根据外部速度 V 与内部速度 v 之间的转换关系和系统的静态条件，考虑到外部速度 $V=\dot{r}\theta=b_1\dot{\theta}$（$r$ 为肌肉关于关节运动的力臂），则波动幅值 $\delta(k)$ 表达如下：

$$\delta = \begin{cases} (1+a)\left(\dfrac{b}{V+b}-1\right)-b_c V, & V \leqslant 0 \\ A(1-e^{-qv}), & \text{其他} \end{cases} \quad (2\text{-}174)$$

$$\delta(k) = \begin{cases} -b_c b_1 \dot{\theta}+\dfrac{b+ab}{b_1\dot{\theta}+b_k}-(1+a), & \dot{\theta} \leqslant 0 \\ -A e^{-qb_1 \dot{\theta}_k}+A, & \text{其他} \end{cases} \quad (2\text{-}175)$$

式中　a,b,A,q——拟合参数。

采用简单的 P_1 的动力学形式[71]，肌联蛋白产生的平行被动力表达如下：

$$F_{ve}=f_1(l)f_2(V)=c_1(l-l_0)\left(\dfrac{2}{\pi}\arctan(c_3 V)+1\right) \quad (2\text{-}176)$$

式中　$f_1(l)$——肌联蛋白非线性的弹性响应；

　　　$f_2(V)$——肌联蛋白的黏弹性特质；

　　　c_1,c_3——拟合参数；

　　　l_0——半肌小节的松弛长度。

假设认为刚性外骨骼中使用的人体-外骨骼为刚性连接，近似的人体实时运动角度与过去发生时的角度值相同，即外骨骼当前和过去的角度相同。预测角度和人体运动的实际角度之间必然存在误差，而该误差将直接导致人体和外骨骼之间交互力的产生[56]，考虑到在实际使用过程中系统变量的表达会采用离散形式，根据系统角加速度的表达式，关节的运动模型可以表达为：

$$\ddot{\theta}_k = T_s^{-1}(\theta_{k+1}-2\theta_k+\theta_{k-1}) = I_e^{-1}(\tau-\tau_{ex})$$
$$= I_e^{-1}(F_{ext}r-\tau_{ex}) = f_{sp}(\theta_k,\dot{\theta}_k) \quad (2\text{-}177)$$

该简化的膝关节运动模型如图 2-65 所示，膝关节被简化为受一组拮抗肌——股直肌（RF）和股二头肌（BF）驱动，考虑外骨骼交互力的人体动力学表达如下：

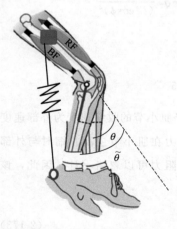

图 2-65　膝关节人机耦合系统

$$\ddot{\theta}_k = T_s^{-2}(\tilde{\theta}_{k+1} - 2\theta_k + \theta_{k-1}) = f_{sp}(\tilde{\theta}_k, \dot{\tilde{\theta}}_k) + I_e^{-1} r T_{int}(k) \qquad (2\text{-}178)$$

式中 $\tilde{\theta}_k$——人体运动的角度;

$\dot{\tilde{\theta}}_k$——人体运动的角速度;

f_{sp}——非线性方程;

$T_{int}(k)$——人体-外骨骼系统的交互力。

人和外骨骼之间为刚性连接,则 θ_k 与 $\tilde{\theta}_k$ 相同。定义第 k 个时间步的关节角度差如下:

$$J_d(k) = \tilde{\theta}_k - \theta_k \qquad (2\text{-}179)$$

$$T_{int}(k) = \frac{I_e J_d(k)}{T_s^2 r} - \frac{b_1 J_d(k)}{T_s r} \frac{k_{act} e^{M_{21}\theta_k + M_{22}}}{M_{11}\theta_k^2 + M_{12}\theta_k + M_{13}} (U_{11}\theta_k^2 + U_{12}\theta_k + U_{13})$$

$$- \frac{b_1 k_{act} e^{M_{21}\theta_k + M_{22}}}{r(M_{11}\theta_k^2 + M_{12}\theta_k + M_{13})} (U_{21}\theta_k^2 + U_{22}\theta_k + U_{23})$$

$$\times \left[\frac{1}{b_1(\dot{\theta}_k + J_d(k)T_s^{-1}) + b} - \frac{1}{b_1\dot{\theta}_k + b} \right]$$

$$- \frac{b_1}{r}(U_{31}\theta_k + U_{32})(\arctan[c_3 b_1(\dot{\theta}_k + J_d(k)T_s^{-1})] - \arctan(c_3 b_1 \dot{\theta}_k))$$

$$(2\text{-}180)$$

式中:

$$U_{11} = -b_c q_2 \left(\frac{b_1^3}{l_0^m \cos\phi} \right)^2$$

$$U_{12} = -b_1 b_c \left(\frac{q_1 b_1}{l_0^m \cos\phi} + 2q_2 \frac{b_1(b_0 - l^t)}{(l_0^m \cos\phi)^2} \right);$$

$$U_{13} = -b_1 b_c \left[q_0 + q_1 \frac{b_0 - l^t}{l_0^m \cos\phi} + q_2 \frac{(b_0 - l^t)^2}{(l_0^m \cos\phi)^2} \right]$$

$$U_{21} = q_2 b(1+a) \frac{b_1^2}{(l_0^m \cos\phi)^2}$$

$$U_{22} = b(1+a) \left(q_1 \frac{b_1}{l_0^m \cos\phi} + 2q_2 \frac{b_1(b_0 - l^t)}{(l_0^m \cos\phi)^2} \right)$$

$$U_{23} = b(1+a) \left(q_0 + q_1 \frac{b_0 - l^t}{l_0^m \cos\phi} + q_2 \left(\frac{b_0 - l^t}{l_0^m \cos\phi} \right)^2 \right)$$

$$U_{31} = \frac{2c_1 b_1}{\pi l_0^m \cos\phi}$$

$$U_{32} = \frac{2c_1}{\pi} \left(\frac{b_0 - l^{\mathrm{t}}}{l_0^{\mathrm{m}} \cos\phi} - l_0 \right)$$

上述参数均为常数，可以发现人体与外骨骼之间的交互力是一个关于人体与外骨骼角度差、系统角度和角速度的高度非线性化的方程。

利用实验测得的人体行走下肢关节角度获得平均步高与步长的变化曲线，并与实验曲线对比，如图 2-66 所示。

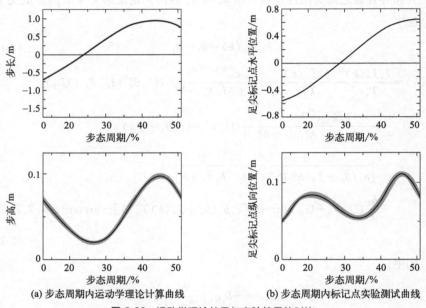

(a) 步态周期内运动学理论计算曲线　　(b) 步态周期内标记点实验测试曲线

图 2-66　运动学理论结果与实验结果的对比

由于简化模型的绝对坐标系的原点在支撑腿与地面接触的位置，当步长为负时，表示摆动腿位于支撑腿后，步长为正时，摆动腿位于支撑腿前。当左足离地时，摆动腿在支撑腿后，步长为负，步长值约为 −0.75m。当左足击地时，摆动腿在支撑腿前，步长为正，步长值约为 +0.75m。通过与足尖标记点的运动轨迹进行对比，实验测得的人体步长约为 0.6m，与计算结果接近。

对步高而言，当左足离地时，摆动腿末端距离地面 0.06m 左右。在行走过程中，摆动腿末端先降低后升高，在步态周期的 45% 左右，上升至最高点，获得步高约 0.1m。从实验采集到的足尖标记点纵向位置变化曲线中可以看出，足尖先升高后降低再升高，在步态周期的 45% 左右，同样上升至最高点，获得约

0.11m 的步高。对比实验数据与公式求解结果,验证了运动学推导的正确性,步长与步高基本与实验结果吻合。对单支撑阶段数学模型进行仿真,利用动力学模型得到站立腿的髋、膝及踝关节的力矩以及通过仿真求得的关节力矩,如图 2-67 所示。

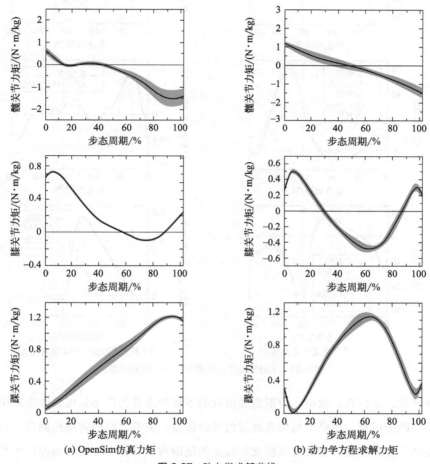

(a) OpenSim仿真力矩　　　　(b) 动力学方程求解力矩

图 2-67　动力学求解曲线

仿真完成后,将人体运动测量数据与模拟仿真进行核对,如图 2-68 所示。采用样条曲线进行模拟仿真还是比较接近人体的,其数据相差不大,曲线的整体趋势基本相似。

通过理论计算数据与实际测试数据的对比可以发现,人体下肢正常行走中各个关节的角度、力矩和步长曲线趋势与实际人体行走基本吻合,表明模型合理,

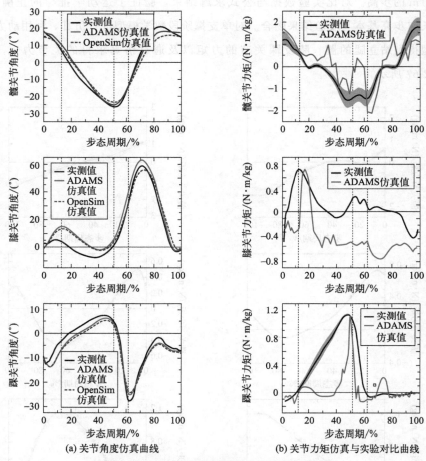

图 2-68 下肢模型理论数据与实际数据的对比

仿真有效。在仿真过程中，力矩曲线出现的不规则高低频波动是因为在实验中有许多不确定因素，如模型与仿真地面的接触碰撞、关节之间的转动协调等。这些误差属于合理偏差，都在实验精度可接受的范围内。分析实验中的偏差产生的可能因素如下：

① 理论仿真理想化，将模型的各个关节简化成杆件模型，而实际人体较为复杂。

② 仿真模型中各关节之间以及与地面之间的接触影响，如仿真环境中足底与地面之间的接触力的设置，导致各关节之间存在突发碰撞。

③ 对模型的转动关节之间的参数（如质量、转动惯量和质点位置等）进行

设计，会对理论模型产生较大的影响。

2.7 本章小结

对人体下肢关节的生理结构以及运动特点进行分析，为人体能量在"空间"维度的迁移提供了传动结构支持。同时，对人体步态和运动学进行分析，明确两侧下肢的步高、步长以及相位差，为人体能量在"时间"维度的迁移提供了可行性支持。另外，人体下肢生物力学分析与人机交互力学分析为人体能量高效收集"区域"的选取提供了理论支持。

本章的研究内容为实现能量在"时空"领域完成能量跨肢体迁移，奠定了理论依据。对人体下肢运动数据进行采集，分析下肢各关节运动状态。同时进行仿真分析，对数据结果进行对比。探究穿戴外骨骼对人体下肢肌肉和骨骼的影响，分别对肌肉和骨骼建立力学模型分析。简化膝关节运动模型，建立外骨骼交互力的人体动力学模型。本章的主要研究结论如下：

① 对单周期步态数据进行提取，获得髋、膝、踝关节数据。其中，髋关节在行走初期，达到最大屈曲角 20°，在足跟击地时达到最大伸展角 25°，最大屈曲力矩为 0.6N·m/kg，最大伸展力矩约为 1N·m/kg，内外旋力矩 0.1N·m/kg。膝关节最大屈曲角为 60°，伴随有 25°内收角，以及 50°外旋角。膝关节最大屈曲力矩为 0.4N·m/kg，最大伸展力矩约为 0.3N·m/kg。踝关节最大趾屈角 28°，背屈角 8°。踝关节体现跖屈力矩为 1.2N·m/kg。

② 将人体模型简化，使用 OpenSim 进行仿真分析，结果表明，仿真与实验结果基本吻合。仿真结果显示髋关节屈曲力矩和伸展力矩均有所增加，为 1.5N·m/kg。膝关节仿真结果主要表现为屈曲力矩，并且发生在摆动腿离地时刻，最大值为 0.7N·m/kg。对于踝关节，主要表现为背屈力矩，最大值约为 1.2N·m/kg，发生于足尖离地时刻。

③ 将人体简化为刚体，使用 ADAMS 进行动力学仿真。结果表明，AKISPL 驱动函数更加贴近人体真实运动。髋关节的转动范围是 $-15°\sim25°$，膝关节的转动范围是 $0°\sim60°$，踝关节的转动范围是 $-15°\sim10°$。仿真发现，左右腿的位移变化彼此相差 1/2 个周期。步高为 0.11m，步长为 0.75m，与实验结果近似。髋、膝和踝等关节的实验测得曲线与仿真曲线基本相同。采用 ADAMS 仿真结果表

明，人体简化刚体模型真实有效，满足实验精度，对实验测试进行对比，误差控制在5%以内。

④ 根据肌小节在肌纤维中串联与并联相结合的结构，基于肌小节中分子马达的微观工作机理，建立了骨骼肌生物力学模型，计算骨骼肌的主动收缩力。简化的膝关节运动模型中，膝关节被简化为受一组拮抗肌——股直肌（RF）和股二头肌（BF）驱动。考虑外骨骼的交互力，推导出人体-外骨骼之间的交互力方程，分析表明，交互力是一个关于人体-外骨骼角度差、系统角度和角速度的高度非线性化的方程。

参考文献

[1] Prampero P E. The energy cost of human locomotion on land and in water [J]. International Journal of Sports Medicine, 1986, 7(2): 55-72.

[2] Minetti A E, Alexander M R. A theory of metabolic costs for bipedal gaits [J]. Journal of Theoretical Biology, 1997, 186(4): 467-476.

[3] Romeo F. A simple model of energy expenditure in human locomotion [J]. Revista Brasileira de Ensino de Física, 2009, 31(4): 4306-4310.

[4] Cavagna G A, Saibene F P, Margaria. Mechanical work in running [J]. Journal of Applied Physiology, 1964, 19(2): 249-256.

[5] Rodrigo S, Garcia I, Franco M, et al. Energy expenditure during human gait. I-An optimized model [C]. Buenos Aires, Argentina, 2010 Annual International Conference of the IEEE Engineering in Medicine and Biology. August 31-September 4, 2010: 4254-4257.

[6] Winters J M. Multiple muscle systems: biomechanics and movement organization [M]. New York: Springer, 1990: 69-93.

[7] Hase K, Yamazaki N. Development of three-dimensional whole body musculoskeletal model for various motion analyses [J]. JSME International Journal, Series C, 1997, 40(1): 25-32.

[8] Umberger B R, Gerritsen K G, Martin P E. A model of human muscle energy expenditure [J]. Computer Methods in Biomechanics and Biomedical Engineering, 2003, 6(2): 99-111.

[9] Winters J M, Woo L Y. Multiple muscle systems: biomechanics and movement organization [M]. New York: Springer-Verlag, 1990.

[10] Zhou L, Bai S, Hansen M R, et al. Modeling of human arm energy expenditure for predicting energy optimal trajectories [J]. Modeling Identification and Control, 2011, 31(3): 91-101.

[11] Zoss A B, Kazerooni H, Chu A. Biomechanical design of the Berkeley lower extremity exo-skeleton (BLEEX) [J]. IEEE/ASME Translations on Mechatronics, 2005, 11(2): 128-138.

[12] Park S, Choi H, Ryu K, et al. Kinematics, kinetics and muscle activities of the lower extremity during the first four steps from gait initiation to the steady-state walking [J]. Journal of Mechanical Science and Technology, 2009, 23(1): 204-211.

[13] Schiehlen W, Ackermann M. Estimation of metabolical costs for human locomotion [C]. California, USA, ASME International Design Engineering Technical Conferences & Computers & Information in Engineering Conference. September 24-28, 2005: 1-8.

[14] Morrison J B. The mechanics of muscle function in locomotion [J]. Journal of Biomechanics, 1970, 3(4): 431-451.

[15] Prilutsky B I, Petrova L N, Raitsin L M. Comparison of mechanical energy expenditure of joint moments and muscle forces during human locomotion [J]. Journal of Biomechanics, 1996, 29(4): 405-415.

[16] 王东海. 基于行走步态的被动式重力支撑柔性下肢外骨骼系 [D]. 杭州: 浙江大学, 2016.

[17] Herzog W, Read L J. Lines of action and moment arms of the major force-carrying structures crossing the human knee joint [J]. Journal of Anatomy, 1993, 182(2): 213-230.

[18] 唐刚. 人体典型运动生物力学仿真分析 [D]. 上海: 上海交通大学, 2011.

[19] 李永胜, 张全有, 陈维毅. 骨骼肌收缩的本构模型 [J]. 太原理工大学学报, 2005(06): 760-764.

[20] 郑超. 基于人体能量流动特性的外骨骼低能耗驱动关节的研究 [D]. 哈尔滨: 哈尔滨工业大学, 2016.

[21] 赖琦崑, 陈苏阳, 张宇玲, 等. 应用盘簧扭矩的踝关节运动助力器的设计 [J]. 中国保健营养, 2015, 25(013): 38-39.

[22] Ulrey B L, Fathallah F A. Effect of a personal weight transfer device on muscle activities and joint flexions in the stooped posture [J]. Journal of Electromyography and Kinesiology, 2013, 23(1): 195-205.

[23] 张通, 赵军. 中国脑卒中早期康复治疗指南 [J]. 中华神经科杂志, 2017, 50(06): 405-412.

[24] 王侃, 朱泽宇, 朱德生, 等. 外骨骼机器人在下肢运动障碍患者中的临床研究进展 [J]. 中华神经科杂志, 2020, 53(06): 454-459.

[25] 中华人民共和国卫生健康委. 关于加快推进康复医疗工作发展的意见 [EB/OL]. http://www.gov.cn/zhengce/2021-06/17/content_5618766.htm.

[26] 王茂斌. 脑卒中的康复医疗 [M]. 北京: 中国科学技术出版社, 2006: 68.

[27] 荣湘江, 姚鸿恩, 王卫强. 偏瘫步态中时相与周期的定量研究 [J]. 天津体育学院学报, 2004, 19(2): 56-58.

[28] 王卫强, 荣湘江, 任晓玲. 偏瘫患者健侧下肢与正常下肢的运动学比较 [J]. 中国康复医学杂志, 2004, 19(1): 28-29.

[29] 李军. 偏瘫外骨骼步态策略与规划研究 [D]. 上海: 上海大学, 2017.

[30] Davies B. Robotic surgery-a personal view of the past, present and future [J]. International Journal of Advanced Robotic Systems, 2015(12): 54-59.

[31] 胡淑珍，吴华，傅建明，等．下肢机器人辅助步态训练在脑卒中后步行功能障碍患者中的应用进展［J］．中华物理医学与康复杂志，2017，39（09）：709-712．

[32] Diaz I, Gil JJ, Sanchez E. Lower-limb robotic rehabilitation: literature review and challenges [J]. Journal of Robotics, 2011, 2011（2）: 759764.1-759764.11.

[33] AlparslanY. Clinical characteristics affecting motor recovery and ambulation in stroke patients [J]. Journal of Physical Therapy Science, 2017, 29（2）: 216-220.

[34] Gopinath D E, Jain S, Argall B D. Human-in-the-loop optimization of shared autonomy in assistive robotics [J]. IEEE Robotics and Automation Letters, 2016, 2（1）: 247-254.

[35] Novak D, Riener R. Control strategies and artificial intelligence in rehabilitation robotics [J]. AI Magazine, 2015, 36（4）: 23-33.

[36] 胡进，侯增广，陈翼雄，等．下肢康复机器人及其交互控制方法［J］．自动化学报，2014，40（11）：2377-2390．

[37] 赖一楠，叶鑫，丁汉．共融机器人重大研究计划研究进展［J］．机械工程学报．2021，57（23）：1-11．

[38] Neuhaus P, Kazerooni H. Design and control of human assisted walking robot [C]. San Francisco, CA, USA, IEEE International Conference on Robotics and Automation, April 24-28, 2000: 563-569.

[39] Trlep M, Mihej M, Munih M. Skill transfer from symmetric and asymmetric bimanual training using a robotic system to single limb performance [J]. Journal of Neuro Engineering and Rehabilitation, 2012, （9）: 43-56.

[40] Murray S A, Ha K H, Hartigan C, et al. An assistive control approach for a lower-limb exoskeleton to facilitate recovery of walking following stroke [J]. IEEE Transactions on Neural Systems & Rehabilitation Engineering, 2015, 23（3）: 441-449.

[41] 李宏伟，张韬，冯垚娟，等．外骨骼下肢康复机器人在脑卒中康复中的应用进展［J］．中国康复理论与实践，2017，23（7）：788-791．

[42] 陆敏，魏凤芹，肖峰，等．上肢康复机器人训练治疗脑卒中偏瘫患者［J］．中国康复，2012，27（06）：411-413．

[43] 樊骏锋．基于绳索驱动的上肢康复机器人研究［D］．西安：西安电子科技大学，2014．

[44] Shimada H, Suzuki T, Kimura Y, et al. Effects of an automated stride assistance system on walking parameters and muscular glucose metabolism in elderly adults [J]. British Journal of Sports Medicine, 2008, 42（11）: 622-629.

[45] GB/T 10000—2023，中国成年人人体尺寸［S］．

[46] GB/T 17245—2004，成年人人体惯性参数［S］．

[47] Garcia E, Janet M, John M. Exoskeletons for human performance augmentation（EHPA）: a program summary [J]. Journal of the Robotics Society of Japan, 2002, 20（8）: 822-826.

[48] Kazerooni H. Exoskeletons for human performance augmentation [M]. Berlin Heidelberg: Springer, 2007: 125-200.

[49] 杨灿军．人机智能系统理论与方法［M］．杭州：浙江大学出版社，2006．

[50] Neuhaus P, Kazerooni H. Design and control of human assisted walking robot [C]. San Francisco, CA, USA, IEEE International Conference on Robotics and

Automation, April 24-28, 2000: 563-569.

[51] 全国老龄工作委员会办公室. 21世纪——中国人口老龄化发展趋势与对策 [J]. 社会福利, 2006, 000（003）: 25-27.

[52] 第七次全国人口普查主要数据情况 [EB/OL]. 2021 [2021-05-11]. http://www.stats.gov.cn/tjsj/zxfb/202105/t20210510_1817176.html.

[53] 中共中央、国务院印发《国家积极应对人口老龄化中长期规划》[EB/OL]. 2019 [2020-05-01]. http://www.gov.cn/xinwen/2019-11/21/content_5454347.htm.

[54] Kawamoto H, Kamibayashi K, Nakata Y, et al. Pilot study of locomotion improvement using hybrid assistive limb in chronic stroke patients [J]. BMC Neurology, 2013, 13（1）: 141-148.

[55] 王喆. 基于人体行走的下肢生机一体运动协调控制方法研究 [D]. 西安: 西北工业大学, 2019.

[56] 曾岩. 基于高斯过程自回归学习的人体运动意图理解及下肢外骨骼主动柔顺性研究 [D]. 上海: 上海交通大学, 2019.

[57] Zahalak G I. The two-state cross-bridge model of muscle is an asymptotic limit of multi-state models [J]. Journal of Theoretical Biology, 2000, 204（1）: 67-82.

[58] Hill A V. The heat of shortening and the dynamic constants of muscle [J]. Proceedings of the Royal Society of London. Series B-Biological Sciences, 1938, 126（843）: 136-195.

[59] Hamaya M, Matsubara T, Noda T, et al. Learning assistive strategies for exoskeleton robots from user-robot physical interaction [J]. Pattern Recognition Letters, 2017, 99（1）: 67-76.

[60] Falisse A, Van R S, Jonkers I, et al. EMG-driven optimal estimation of subject-specific Hill model muscle-tendon parameters of the knee joint actuators [J]. IEEE Transactions on Biomedical Engineering, 2016, 64（9）: 2253-2262.

[61] Bogey R A, Barnes L A. An EMG-to-force processing approach for estimating in vivo hip muscle forces in normal human walking [J]. IEEE Transactions on Neural Systems and Rehabilitation Engineering, 2016, 25（8）: 1172-1179.

[62] Buchanan T S, Lloyd D G, Manal K, et al. Neuromusculoskeletal modeling: estimation of muscle forces and joint moments and movements from measurements of neural command [J]. Journal of Applied Biomechanics, 2004, 20（4）: 367-395.

[63] Thomas S, Buchanan. Special issue on biomechanical modeling [J]. Journal of Applied Biomechanics, 2004, 20（4）: 335-335.

[64] Fleischer C, Hommel G. A human-exoskeleton interface utilizing EMG [J]. IEEE Transactions on Robotics, 2008, 24（4）: 872-882.

[65] Xiloyannis M, Gavriel C, Thomik A A C, et al. Gaussian process autoregression for simultaneous proportional multi-modal prosthetic control with natural hand kinematics [J]. IEEE Transactions on Neural Systems and Rehabilitation Engineering, 2017, 25（10）: 1785-1801.

[66] Karavas N, Ajoudani A, Tsagarakis N, et al. Tele-impedance based assistive control for a compliant knee exoskeleton [J]. Robotics and Autonomous Systems, 2015, 73

(2): 78-90.

[67] Tang Z, Yu H, Cang S. Impact of load variation on joint angle estimation from surface EMG signals [J]. IEEE Transactions on Neural Systems and Rehabilitation Engineering, 2015, 24 (12): 1342-1350.

[68] Dorgan S J, O'Malley M J. A mathematical model for skeletal muscle activated by N-let pulse trains [J]. IEEE Transactions on Rehabilitation Engineering, 1998, 6 (3): 286-299.

[69] Heckathorne C W, Childress D S. Relationships of the surface electromyogram to the force, length, velocity, and contraction rate of the cineplastic human biceps [J]. American Journal of Physical Medicine, 1981, 60 (1): 1-19.

[70] Woods JJ, Bigland-Ritchie B. Linear and non-linear surface EMG/force relationships in human muscles. An anatomical/functional argument for the existence of both [J]. American Journal of Physical Medicine, 1983, 62 (6): 287-299.

[71] Denoth J, Stüssi E, Csucs G, et al. Single muscle fiber contraction is dictated by inter-sarcomere dynamics [J]. Journal of Theoretical Biology, 2002, 216 (1): 101-122.

第 3 章
人体跨肢体能量迁移方法研究与系统设计

3.1 引言

下肢外骨骼穿戴于人体肢体或躯干外，与肢体耦合，辅助肢体运动。合理科学的结构设计是实现下肢能量迁移与助力的物理基础，其设计理念和设计方法需要综合考虑多方面因素。目前大多数外骨骼仍较为繁冗，存在着本体过重、体积过大、穿戴不便等问题。本章基于人体下肢关节机械做功的跨肢体能量迁移方法，主要面向下肢运动障碍人群的行走辅助需求，进行系统总体方案设计。

根据人体生物力学特点，膝关节与踝关节在步态周期中所做的负功最大，在腿的伸展和摆动过程中，涉及重力势能参与能量转换。同时两腿的步态周期存在一定的相位差，满足了跨肢体能量迁移的时间差。对膝关节在行走的过程中由关节产生的负功进行收集，在行走需要能量时进行释放，实现能量迁移，辅助下肢行走，最终达到减少代谢能损耗的目的。本章通过分析能量转换途径确定人体能量迁移方法，以降低运动能量消耗为助力目标，分析肌肉耗能机理，寻找主动助力的突破口，提出具有特色的基于人体下肢关节机械做功的跨肢体能量迁移方案，实现能量在"时空"领域的迁移。

围绕上述思想，充分利用人体运动特性，对外骨骼的机械传动系统进行设计。针对不同方式的能量管理思路，设计了两种不同版本的能量收集装置。开展总体方案设计，明确外骨骼的总体参数，并对传动结构进行结构优化。采用拟人化的设计理念，将外骨骼与人体的尺寸、体型和捆绑连接部位的曲面造型进行充分匹配。充分考虑下肢关节运动特点，使人机间交互过程中的运动干涉最小，提高协调性。

同时，外骨骼需要对人体运动进行实时感知与识别，做出跟随运动，最终实现人机之间运动的协调统一，合理的人机交互是实现能量精准释放的保障。本章对人机交互感知与决策系统进行设计，结合人机交互模型，提出生机一体协调运动系统的控制目标及方向。为了提高系统的适用性，避免控制系统的复杂冗余，采用人体姿态检测，对人机交互模型进行精确控制。本章研究内容是实现人体跨肢体能量迁移的具体方法研究，包括了机械传动系统设计，基于人体工程学的人体穿戴结构设计以及人机交互感知系统设计。

3.2 人体能量迁移方法研究

3.2.1 能量流动理论

人体行走是一个由势能与动能相互转换、相关肌肉做功共同作用引起的周期性过程。行走时身体在重力和惯性的作用下倾斜向下，各肢体上的肌肉向心收缩做正功，驱动关节运动。同时，由于肢体受到重力作用，一些肌肉离心收缩做负功，减缓身体的下落速度，避免肢体之间、肢体与地面之间受到碰撞损伤。具有能量收集和存储功能的外骨骼不需要额外能量，如图3-1所示。因此，在保证人体正常生命活动的前提下，降低人体代谢消耗的唯一途径就是降低系统的总能量耗散，提高系统的经济性。可以在能量流中加入弹性储能元件，将机械能有效地收集、存储。

3.2.2 能量迁移方法

根据人体生理结构以及运动特点，为实现能量收集和存储，须满足如下条件。首先，关节存在着正负功的交替变化。其次，关节做负功和正功在时序上存在间隔，并且负功在前正功在后。最后，关节角度或长度协调变化，并且与功率的变化基本同步。人体能量转换通过运动特性实现，在外骨骼能量存储单元的帮

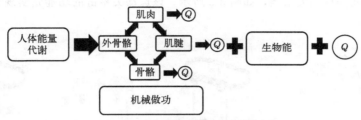

图 3-1　外骨骼参与人体能量转换

助下，收集存储"浪费"的能量并释放助力。人体下肢能量释放主要包括三种情况[1]，分别是单关节能量利用、单侧跨关节能量迁移、跨肢体能量迁移，如图 3-2 所示。

图 3-2　人体能量迁移方式

人体正常能量代谢无法干预改变生物能以及热散失水平，因此，借助外骨骼能量参与人体循环，只能作用于机械做功这个环节。机械做功主要作用在人体关节处，通过关节周期性地做正功与负功来维持关节的运动与稳定。所以，外骨骼参与人体能量收集与迁移的直观体现就是作用在关节处的助力水平。当外骨骼作用在关节处产生助力效果时，推动肢体前进，伴随着步长与步高的变化，力在肢体位移方向上产生累积效果，便产生了额外的机械做功，这部分能量可以进入人体进行能量代谢循环，在实现能量迁移的同时起到行走助力的效果，从而降低人体代谢消耗，提高步行效率。

人体能量迁移助行外骨骼的最终目的是将人体自身能量进行有效收集，充分利用自身能量减小或替代人体下肢肌肉对负载的力。构型设计的重点在于双侧下肢脚底之间的运动关系链，如图 3-3 所示，该运动关系链的功能是实现力与能量的传递。

(a) 双侧下肢单向运动关系链　　　　　(b) 双侧下肢双向运动关系链

图 3-3　两种典型下肢动力传递方案示意图

人体在运动过程中，下肢支撑并推动身体向前，会产生大量的动能。在加速或减速时，下肢关节需要消耗人体能量。利用外部机构在下肢减速阶段将动能收集起来，降低能量消耗，实现助力。在腿的伸展和摆动过程中，涉及重力势能参与能量转换。同时，两腿的步态周期存在一定的相位差，满足了跨肢体能量迁移的时间差。将膝和踝关节在行走的过程中由关节产生的负功进行收集，经过能量管理，在行走需要能量时进行释放，实现能量迁移，辅助下肢行走（图 3-4）。

外骨骼可以充分利用人体自身优势，收集人体下肢能量，用于患侧辅助运动，实现人体能量迁移的同时达到人体平衡。通过外骨骼参与人体运动，使得患侧下肢加强锻炼，刺激患者中枢神经系统，重新掌握下肢的运动控制能力，并促进下肢肌肉群的协调运动，最终恢复运动能力。

对于健康人群，根据自身承受能力范围，选择合适刚度的卷簧进行储能。小腿和踝足靠自重，在下落的过程中，足以驱动卷簧，系统无须额外做功。于单侧下肢行走障碍的人群，患侧下肢由于长期依赖健侧下肢，患侧下肢运动功能衰退，肌肉萎缩，活性下降。而健侧下肢长期高负荷运动，造成身体重心偏移，步态改变，骨骼磨损加剧，但是健侧下肢肌肉能力较强。因此，对于该部分人群，在身体可以负担和接受的范围内，关节驱动刚度较大的卷簧储存能量，付出额外做功，借助外骨骼实现能量的收集与迁移，利用单侧下肢对患肢进行运动补偿。

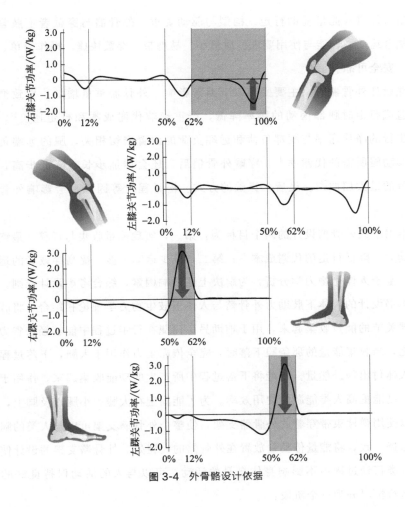

图 3-4 外骨骼设计依据

3.3 机械传动系统设计

基于人机工程学设计，人机协同设计保证了人机之间具有相似的关节布置、协调一致的运动姿态。采用人机协同设计思想，包含自由度设计、关节分布、外形，甚至类似人体关节肌肉的柔性力输出特征。本书重在研究外骨骼在"人-机器-环境"系统中交互作用的各个组成部分，在工作条件下达到最优效果。建立人机间的和谐关系，符合穿戴者自然操作习惯，并在行走中协调机能，提高穿戴舒适性和负重行走能力。

因此，外骨骼的设计准则有以下三点。功能性要求：面向运动障碍人群，通过收集人体自身能量辅助行走。构型与驱动要求：外骨骼与穿戴者下肢紧密连接、耦合运动。性能与使用要求：质量小、易携带、穿戴快捷、操作简单、性能稳定、安全可靠。

在设计外骨骼时，主要受到以下因素影响。外骨骼重量增加，导致惯性增加，造成行走时腿部摆动的频率降低，严重影响代谢成本和行走速度[2,3]。另外，步行的净代谢率与腿部负荷和远端负荷的位置密切相关，腿的远端负荷增加了摆动腿所需的代谢率[4]。穿戴外骨骼后，还会增加步长，降低步高，降低膝关节的最大屈曲[5]。最后，穿戴的方式、松紧程度等因素也会影响外骨骼的设计[6]。

本书下肢外骨骼设计的两个目标为：第一，实现能量收集与迁移，最终实现行走助力，降低行走的代谢成本[7]；第二，减少运动干涉，提高穿戴者的运动灵活性。基于人体生物力学分析，为解决上述影响因素，综合考虑设计准则。

本书设计的人体下肢助力外骨骼与人体下肢生物力学理论相结合，将膝关节和脚踝关节的能量收集起来，用于辅助另一侧腿在行走过程中能够轻松省力。简而言之，当收集能量的那条腿下落时，完全依靠重力作用于人腿，下落过程中不需要人体付出额外能量。若能将下落过程中所产生的动能收集起来，作用于另一条腿，则能提高人类能源的使用效率。为了能固定在大腿、小腿以及脚上，设计了可以使用弹性束带穿着的外骨骼支架，使整个外骨骼支架可以与人类的腿部的活动保持一致，将能量传动盒放置在外骨骼的大腿处。外骨骼支架的设计使外骨骼在人类行动过程中不影响身体自身的活动，可以与人的活动保持良好的一致性。运行情况分为三个阶段：

① 储能阶段：当膝关节从弯曲到伸直状态时，传动盒与踝关节处的绳子将会被拉紧，即膝关节做负功阶段，涡卷弹簧会发生形变，把膝关节做负功产生的能量收集在卷簧之内。

② 保持阶段：当脚前后均落在地面时，前一阶段卷簧存储的能量将被锁住，在合适时机进行释放。

③ 能量释放阶段，当另一只脚后跟离地时，通常在步态周期的43%，实验显示出了在这一时期进行助力，会起到最佳效果。由于卷簧需要恢复到原来的状态，可以借用卷簧的恢复力来对另一只脚进行助力。

人体能量收集器安装在大腿外侧，如图3-5所示。传动结构主要包括两级平面卷簧、棘轮棘爪、摆动式平面凸轮、齿轮等。柔性穿戴结构包括支撑架与弹性波登线。充分发挥行走过程中的步高变化，高效利用 0.1m 左右的绳长变化，采用两级卷簧并联设计。在棘轮棘爪传动的同时，带动两级卷簧储能。Ⅰ级卷簧能量从外端释放，用于下部分绳线收放，实现同侧相邻关节助力。借助凸轮控制，Ⅱ级卷簧储存的能量从内端释放，用于拉伸对侧踝关节，实现下肢对侧跨关节助力。

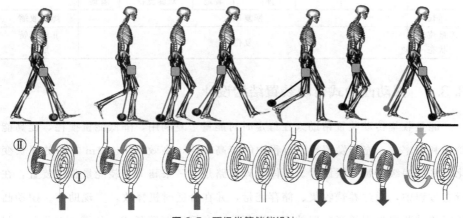

图 3-5　两级卷簧储能设计

相比于传统刚性传动外骨骼，设计的下肢可穿戴式能量收集与行走助力外骨骼具有以下优势：

① 借助绳索柔性传动，可以在下肢关节实现远距离动力传输，为跨肢体能量迁移提供了保障。

② 传动盒通过夹具固定在健侧下肢的大腿处，远离肢体关节，降低了外骨骼传动装置对于人体运动步态的干涉，同时降低了患侧下肢的负载。

③ 外骨骼传动装置紧凑、轻巧，穿戴舒适、安全与便捷。

设计一个类似于人类功能结构的能量收集器，该特性可部分替代肌肉的功能，从而节省肌肉在机械负功阶段所需消耗的生物能，达到辅助作用。外骨骼配合下肢关节旋转参与能量循环，能量循环分为三个阶段：①能量收集；②能量储存；③能量释放。外骨骼采用两级平面涡卷弹簧进行平行设计，实现能量采集。人体步态机械结构的工作顺序如表 3-1 所示。

表 3-1 步态周期中外骨骼的工作顺序

步态周期	0%~12%	12%	12%~50%	50%	50%~62%	62%	62%~100%
右腿	脚跟着地 双腿支撑	脚面着地	脚跟离地	脚尖蹬地	向后挥摆	脚尖离地	向前挥摆
绳长	恢复原长					原长	绳子拉伸
能量流动状态	Ⅰ级卷簧恢复形变,能量释放,同侧助力				复位		Ⅰ级与Ⅱ级卷簧同时储能
步态周期	0%~12%	12%	12%~50%	50%	50%~62%	62%	62%~100%
左腿	向后挥摆	脚尖离地	向前挥摆	脚面着地	脚跟着地 双腿支撑	脚面着地	脚跟离地
绳长	恢复原长						绳子收缩
能量流动状态	复位						Ⅱ级卷簧助力

3.3.1 摆动凸轮式传动装置结构设计

能量收集传动装置帮助人在行走时对能量重复利用,降低能量损耗,提高能量的利用率[8]。充分发挥行走过程中的步高变化,高效利用 0.1m 左右的绳长变化,采用两级卷簧并联设计。具体设计思路是在一条腿上安装能量收集装置,在行走过程中,通过卷簧收集、储存能量,并在合适时机释放,实现助力。摆动凸轮式传动装置根据锁紧装置的不同原理分为套筒摩擦锁紧式(如图 3-6 所示)与齿条啮合锁紧式(如图 3-7 所示)。

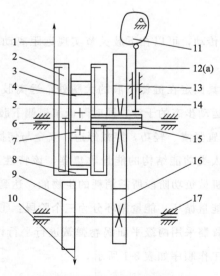

图 3-6 套筒摩擦锁紧式控制机构

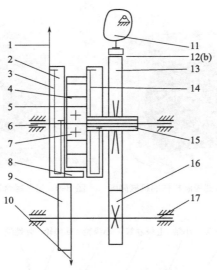

图 3-7 齿条啮合锁紧式控制机构

图 3-6 和图 3-7 中，1—拉力绳；2—Ⅰ级缠线盒；3—Ⅰ级卷簧；4—棘轮；5—Ⅱ级卷簧盒；6—固定轴；7—单向轴承；8—棘爪；9—小缠线盒；10—拉力绳 2；11—凸轮；12（a）—摩擦梁；12（b）—齿条；13—大齿轮；14—Ⅱ级卷簧；15—套筒；16—小齿轮；17—小轴。

如图 3-8、图 3-9 所示为机械装置的机械简图，由内侧壳和外侧壳构成一个盒体将内部部件集成在内，包括拉力绳，绳子一端与脚踝挂钩连接，另一端与储能盒内的Ⅰ级缠线盒内壁连接，Ⅰ级缠线盒的内壁通过卡槽与Ⅰ级卷簧连接，Ⅰ级卷簧内端通过卡槽固定连接在固定轴上。Ⅰ级缠线盒内侧通过销轴与棘爪连接，且Ⅰ级缠线盒上固定的弹簧片压住棘爪，棘爪与棘轮的槽始终接触。棘轮与Ⅱ级卷簧盒固定连接，Ⅱ级卷簧盒的内壁通过卡槽与Ⅱ级卷簧外端连接，Ⅱ级卷簧内端与套筒通过卡槽固定连接；套筒通过凸轮转动实现抱紧和松开，套轴为空心嵌套轴，套轴内侧与固定轴通过单向轴承连接，套轴外侧通过键与大齿轮连接。大齿轮与小齿轮啮合，小齿轮通过键与小轴连接，小轴上设置有小缠线盒，小缠线盒内缠绕有拉力绳，小轴另一端通过轴套实现轴向定位，通过轴承安装在外侧壳中，固定轴的末端通过块固定在外侧壳中，防止固定轴转动。

通过能量收集传动装置的装配模型爆炸图，可以清晰直观地看到装配体的内部结构，方便分析能量收集传动装置各零部件之间的连接关系，如图 3-10 所示。

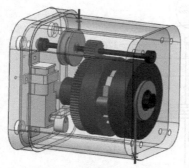 

图 3-8 套筒摩擦锁紧式控制机构的机械简图　　图 3-9 齿条啮合锁紧式控制机构的机械简图

(a) 套筒摩擦锁紧式传动装置爆炸图

(b) 齿条啮合锁紧式传动装置爆炸图

图 3-10 摆动凸轮式外骨骼传动装置爆炸图

上述两种机构的工作原理基本相同，但仍有差别。套筒摩擦锁紧式装置伴随凸轮电机周期性的转动，在凸轮推程时，依靠摆动式凸轮的从动件对套筒处制动片进行挤压，产生摩擦力，从而对Ⅱ级卷簧的内端进行锁止。而齿条啮合式锁紧装置将凸轮从动件更换为齿条，利用齿条直接与套筒上的大齿轮啮合，实现锁紧，如图 3-11 所示。

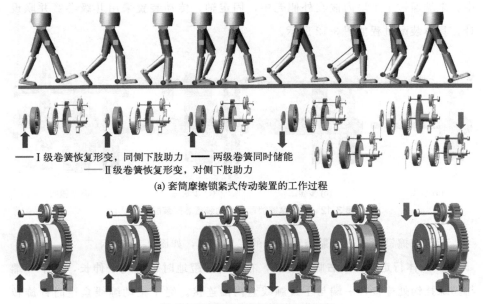

(a) 套筒摩擦锁紧式传动装置的工作过程

(b) 齿条啮合锁紧式传动装置的工作过程

图 3-11　摆动凸轮式传动装置能量收集与迁移过程

当两腿穿戴储能盒使用时，绳子一端与一只脚踝挂钩连接，另一端与储能盒连接，储能盒引出的绳经过腰带与另一只脚的脚踝挂钩连接。所述的Ⅰ级缠线盒结构为带有缠线凹槽的轮，轮的内侧为空腔结构，用于放置Ⅰ级卷簧。所述的Ⅱ级卷簧盒为圆周光滑的轮，轮的内侧为空腔结构，用于放置Ⅱ级卷簧。

当下肢行走障碍患者使用时，只使用单侧下肢能量收集与迁移的柔性外骨骼。收集健侧下肢的动力，通过能量管理迁移到对侧下肢，为患侧下肢提供助力。当正常人使用时，使用双侧下肢能量收集与迁移柔性外骨骼，收集下肢能量，为双腿提供相互助力。

能量收集装置内部连接：拉力绳的一端与脚踝挂钩连接，另一端与储能盒内的Ⅰ级缠线盒连接，Ⅰ级卷簧外端与Ⅰ级缠线盒的内壁连接，外端固定连接在固定轴。Ⅰ级缠线盒内侧通过销轴与棘爪连接，通过固定弹簧片压住棘爪，保证棘爪与棘轮始终接触。棘轮与Ⅱ级卷簧盒固定，Ⅱ级卷簧的外端与Ⅱ级卷簧盒连接，内端与轴套固定。通过摆动式凸轮实现锁紧和释放，轴套为空心嵌套，内侧与固定轴之间通过单向轴承连接，外侧通过键与大齿轮连接。大齿轮与小齿轮啮合，小齿轮通过键与小轴固定，小轴上设置有小缠线盒。固定轴安装在外侧壳中，末端通过十字块内嵌在外侧壳中，固定轴。传动装置采用Ⅱ级卷簧并联设计，具体装配过程如图 3-12 所示。

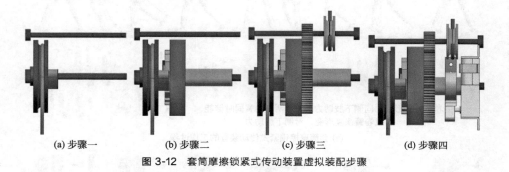

(a) 步骤一　　　(b) 步骤二　　　(c) 步骤三　　　(d) 步骤四

图 3-12　套筒摩擦锁紧式传动装置虚拟装配步骤

套筒摩擦锁紧式外骨骼传动系统的工作原理，如图 3-13 所示。

① 人体行走时，当右脚跟着地，右脚向后蹬地时带动绳子伸长，绳子一端与脚踝挂钩处连接，一端与Ⅰ级缠线盒内圈连接。绳子拉动缠线盒逆时针旋转动，Ⅰ级卷簧外端与Ⅰ级缠线盒的内壁通过螺钉连接，Ⅰ级卷簧内端与固定轴通过螺钉固定连接。Ⅰ级缠线盒逆时针旋转的同时，带动Ⅰ级卷簧产生形变，此时Ⅰ级卷簧储能。同时，棘爪通过销轴与Ⅰ级缠线盒内侧连接，棘爪被Ⅰ级缠线盒上固定的弹簧片压住，保持棘爪与Ⅱ级卷簧盒的棘轮接触。

② 在Ⅰ级缠线盒逆时针转动，Ⅰ级卷簧储能的同时，棘爪推动棘轮逆时针转动。棘轮与Ⅱ级卷簧盒固定连接，Ⅱ级卷簧盒逆时针同步转动。Ⅱ级卷簧外端与Ⅱ级卷簧盒的内壁通过螺钉连接，Ⅱ级卷簧内端与套轴通过螺钉固定连接。Ⅱ级卷簧盒跟随Ⅰ级缠线盒转动的同时，带动Ⅱ级卷簧同步储存能量，实现了能量的收集。

③ 在左脚蹬地需要能量时，控制凸轮机构转动，弹簧钢片恢复形变，摩擦块与套轴脱离，套轴为空心嵌套轴，内侧与固定轴通过单向轴承连接，外侧通过键与大齿轮连接。套轴在Ⅱ级卷簧的恢复力下，从Ⅱ级卷簧内侧端开始释放能

量,通过键,带动大齿轮转动。大齿轮与小齿轮啮合,大齿轮带动小齿轮转动。当小齿轮转动时,带动小轴转动。在Ⅱ级卷簧释放能量的同时,小缠线盒迅速缠上绳绷紧。拉伸连接左脚踝处的弹性绳,起到助力效果。

④ 大齿轮与小齿轮啮合传动,带动小缠线盒迅速缠绳绷紧,拉伸连接左脚踝处的弹性绳,起到助力效果。当左脚助力完成后,左脚向前挥摆时,连接左脚踝的弹性上绳复位,此时,小缠线盒转动,弹性绳复位,为下一阶段做准备。

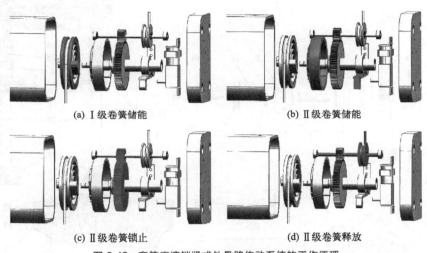

(a) Ⅰ级卷簧储能　　(b) Ⅱ级卷簧储能

(c) Ⅱ级卷簧锁止　　(d) Ⅱ级卷簧释放

图 3-13　套筒摩擦锁紧式外骨骼传动系统的工作原理

齿条啮合锁紧式外骨骼传动系统的工作原理仅在能量锁紧时有区别,如图 3-14 所示。

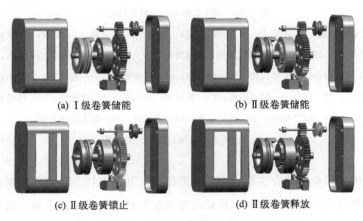

(a) Ⅰ级卷簧储能　　(b) Ⅱ级卷簧储能

(c) Ⅱ级卷簧锁止　　(d) Ⅱ级卷簧释放

图 3-14　齿条啮合锁紧式外骨骼传动系统的工作原理

3.3.2 端齿离合式传动装置结构设计

上述机构利用摩擦块锁紧套筒，暂存卷簧能量。卷簧储存能量较大，套筒所需的制动转矩较高，所需摩擦力较大，频繁锁紧，对于摩擦块损耗较大，可靠性不高，降低使用寿命。因此，设计了一种离合控制式柔性外骨骼[9]，如图 3-15 所示。

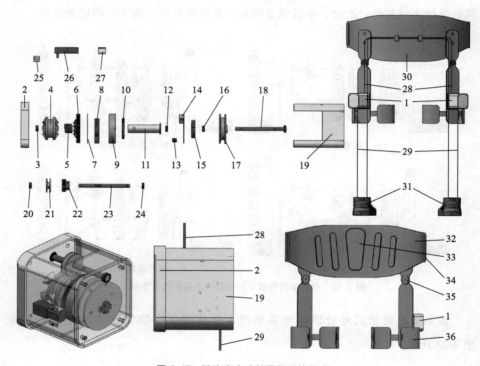

图 3-15 端齿离合式外骨骼系统组成

1—能量传动盒；2—内侧壳；3,12,16,20,24—轴承；4—离合器；5—弹簧；6—大齿轮；7,14—挡板；8—Ⅱ级卷簧；9—Ⅱ级卷簧盒；10—棘轮；11—轴套；13—棘爪；15—Ⅰ级卷簧；17—大缠线轮；18—固定轴；19—外侧壳；21—小缠线轮；22—小齿轮；23—小轴；25—圆柱销；26—电机；27—紧固片；28—绳；29—连接绳；30—腰带支架；31—脚踝挂钩；32—腰部支架；33—内衬垫；34—魔术贴子母带；35—髋关节卡盘锁；36—大腿支具

该机构利用端齿啮合实现一个离合器结构，利用圆柱凸轮机构控制离合器在接和状态和自由状态之间切换。根据能量收集与迁移需求，离合器有两种不同的工作状态，分别为啮合和脱开状态。离合器的状态控制可以实现卷簧弹性势能的

存储和释放。

一种辅助人体下肢能量管理与迁移的柔性外骨骼包括一组或者两组能量传动盒 1，当能量传动盒 1 是一组时，连接绳 29 一端与一只脚踝挂钩 31 连接，另一端与能量传动盒 1 连接，能量传动盒 1 通过内侧壳 2 与腰带支架 30 相扣合，能量传动盒 1 的引出绳 28 经过腰带支架 30 与另一只脚踝挂钩 31 连接。

所述的能量传动盒 1 由内侧壳 2 和外侧壳 19 构成一个盒体将内部部件集成在内，连接绳 29 一端与脚踝挂钩 31 连接，另一端与能量传动盒 1 内的大缠线轮 17 内壁连接，大缠线轮 17 的内壁通过插销方式与Ⅰ级卷簧 15 连接，Ⅰ级卷簧 15 内端通过插销方式固定连接在固定轴 18 上。

大缠线轮 17 与固定轴 18 之间通过轴承 16 配合连接。大缠线轮 17 内侧使用挡板 14 将Ⅰ级卷簧 15 限位。大缠线轮 17 通过销轴穿过挡板 14 与棘爪 13 连接，且挡板 14 和大缠线轮 17 上固定的扭簧压住棘爪 13，使得棘爪 13 与棘轮 10 的槽始终接触。棘轮 10 与Ⅱ级卷簧盒 9 通过紧固螺钉固定连接，Ⅱ级卷簧盒 9 的内壁通过插销方式与Ⅱ级卷簧 8 外端连接，Ⅱ级卷簧 8 内端与轴套 11 通过插销方式固定连接。

Ⅱ级卷簧盒 9 内侧使用挡板 7 将Ⅱ级卷簧 8 限位。挡板 7 另一侧为大齿轮 6 穿在轴套 11 上，使用卡簧限位。穿在轴套 11 上的还有弹簧 5 和离合器 4，弹簧 5 处于离合器 4 与大齿轮 6 之间，减小离合器 4 在轴套 11 上的轴向窜动。

离合器 4 另一侧为传动盒内侧壳 2，离合器 4 通过滑槽约束在轴套 11 上的径向转动并实现轴向运动来与传动盒内侧壳 2 或大齿轮 6 啮合。驱动电机 26 与紧固片 27 通过紧固螺钉连接固定在传动盒外侧壳 19 上，电机轴套上圆柱销 25，圆柱销 25 与离合器 4 上的外圆槽相配合，形成槽轮机构，利用电机旋转来驱动离合器实现轴向往复运动。

轴套 11 通过使用轴承 3 和轴承 12 与固定轴 18 相配合。大齿轮 6 与小齿轮 22 啮合，小齿轮 22 与小轴 23 之间通过紧固螺钉固定连接，小轴 23 上设置有小缠线轮 21，小缠线轮 21 上缠绕有连接绳 28，小轴 23 通过轴承 20 和轴承 24 安装在内侧壳 2 与外侧壳 19 中。固定轴 18 的末端通过十字花键固定在外侧壳 19 中，防止固定轴 18 转动。

当离合器与机壳啮合时，主轴锁死，随着绳子带动棘轮转动，进行储能。当离合器与传动齿轮啮合时，卷簧轴的内部处于脱开状态，释放弹性势能，为对侧下肢助力。工作过程如图3-16所示。

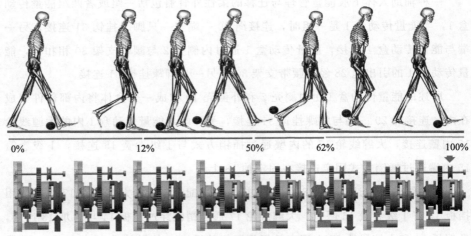

图3-16 端齿离合式传动装置能量收集与迁移过程

能量传动盒由内侧壳和外侧壳组成，将内部零件集成在内，连接绳一端与脚踝挂钩连接，另一端与大缠线轮连接，Ⅰ级卷簧外端与大缠线轮连接，内端固定在固定轴上。大缠线轮外侧固定有棘爪，棘爪与Ⅱ级卷簧盒上固定的棘轮始终接触。Ⅱ级卷簧外端与Ⅱ级卷簧盒连接，内端与轴套固定连接。弹簧处于离合器与大齿轮之间，安装在轴套上。驱动电机轴套上安装有圆柱销，圆柱销与离合器上的外圆槽配合，利用电机旋转驱动离合器实现轴向往复移动。具体装配过程如图3-17所示。

① 插入零件大缠线轮17。插入轴承16，使轴承与大缠线轮17同心且端面对齐重合。插入固定轴18，十字凸台内端面与大缠线轮17外端面重合。插入Ⅰ级卷簧15，内侧插入固定轴18槽口固定连接，外侧插入大缠线轮17槽口固定连接。插入挡板14，一侧端面与大缠线轮17端面重合。插入棘爪13和垫块，使用紧固螺钉紧固，称为装配部件1。

② 插入轴套11。插入棘轮10，一侧端面与轴套11凸台端面重合。插入Ⅱ级卷簧盒9，使用紧固螺钉紧固Ⅱ级卷簧盒9和棘轮10。插入Ⅱ级卷簧8，内侧插入轴套11槽口固定连接，外侧插入Ⅱ级卷簧盒9槽口固定连接。插入挡板7，一侧端面与Ⅱ级卷簧盒9端面重合。插入轴承3和轴承12，使轴承外圆与轴套11的两端内圆同心重合，称为装配部件2。

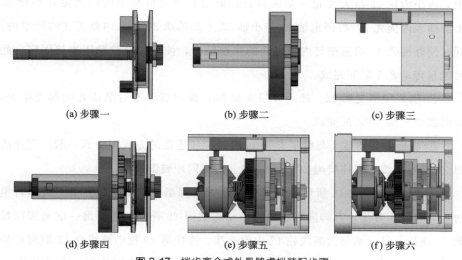

(a) 步骤一　　(b) 步骤二　　(c) 步骤三

(d) 步骤四　　(e) 步骤五　　(f) 步骤六

图 3-17　端齿离合式外骨骼虚拟装配步骤

③ 插入驱动电机 26 和紧固片 27，将紧固片 27 与驱动电机 26 包裹贴合。插入外侧壳 19，通过紧固螺钉紧固外侧壳 19 与紧固片 27，从而固定驱动电机 26，为装配部件 3。

④ 将连接绳 29 一端与装配部件 1 中的大缠线轮 17 相连接，并缠绕其上，然后将装配部件 1 与装配部件 2 装配到一起，轴承 3 和轴承 12 内圆与固定轴 18 外圆同心重合，使用卡簧限位，棘爪 13 位于棘轮 10 外侧，称为装配部件 4。

⑤ 装配部件 4 与装配部件 3 装配到一起，固定轴 18 的十字凸台与外侧壳 19 的十字凹槽相配合，形成键连接。插入大齿轮 6，使大齿轮 6 内孔与轴套 11 外圆同心，一侧端面与挡板 7 重合。插入弹簧 5，弹簧 5 一端抵住大齿轮另一侧端面。插入离合器 4，其内孔与轴套 11 的外圆同心，使用平键限制径向自由度。插入圆柱销 25，一侧安装在驱动电机 26 的电机轴端，一侧置于离合器 4 的凹槽内，称为装配部件 5。

⑥ 插入小轴 23。插入小缠线轮 21，使用平键与小轴 23 配合连接，并用卡簧限位。插入小齿轮 22，将小齿轮 22 内孔与小轴 23 同心配合。插入轴承 20 和轴承 24，内孔与小轴 23 外圆同心，使用卡簧限位，称为装配部件 6。

⑦ 将连接绳 28 一端与装配部件 6 中的小缠线盒 21 相连接，并缠绕其上，然后将装配部件 6 与装配部件 5 装配到一起，使轴承 24 嵌入外侧壳 19 的凹槽

中,将小齿轮22与大齿轮6端面对齐,使用紧固螺钉将小齿轮固定在小轴23上。插入内侧壳2,将固定轴18与小轴23上的轴承20嵌入内侧壳2的凹槽内,同时使外侧壳19的侧壁与内侧壳2的侧壁贴合,使用长螺纹紧固连接固定,此时能量传动盒1装配完成。

⑧ 插入腰部支架32。插入大腿支具36,使用紧固螺钉紧固在腰部支架上,此时腰带支架30装配完成。

⑨ 将能量传动盒1与腰带支架30通过榫卯连接的方式配合到一起。将连接绳28进行走线。将连接绳29进行走线。对侧同理装配完成。

工作原理如图3-18所示。能量传动盒1有两组,双侧下肢互助:人体行走时,当右脚跟着地,右脚向后蹬地时带动连接绳29伸长,连接绳一端与脚踝挂钩31连接,另一端与大缠线轮17内圈连接。连接绳29拉动缠线盒17顺时针旋转动,Ⅰ级卷簧15外端与大缠线轮17的内壁通过紧固螺钉连接,Ⅰ级卷簧15内端与固定轴18通过紧固螺钉固定连接。大缠线轮17顺时针旋转的同时,带动Ⅰ级卷簧15发生弹性形变,此时Ⅰ级卷簧15储存机械动能。

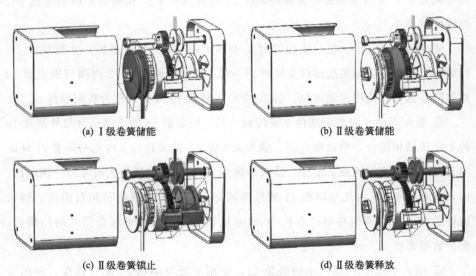

图3-18 端齿离合式外骨骼工作原理

与此同时,棘爪13通过圆柱销与挡板14和大缠线轮17内侧连接,棘爪13被挡板14(大缠线轮17)上固定的扭簧压住,保持棘爪13与固定于Ⅱ级卷簧盒9上的棘轮10的槽始终接触。

大缠线轮17顺时针转动，Ⅰ级卷簧15储能的同时，棘爪13推动棘轮10逆时针转动。棘轮10与Ⅱ级卷簧盒9固定连接，Ⅱ级卷簧盒9顺时针同步转动。Ⅱ级卷簧8外端与Ⅱ级卷簧盒9的内壁通过紧固螺钉连接，Ⅱ级卷簧8内端与轴套11通过紧固螺钉固定连接。Ⅱ级卷簧盒9跟随大缠线轮17转动的同时，带动Ⅱ级卷簧8同步储存机械动能，实现了能量的收集。

当连接绳29伸长至最长时，Ⅰ级卷簧15的缠线盒17停止转动。棘爪13锁住Ⅱ级卷簧盒9外侧的棘轮10。驱动电机26通电工作，以恒定转速驱动圆柱销25转动，带动离合器4在轴套11上轴向往复运动，当离合器4与传动盒内侧壳2啮合时，锁住轴套11的顺时针转动，同时Ⅱ级卷簧盒9的内侧也停止转动，两个缠线盒此时均锁止，实现了能量的管理。

当右脚尖开始蹬地后，连接绳29长度开始收缩，大缠线轮17逆时针旋转，Ⅰ级卷簧15释放能量，棘爪13顶起扭簧，在棘轮10的槽上滑过，大缠线轮17反转，收绳29。大缠线轮17和Ⅰ级卷簧15复位，为下一周期做准备。但Ⅱ级卷簧8此时依然保持锁止。

在左脚蹬地需要能量时，驱动电机26旋转使离合器4脱离传动盒内侧壳2，与大齿轮6的端面齿啮合，轴套11为空心嵌套轴，内侧与固定轴18通过轴承3和轴承12连接，外侧通过键与离合器4连接。

轴套11在Ⅱ级卷簧8的恢复力下，从Ⅱ级卷簧8内侧端开始释放能量，通过轴套11带动离合器4转动，离合器通过和大齿轮6的端面齿啮合，带动大齿轮6顺时针转动。大齿轮6顺时针转动带动小齿轮22逆时针转动。

小齿轮22与小轴23之间采用紧固螺钉固定连接，当小齿轮22逆时针转动时，带动小轴23逆时针转动。Ⅱ级卷簧8释放能量的同时，小缠线轮21迅速缠上绳28绷紧。拉伸连接左脚踝处的绳28，起到助力效果，实现了能量的迁移。当左脚助力完成后，左脚向前挥摆时，连接左脚踝的绳28复位，此时，离合器4脱离大齿轮6，小缠线轮21空转。绳28复位，为下一阶段准备。

综上所述，本书设计了两种不同控制原理的人体下肢能量收集与迁移的能量收集传动装置，既可为正常人的下肢行走提供双侧相互助力，又可为偏瘫等患者提供单侧助力，提高单侧偏瘫患者的行走能力。该装置实现了人体能量之间的收集与迁移，具有效率高、反应迅速、充分匹配人体运动周期、结构简单、穿戴方便、重量轻、人体额外负担少的优点。

依据齿条啮合锁紧式样机的设计原理,对虚拟样机进行加工制造与装配调试。考虑到后续物理测试实验对于材料强度性能的需求,以及人体穿戴结构对于尺寸限制的要求,第一版样机的主体结构与非标件均采用铝合金铣削加工成形。采用一对齿轮进行啮合传动,为避免咬合,大齿轮采用铜,小齿轮采用硬铝,其余采用标准件便于安装与替换。最后,对样机侧壳未承力部位进行局部开窗处理,便于观察传动原理,同时也减少了传动绳与壳体之间的摩擦。零部件经过打磨与调试,最终装配样机,如图 3-19 所示。

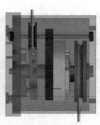

图 3-19 摩擦版准被动式外骨骼(MC-ZB-M)系统组成

当正常人群使用时,双侧下肢短时间内高频率地互助借力。因此,在第一版样机的基础之上,去掉电机与控制单元,压缩整体尺寸,加工制作了一款被动式样机。采用 3D 打印材料,零部件精度提高,装配误差降低,传动摩擦与系统消耗减少。同时优化了内部空间结构,使得整体尺寸更加紧凑,重量大幅降低,最终装配样机,如图 3-20 所示。

图 3-20 3D 打印版被动式外骨骼(MC-B-3D)系统组成

为了进一步降低整体尺寸,压缩样机尺寸,对内部空间结构进行深度优化。采用三点式结构,对两半侧壳进行固定与连接。除标准件外,材料仍选用 3D 打印材料,同时兼顾样机外观造型。最终样机更加简洁与轻巧,呈水滴状造型,样机如图 3-21 所示。

图 3-21　被动式外骨骼（MC-B-3DS）系统组成

第一版准被动式样机整体尺寸偏大，尤其是横向尺寸过大。当绳长发生变化，腿部开始拉线储能时，将会直接导致样机整体侧翻，这样加大了支具与腿部绷带的固定难度，整体穿戴感下降。另外，采用航空铝合金与金属齿轮，整体重量过大，人体穿戴负重感随着穿戴时间的增加而明显。通过制动梁摩擦锁紧，会发生打滑，锁紧不可靠，制动片磨损较大。因此，压缩尺寸，降低重量，优化能量收集机构，如图 3-22 所示。

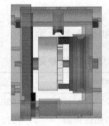

图 3-22　齿条啮合版准被动式外骨骼（CT-ZB）系统组成

该版结构采用齿条式锁紧装置，利用电机输出轴带动型封闭式圆柱摆动式凸轮产生周期性转动，带动锁紧齿条与大齿轮进行啮合与脱离，实现能量的管理。齿条啮合式锁紧效果更加稳定可靠，同时大幅度压缩了横向尺寸，同时降低了整机质量。为进一步降低整体尺寸，压缩内部空间结构，优化样机外观造型。整机除标准件外，材料选用 3D 打印材料，最终样机更加简洁与轻巧，呈花生状造型，样机如图 3-23 所示。

依据端齿离合式样机设计原理，对虚拟样机进行加工制造与装配调试。借鉴齿条啮合式样机加工与制作经验，压缩整体尺寸，降低整机重量。整机除标准件外，材料选用3D打印材料，并且压缩内部多余空间，样机如图3-24所示。

图 3-23　准被动式外骨骼（CT-ZB-3DS）系统组成

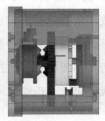

图 3-24　端齿离合式外骨骼（DC-ZB）系统组成

将上述几款样机的参数进行整理，如表3-2所示。

表 3-2　不同版本样机参数

样机编号	样机版本	样机材料	样机质量/g	样机尺寸/mm³
MC-ZB-M	摩擦版准被动式	Al7075、Al、Cu	290.8	70×50×70
MC-B-3D	3D打印版被动式	高韧性树脂	125.3	60×50×80
MC-B-3DS	造型优化后被动式	透明光敏树脂	112.7	50×60×90
CT-ZB	齿条啮合版准被动式	尼龙复合材料	127.0	60×50×90
CT-ZB-3DS	造型优化后准被动式	尼龙复合材料	124.7	50×60×90
DC-ZB	端齿离合式	透明光敏树脂	191.6	70×60×90

从传动效果角度而言，上述版本的主要机械结构都是输入端绳子随着步高变化，带动两级卷簧储能，利用一对齿轮啮合传动，最终实现输出端收绳助力，因此，传动核心思想无太大差别，区别在于参与能量管理的机构有所不同。一种是利用锁紧机构实现能量管理，主要包括摩擦锁紧与齿条锁紧。另一种是利用离合器参与能量管理，实现能量保持与释放的切换。两种方案经过装配与调试后发现，各有优缺点。

摩擦式锁紧机构结构简单、控制方便，工作状态的切换比较平滑稳定。缺点在于摩擦式锁紧对于材料磨损较大，制动效果无法持续保证。另外，摩擦作用在套筒外侧，内径较小，锁紧时，所需摩擦力较大。最后，摩擦锁紧式机构需要额外占用传动装置的内部空间，造成盒体横向尺寸过大，内部不紧凑，工作时，绳子拉动传动盒容易造成倾斜甚至侧翻，给后续的支具与绷带固定工作带来额外压力。

齿条式锁紧机构则吸取了摩擦式锁紧机构的缺点，充分压缩内部空间，精简锁紧机构，随着齿轮与齿条啮合，锁紧效果最稳定。但是仍然存在缺点，在齿轮与齿条啮合进行锁紧时，齿尖会发生碰撞，对于渐开线齿形造成破坏。另外，当释放卷簧时，齿条所受齿轮的切向力较大，给控制齿条摆动的凸轮电机造成一定负载。

离合器式锁紧机构与摩擦式锁紧机构有着本质的区别。通过控制电机转速，带动圆柱凸轮旋转，实现离合器的摆动，利用离合器端齿与两侧端齿进行啮合，实现状态切换。结构较为新颖，状态切换反应迅速，较为灵敏。另外，利用齿形啮合锁紧，效果稳定。缺点在于所占横向空间较大，样机整体尺寸偏大，并且同轴装配的精度要求较高。

从选用材料与外观造型角度而言，7075铝合金是一种冷处理锻压合金，结构紧密、强度高。具有良好的力学性能，便于机加与装配。为了降低样机重量，便于进行人体穿戴测试，采用3D高韧性树脂打印ABS（树脂）材料，制作精细、韧性高、强度好、表面张力高，具备树脂高精度与表面光滑度。选用透明光敏树脂材料作为外壳件，经过UV（ultraviolet）光固化处理后，透光度高，整体外观简洁美观，便于样机工作原理的展示。

3.4 人体穿戴结构设计

可穿戴人机外骨骼系统中，人机交互需要相互之间力的传递。外骨骼大多由刚性大的材料构成，如果力的作用不匹配，负载长期作用在患者身上，患者往往会感到疲劳或不适，不能长时间使用，外骨骼使用效果往往要打折扣。

外骨骼对人体的作用力表现为接触压力，其中两个因素对人体影响较大，分别是压力的分布与大小。其中压力分布体现了穿戴的舒适性，而压力大小涉及穿戴者的安全性[10]。当人体表面皮肤施加压强大于30mmHg（1mmHg=133.322Pa）时，表皮毛细血管血液将停止流通，造成软组织因缺血而坏死。但是，人机接触压力与患者舒适性之间的精确关系难以得到，因为患者舒适性标准目前还无法定量表达。以前，有学者尝试采用表皮压力感受器来检测患者皮肤表面的最大压强、压强梯度与表面的接触面积等参数，希望通过这种方法建立表面压强与人体舒适度的精确关系[11]。

然而实验结果表明，对于表皮压力刺激，压力感受器测量值除了与所施加压强有关，更主要的是受压力施加动态过程的影响。因此为了减少外骨骼对人体造成的不适，通常采取两种方法：在人体具有较好压强耐受力的部位施加较大压力；或者将压力尽可能分散在较大的表面上，以减小人体皮肤表面承受的压强。后一种方法往往可以很好地消除接触点压痛，避免由此造成的接触伤害，但该方案并不一定满足患者对舒适性的要求，因为约束范围大了，舒适性往往会降低。另外有学者认为，当压强的大小处于一定范围时，分散施加压力可能不如将其集中施加于某耐受力较好的点，但是，人体各部位承受压力的能力是不同的，有些部件是不适合作为接触点来承压的。例如，为了人体关节活动自由，活动关节周围不宜作为压力承受点；骨头较多的部位也不应该作为压力接触点，因为骨头对表皮组织的挤压容易引起疼痛；人体表皮毛细血管或者神经较丰富的区域也不宜作为压力点，以免引起伤害；不应选择腋窝、腹股沟等较为脆弱部位作为接触点，以免造成不必要的疼痛和受伤。

外骨骼与人之间交互耦合作用力的传递，其影响因素主要有两个，一是人体皮肤表层软组织的特性，二是人机之间的接触支撑材料及方式。人体皮肤表层软组织由皮肤、肌肉、脂肪、血管、韧带、神经等构成，依靠这些软组织完成接触力的传递。

在满足人机交互作用的前提下，为提高患者的舒适度，人机相互支撑结构应满足如下要求[12]。

① 舒适性设计　设计外骨骼在腿部通过软硬适中的塑性材料卡住大小腿，如塑性材料太硬，会造成腿部不适，如塑性材料太软，影响压力的传递。大小腿支撑采用多处绑定的方式，既有助于压力的分散，又有助于位置的固定，防止滑移。

② 便捷性设计　外骨骼穿戴结构为方便患者穿戴与脱卸，偏瘫下肢外骨骼

与患者肩部支撑采用套圈结构，使用时，患者直接伸手进去，套在肩上。

③ 安全性设计　外骨骼对患者的伤害主要有以下几个方面：外骨骼对患者的意外碰撞；外骨骼运动对患者关节及肌肉的冲击力；外骨骼失稳造成患者跌倒伤害；程序错乱，外骨骼没按预定程序动作而造成伤害。

为了减少碰撞引起的伤害，在满足工作强度的情况下，尽量减少零件的质量和转动惯量，外骨骼尽量采用轻质材料，如铝合金、碳钢、塑钢等材料，并尽量利用展开材料，在保证强度的前提下，减轻零件质量与惯量。为了减少加速度与角加速度，应对外骨骼运动轨迹进行合理优化，使运动速度平稳，减少加减速冲击。

④ 轻量化设计　轻量化是外骨骼追求的主要目标之一，其中分布式宏微组合驱动方式是减少机构质量与惯量，实现轻量化的有效手段。该方法在减少机械腿质量与惯量的同时不影响系统特性。常规下肢外骨骼结构通常将驱动电机直接安装在髋、膝、踝关节上，虽然能减少传动距离、提高传动效率，但往往会增加末端执行器的质量与惯量。如膝关节驱动电机成了髋关节的负载与转动惯量。相反，若将所有驱动器都安装在基座上，通过传动机构将驱动功率传递到相应关节，虽能减小系统运动惯量，但同时也降低了系统频响，不利于系统的快速反应能力。

⑤ 柔顺性设计　柔顺性是机器人在与外界环境接触时表现出的顺从、缓解和抵抗冲击的能力。柔顺性分为两类：主动柔顺性和被动柔顺性。借助柔性材料和附加的柔顺机构，机器人在与障碍物接触时可以自然产生对外部接触力顺从的性质，称为被动柔顺性。而柔顺机构就是借助一些能够使机器人与环境作用时实现吸收或储存能量的机械器件而构成的机构。因此在本质上，挠性驱动机构都是具有被动柔顺性的。不过很明显，被动柔顺存在如下问题：机器人高刚度与高柔顺性之间的矛盾无法根除；被动柔顺装置的普适性差，应用范围窄；机器人本身并不具备控制能力，增加被动柔顺装置后，会带来了很大的控制问题，尤其在对力位混合控制有严格要求的情况下，体现得尤为明显；机器人自身并不能对接触力产生相应的回馈动作；等等。

从工业设计的角度出发，在满足功能的基础上，尽可能获得更好的使用体验，获得良好的穿戴体验感。基于人机工程学，对人体穿戴机构设计时，主要有以下几个问题。

① 可穿戴人机外骨骼系统中，人机交互需要相互之间力的传递。而大多数外骨骼由刚性材料构成，造成力的作用不匹配。

② 外骨骼对人体表面的接触压力较大，其中压力分布体现了穿戴的舒适性，而压力大小涉及穿戴者的安全性[10,11]。压力过大会造成表皮毛细血管内血液停止流通，导致软组织因缺血而坏死。

针对以上常见问题，在满足人机交互作用的前提下，解决方案如下：

① 依据人体行走特点，采用柔性化、拟人化结构设计。大小腿支撑采用多处绑定的方式，既有助于压力的分散，又有助于位置的固定，防止滑移。

② 为了减少外骨骼对人体造成的不适，在人体具有较好压强耐受力的部位施加较大压力。避开人体关节活动点，骨头较多的部位和表皮毛细血管或者神经较丰富的区域作为压力支撑点，同时方便患者穿戴与脱卸。

③ 选用轻质柔性材料，在保证强度的前提下，减轻零件质量。若塑性材料太硬，会造成腿部不适；若塑性材料太软，影响传动装置固定。

④ 支撑部位结构造型必须严格贴合人体皮肤表面曲线形状。

设计外骨骼支架，可以将传动装置稳定地固定，与人的活动保持良好一致性，不影响身体活动。因此，外骨骼腿部表面形状应该贴合人体腿部固定区域的表面形状，同时保证长时间运动时表面的散热性能。为了改善外骨骼穿戴时的腿部压力，根据人体腿部的表面形状，采用三维扫描和重建的方法，设计定制化的外骨骼支架结构。人体腿部的表面形状不规则，通过测量直接获得腿部的表面曲面造型很困难，但是利用三维扫描技术可以得到被测腿部表面的空间离散点云数据，并进行一系列重建处理，得到被测物体的三维网格模型，再通过三维重建获得人体的腿部表面三维模型。

此次建模采用 Geomaic Design X 软件（图 3-25），该软件广泛地用于三维扫描后曲面的构建与打印领域。Geomagic 是一家软件与服务公司，主要为客户提供工业应用软件与服务。Geomagic Studio 的主要功能是收集、处理点云，以及数据格式的转换；Geomagic Design X 则是对点云进行三角面片化，通过区域划分、曲面拟合等方法将生成的曲面拼接在一起，形成一个与点云相匹配的实体，并与点云数据进行比较，得到可视化误差分析。

① 使用手持式三维扫描仪采集人体下肢的数据，选择一名体重与身高适中（身高175cm，体重65kg）的人员进行采集，采用机绕人360°旋转的方式

进行，确保扫描仪能将所需区域扫描完整，确保扫描环境光线稳定，防止光线对扫描造成影响。扫描过程中保持固定姿势，以免扫描图形变形，获取 STL 数据（图 3-26）。

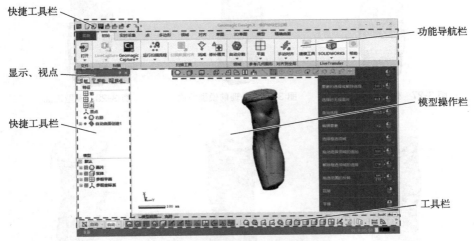

图 3-25　Geomaic Design X 软件界面

② 从扫描物体表面三维坐标系中得到的点数集合称为点云数据，需要对其进行曲面构建，由于环境等原因，会受到干扰而产生不相关噪声点等，需要进行去噪和优化处理（图 3-27、图 3-28）。

③ 将其导入 Geomagic Design X 软件进行曲面生成。只有进行曲面创建后才能进行正向设计，使用自动创建曲面命令对曲面进行自动生成（图 3-29、图 3-30），一些网格还需手动处理，与实物更匹配

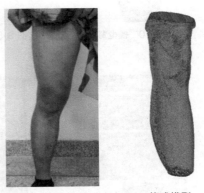

图 3-26　受试者腿部与 STL 格式模型

（图 3-31、图 3-32），最后将逆向模型导出成 step 格式，用于正向设计。

绘制命令：在 Geomagic Design X 软件中，选择菜单中的自动曲面创建，调整腿部模型的精度为高（图 3-33），然后进行创建。

④ 进行曲面优化。由于环境干扰与受试者自身原因会导致模型不光滑，进而影响后续设计。使用 Geomagic Design X 软件中的优化曲面进行优化（图 3-34）。

第 3 章　人体跨肢体能量迁移方法研究与系统设计　　161

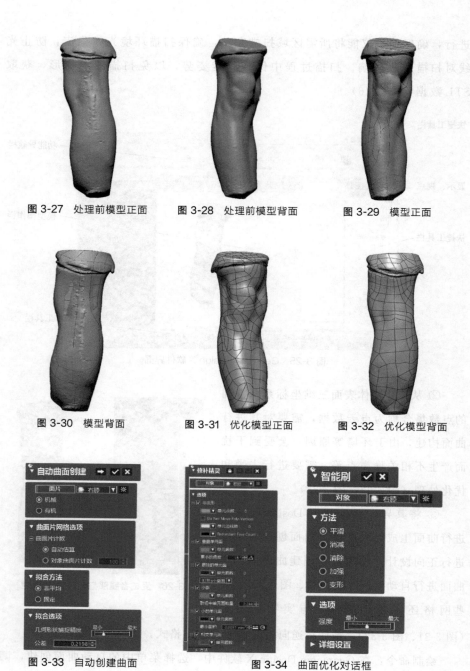

图 3-27 处理前模型正面　　图 3-28 处理前模型背面　　图 3-29 模型正面

图 3-30 模型背面　　图 3-31 优化模型正面　　图 3-32 优化模型背面

图 3-33 自动创建曲面　　　　　　图 3-34 曲面优化对话框

绘制命令：在多边形菜单中选择修补精灵命令，再用鼠标对不光滑点进行选取优化，再选择智能刷命令使腿部曲面更为平整。

此次建模使用 Shining3D 公司的 EinScan Pro 2X 专业手持式三维扫描仪，如图 3-35(a) 所示。进行人体腿部表面三维数据采集，如图 3-35(b) 所示。采用结构光扫描原理，适用于人体腿部这种有遮挡且操作空间有限的扫描目标。完成扫描后，扫描仪内置算法自动完成点云数据的配准及合并，手动删除扫描到的环境物体和腿部多余部分点云，生成网格，获取 STL 数据，如图 3-35(c) 所示。导入三维造型软件 SW(SolidWorks) 创建曲面模型，进行曲面构建，对噪点进行降噪与优化处理。导入 Geomagic Studio 软件生成曲面，将逆向模型导出成 Step 格式，用于正向设计，如图 3-35(d) 所示。使用 Geomagic Design X 软件对曲面进一步优化后，如图 3-35(e) 所示。设计腿部穿戴结构时，人体关节与活动部位不能被夹具覆盖，因此在扫描模型中去除，仅保留大小腿中间部分，用于设计外骨骼的半包裹式绑缚结构，如图 3-35(f) 所示。夹具与人体腿模型进行虚拟装配，如图 3-35(g) 所示。将夹具按模型 3D 打印，配合绷带与传动盒，如图 3-35(h) 所示。将传动装置与夹具穿戴在石膏腿模上，如图 3-35(i) 与图 3-35(j) 所示。

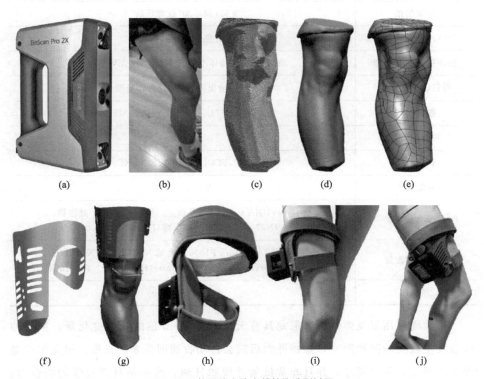

图 3-35　外骨骼人体穿戴结构造型过程

EinScan Pro 2X 三维扫描仪参数表见表 3-3。

表 3-3　EinScan Pro 2X 三维扫描仪参数表

扫描模式	手持精细扫描	手持快速扫描
扫描精度	0.045mm	0.1mm
体积精度	0.3mm/m(借助标志点定位)	
扫描速度	10 帧/s,3000000 点/s	30 帧/s,15000000 点/s
空间点距	0.2～2mm	
单片扫描范围	150mm×120mm～250mm×200mm	
景深	±100mm	
工作中心距	400mm	
光源	LED	
拼接模式	特征拼接,标志点拼接,混合拼接	特征拼接,标志点拼接,混合拼接,纹理拼接
纹理扫描	支持(须添加"纹理模块")	
户外操作	避免强光直射干扰	
特殊扫描物体处理	透明、高反光物体不能直接扫描,须先喷粉处理	
可打印数据输出	支持输出可直接 3D 打印模型	
数据格式	OBJ,STL,ASC,PLY,P3,3MF	
扫描头质量	1.13kg	
认证资质	CE,FCC,ROHS,WEEE,KC	
系统需求	WIN10 64 位	
推荐电脑配置	显卡:NVIDIA GTX1080 及以上。显存:>4GB。处理器:I7-8700。内存:64GB。端口:高速 USB3.0	
最低电脑配置	显卡:NVIDIA Quadro P1000 以上或 NVIDIA GTX660 以上。处理器:Inter(R)xeon E3-1230,Inter(R)I7-3770。内存:8GB	
端口	高速 USB3.0	

传动绳采用尼龙弹性绳,尼龙具有天然纤维 4～5 倍的拉伸变化量,被拉伸时会发生较大的弹性形变,撤销外力后就会自动收缩回原来的长度。尼龙编织绳耐磨性很好,不易损坏,并且非常抗紫外线和日晒。魔术贴具有较强的黏合力、良好的耐久性、一定的防水能力、咬合有力和易清洁等特点。

3.5 人机交互感知识别方法

外骨骼需要实时进行人机交互,人机交互接口技术也在不断高速发展。随着医学生物信号收集技术的迅猛发展,可以采用人体生理电信号对外骨骼进行控制,以提升人机系统相互通信的能力。单传感器传感系统虽然数据处理简单,但信息容错率低,目前多传感器搭建传感系统常被用来进行外骨骼控制,对传感器实时收集的人体运动信息进行处理与分析,最终获得更准确的位置姿态。

通过人机交互传感设备,外骨骼对人的实时性运动信号进行收集、分析,并做出跟随动作,最终实现人机之间的运动。外骨骼进行稳定控制和提供助力的前提是采用合理的人机交互技术,降低人机干涉,提高灵活性和协调性。

外骨骼通过一定的人机交互手段,对人的实时性运动意图进行检测、预判,并做出跟随运动,最终实现人机之间运动的协调统一。合理的人机交互检测方式是外骨骼进行稳定控制和提供助力的基础;而控制策略制定的目的是降低人机之间运动的干涉,提高人机运动的灵活性和协调性。国内外研究中,采用的人体运动意图辨识方法及相应的外骨骼控制方法主要包括以下几种:

(1)依靠人体姿态检测的主从控制

与机械臂的主从控制相类似,外骨骼也可以先采集人体的运动姿态与运动趋势等信息,然后将其赋给外骨骼进行随动性控制。采用主从控制方式,人体需要穿戴一套轻便的主运动外骨骼,或利用捆绑于人体后背、大小腿等部位的姿态传感模块和加速度传感模块来获取人体的运动信息。但是,依靠人体运动姿态检测的主从控制增加了外骨骼整体结构设计的复杂度,也不利于人机之间运动的统一。

(2)基于脚底压力分布检测的外骨骼步态划分及控制

人体在平地行走的过程中,脚底压力分布在同一步态周期内,呈现规律的、周期性的变化。依靠检测人体脚底压力分布情况以及压力分布的变化趋势,可以方便地判断出人体处于步态周期中的相位,进而规划出外骨骼相应的下肢运动,使其达到与人体下肢相近的步态周期相位。该方法可以满足外骨骼平地行走的问题,但难以适应室外复杂地形,以及上下楼底、台阶等复杂的人体运动工况。

(3) 基于模型的精确控制

传统双足步行机器人可以通过地面反作用力和精确的系统动态模型进行稳定行走的控制。对于外骨骼机器人来讲，所处的外部环境不仅包括地面，还包括穿戴者本身，以及通过狭窄空间时来自其他环境因素的接触干扰等，因此，单纯的外骨骼机器人系统动态建模不足以实现期望的关节控制。

(4) 基于肌电信号的控制

通过在人体下肢肌肉的特殊部位粘贴肌电信号传感器，可以测量人体下肢肌肉的激活程度，从而估计出人体下肢的运动意图并控制外骨骼的运动。基于肌电信号的控制优点在于，人体肌肉的激活处于肢体运动之前，因此可以有一定的时间进行信号的处理并估计出人体下肢的运动意图；但缺点在于人体关节的运动速度、加速度等信息和体表肌电信号之间的关系难以确立，容易受到肌电信号传感器的粘贴位置、不同人的体质、皮肤表面的出汗发热等多种因素的影响。此外，肌电信号本身要经过复杂的去噪处理以及有用信息的提取等才能辨识出人体的运动意图，难以做出准确的判断。

外骨骼传感器系统中，常用的物理信号主要由三类传感器组成：

① 运动姿态传感器　监测人机系统运动信号，包括陀螺仪、加速度计、磁力计等。

② 运动传感器　采用表面肌电信号测试仪，监测肌肉的活动，识别运动意图。

③ 驱动传感器　主要由磁编码器和电流传感器组成，用于监测驱动电机的转速、转角等信号。

3.5.1　位置姿态测试研究

人体动作捕捉是一种能够对人体的各个关节、肢体的相关运动状态进行检测、记录，并将处理后的结果与虚拟三维计算机的人体模型进行关节绑定，对模型进行驱动，实现对人物相关动作的仿真。

人体动作捕捉系统是一种能实时记录人体运动状态的专业测量仪器，现阶段运动捕捉技术从工作原理上可分为光学式、计算机视觉、声学式、机械式、电磁式、MEMS（微传感器）式等[13]。

① 光学式动作捕捉系统　利用多个进行图像采集的摄像头，利用图像采集

和机器视觉对被采集对象进行有源或无源标记实现动作捕捉。光学式动作捕捉系统具有精确度高、稳定性好、自由度大、延迟低、可追踪多个对象等优点，但其也拥有成本高、设备复杂、受外界光线影响大、后期计算量大、不便于携带等缺点，未能广泛普及。

光学式动作捕捉系统根据其原理不同可分为主动式和被动式两种，被动式光学式动作捕捉系统的原理为高速摄像机通过发射不可见红外光照射反光标识点，反光标识点反射红外光并被摄像机捕捉，从而获得反光标识点在空间中的实时位置。主动式光学式动作捕捉系统所用的标识点自发产生红外光，红外摄像机直接获取光源的实时位置信息。通过在实验室内安装多个高速红外摄像机，并在人体各体段骨性标识点粘贴多个标识点，实现整个人体模型的运动实时捕捉。但如果标记彼此靠近或被遮挡，标识点轨迹和体段运动模式的确定难度大大增加。

目前，国外商用光学式动作捕捉系统研发企业有 Vicon、Motion Analysis、OptiTrack 等，国内主要代表性商用系统有 NOKOV、Realis 等。其中，Vicon 和 Motion Analysis 公司研发的光学式动作捕捉系统处于市场领先地位。光学式动作捕捉系统主要由高速红外摄像机、数据采集器、PC 上位机和校准架等组成，高速红外摄像机由可捕捉特殊波长区域光波（红光、可见光等）的摄像机、发光器、光学过滤器等器件组成，如图 3-36 所示；通过将多个反光标识点粘贴在测试对象上，配合红外摄像机实现光学捕捉，可实现亚毫米采集精度；数据采集器用于给摄像机提供电源，与摄像机和 PC 主机进行同步数据传输；光学动作实时捕捉实验场景如图 3-37 所示；PC 上位机向用户提供实时的静态与动态标定、数据采集和实时数据处理的工作环境，可完成自定义采集和数据分析，PC 上位机主界面如图 3-38 所示。

(a) 红外摄像机　　　(b) 数据采集器　　　(c) 反光标识点　　　(d) T形标定器

图 3-36　光学式动作捕捉系统硬件组成

图 3-37　光学动作实时捕捉实验场景

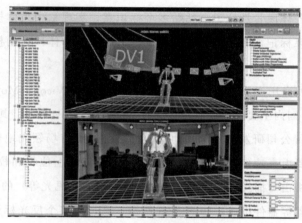

图 3-38　光学动作分析软件界面

光学式动作捕捉系统对于实验环境较为敏感，如强红外成分的阳光会带来一定的噪声，因此光学式动作捕捉系统实验一般在室内完成。但目前最新的光学采集系统具有主动过滤功能，可以消除这些因素带来的误差，进行户外滑雪运动员运动分析实验[14]。光学式动作捕捉系统作为运动捕捉领域的"金标准"，广泛应用于运动生物力学研究中，但仍然存在以下缺点：

　　a. 实验前期准备时间过长；

　　b. 标识点粘贴位置无法准确定位；

　　c. 在高速、剧烈的运动状态下，无法牢固地将标识点粘贴在人体上；

　　d. 为了提高实验精度，需要实验对象裸露部分身体；

　　e. 售价较高，且不具备便携性。

上述缺点限制了光学式动作捕捉系统在生物力学和康复领域的应用，并推动了其他类型的动作捕捉系统的发展。

② 计算机视觉动作捕捉系统　需要多个摄像机进行多目标跟踪点的全方位人体运动拍摄，利用计算机视觉神经网络算法，从图像序列中检测人体动作特征，完成运动学信息提取和结果实时反馈[15,16]，计算机视觉动作捕捉系统数据提取流程如图 3-39 所示。

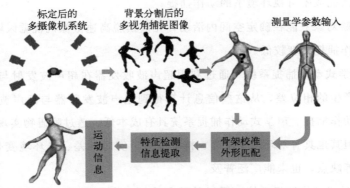

图 3-39　计算机视觉动作捕捉系统数据提取流程

目前，商用计算机视觉动作捕捉系统的代表性产品主要有 Captury Studio Ultimate、BioStage 和 Shape 3D，分别由 Captury、Organic Motion 和 Simi 三家公司推出。各公司捕捉系统的具体性能参数如表 3-4 所示。

表 3-4　商用计算机视觉运动捕捉系统

产品、公司、网址	摄像机参数	运动捕捉环境	与其他工具兼容性	实时性
Captury Studio Ultimate Captury www.thecaptury.com	分辨率和相机数组合选择	一定对比度下适应多种动态场景光照条件	兼容 Bertec 力板主要应用于娱乐业	实时动作分析
BioStage Organic Motion www.organicmotion.com	8~18 个摄像机组合(120fps)	实验室动作分析	兼容力板和肌电采集设备	实时动作分析
Shape 3D Simi www.simi.com	8 个摄像机组合	室内外均可分析，要求背景稳定且对比度好	兼容力板、肌电采集设备等	实时动作分析

计算机视觉动作捕捉系统在科研领域同样极具热度。针对国内外部分基于计算机视觉的人体关节角度和运动模式研究现状，目前计算机视觉进行运动模式分

类时精度较高,由于其分析过程中存在 3D 到 2D 投影深度歧义,所以目前关节角度准确估计存在一定的难度。

未来人体动作捕捉系统最具吸引力的发展方向是全自动、无标识点、非植入式,计算机视觉动作捕捉技术的特点与上述发展趋势完全吻合。可在任何环境下进行实验数据采集,无须粘贴标识点,无须穿戴其他设备,实时甚至超前反馈人体运动学信息。目前计算机视觉动作捕捉系统仍具有以下缺点:

a. 无法完成不可视环境下的动作捕捉;

b. 实验对象只能在确定空间内活动,无法摆脱高速摄像机视觉区域限制;

c. 动作捕捉精度较低。

③ 声学式动作捕捉系统 通过利用超声波收发器在超声波发射与接收的时间差之间产生的相位差,从这些信息计算得到超声波发射器与超声波的相对位置,实现动作捕捉。声学式动作捕捉系统具有成本低、透过障碍物实现动作捕捉等优点,但其也具有对环境要求高、精确度差、实时性差、受环境变化影响大、操作复杂等缺点,也未能广泛普及。

④ 机械式动作捕捉系统 通过关节和连杆组合而构成,通过刚性连接关节的传感器采集姿态来实现动作捕捉。机械式动作捕捉系统具有成本低、精确度高、定位准确、位姿数据处理简单、受环境变化影响小等优点,但由于尺寸大、重量重、使用者使用不便、动作受限、穿戴烦琐、通用性差,其仅在特定设备中使用。

惯性运动捕捉过程中需要实验对象在各体段上佩戴上述惯性传感器,传感器通过有线或无线通信将数据发送到上位机,利用姿态估计算法实现运动姿态实时解算。目前,国外惯性动作捕捉系统主要有 Xsens MVN、STT iSen 等,如图 3-40 所示。国内惯性动作捕捉系统主要有 Perception Neuron、FOHEART·X 等,如图 3-41 所示。

结合上述四款国内外代表性惯性动作捕捉系统具体性能参数,其中 Xsens MVN 动作捕捉系统的整体性能优于其他系统。除了 Xsens MVN 系统,Xsens 公司还推出了 MTi100、MTi600 和 Xsens DOT 等惯性动作捕捉系统,在惯性传感器系统开发领域处于龙头地位。

⑤ 电磁式动作捕捉系统 通过固定在人体上的接收器接收发射元发射的规律分布的低频电磁波来实现动作捕捉。电磁式动作捕捉系统具有实时性高、获得

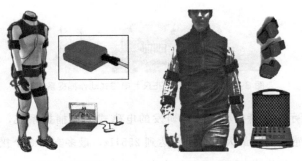

(a) Xsens MVN　　　　　　　　(b) STT iSen

图 3-40　国外代表性动作捕捉系统

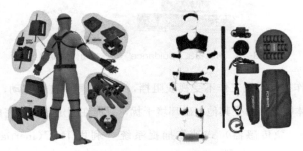

(a) Perception Neuron　　　　　　(b) FOHEART·X

图 3-41　国内代表性惯性动作捕捉系统

的姿态数据完整度好、成本低、结构简单等优点，但其也具有对场地要求高、受环境中磁场的影响大、采集速率低、采集者受限大等缺点，其未能广泛普及。

电磁式动作捕捉系统起源于国防工业，并已广泛应用于生物力学和影视娱乐行业。电磁式动作捕捉系统基于法拉第磁感应定律，由电磁发射器、电磁接收传感器和系统控制器组成，电磁发射器位置固定，电磁接收传感器随实验对象移动。电磁发射器包含三个正交线圈（天线），工作时依次激活，每次只有一个天线产生磁场。电磁接收传感器也由三个正交线圈组成，用于检测磁场强度并将检测信号发送至采集分析器，系统控制器通过数据解算获得传感器在磁场的空间位置和角度。

目前，典型商用的电磁式动作捕捉系统有两类。如图 3-42 所示是由布莱姆斯公司研发的电磁式动作捕捉系统，使用交流磁场进行方位感知，其最大更新速率达到 960Hz，可支持 16 个电磁接收传感器，三轴位置均方根误差为 0.38mm，三轴方向均方根误差为 0.10°。

图 3-42 布莱姆斯VIPER™ 电磁式动作捕捉系统

图 3-43 所示为阿森松科技公司研发的电磁式动作捕捉系统,使用脉冲直流磁场进行方位感知,其最大更新速率达到 255Hz,最多支持 8 个接收传感器,三轴位置均方根误差为 1.40mm,三轴方向均方根误差为 0.50°。

图 3-43 阿森松3D Guidance^R 电磁式动作捕捉系统

电磁式动作捕捉系统工作不受视线阻挡,可在空间中自由移动,但存在以下缺点:对金属物体敏感,易受其他电磁环境干扰,只能在固定场域内完成运动捕捉。

⑥ MEMS(微传感器)式动作捕捉系统　利用 IMU(inertial measurement unit)对三维空间的角速度、加速度进行测量并通过相关计算再反馈到显示装置实现动作捕捉。MEMS式动作捕捉系统具有成本低、精确度高、稳定性好、便于穿戴、实时性好、自由度大、细节丰富、安装操作简单等优点,但存在惯性传感器的漂移等问题。

各种人体动作捕捉系统原理及优缺点如表 3-5 所示。

表 3-5　人体动作捕捉系统对比

名称	工作原理	优点	缺点
机械式	穿戴机械装置跟踪测量运动信息	成本低,精度高,可实现实时多人测量	使用不方便,机械结构可能妨碍正常运动
电磁式	法拉第电磁感应定律	成本低,实时性好,技术相对成熟	对金属和其他磁场环境敏感,采集空间小,有线连接
光学式	红外相机实时追踪标识点位置	捕捉空间大,精度高,无线缆,采样率高	价格昂贵,实验准备时间长,数据后处理工作量大
惯性式	测量实验对象体段加速度、角速度等信息	不受场地限制,精度较高,采样率高,成本低,重量小	长时间测量,容易失真
计算机视觉	计算机视觉	不需要穿戴任何传感器	对光线等环境因素要求较高

其中，光学式动作捕捉系统已发展得较为成熟，机械式和电磁式动作捕捉系统因其自身局限性应用较少。光学式动作捕捉系统广泛应用于生物力学研究中，作为各动作捕捉系统的准确性验证标准，惯性运动捕捉系统和计算机视觉动作捕捉系统目前仍是研究热点。

（1）系统整体设计

三维姿态测量是一种用于捕捉并呈现实时动作和姿态的装置。根据姿态采集与控制模块，采集每个连接点的瞬时速度、角速度和姿态信息，通过无线模块传输到上位机并进行求解。基于IMU惯性测量单元的动作采集设备硬件系统方案设计的系统原理框图如图3-44所示。

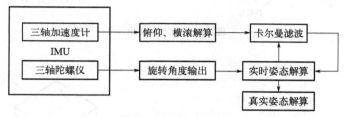

图3-44 系统原理框图

坐标系是进行步态参数计算的基础，所有的参数计算过程均是基于一定坐标系完成。原始数据基于传感器坐标表示，这些数据不能直接用于步态参数计算，须将原始数据变换到全局的固定坐标系（例如地理坐标系）下才具有使用价值，同时人体步态信息主要以人体为基准，因此需要确定人体的基本面与坐标系[17]，如图3-45所示。

① 传感器坐标系　传感器坐标系是指与进行姿态检测的传感器相关的坐标系，如图3-46所示。当处于空间中的传感器在进行移动或旋转等动作时，与传感器相关的坐标系也会根据传感器的动作进行相应移动或旋转。

② 人体坐标系　人体坐标系在研究人体运动信息时，如关节角度和步幅大小，根据人体的初始状态，利用方向和空间位置等信息进行标定。本书以矢状面、冠状面和横切面为参照物确定人体坐标系，如图3-47所示。

③ 地理坐标系　地理坐标系是用来确定地球地表上物体所在位置的坐标系。将物体的重心所在位置设为地理坐标系的原点，将设定的坐标系的一个坐标轴设为平行于物体所受的重力方向，另一个坐标轴与长度和平行线相切。北-东-地

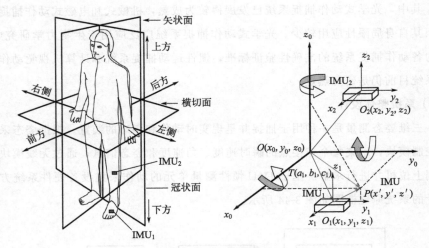

图 3-45 系统坐标系

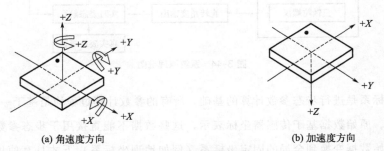

(a) 角速度方向　　　　　　　　　(b) 加速度方向

图 3-46 传感器坐标系

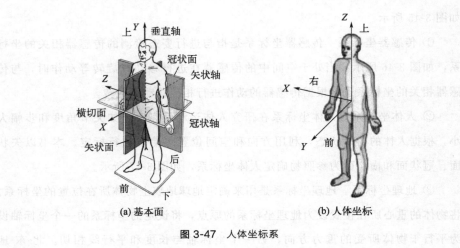

(a) 基本面　　　　　　　　　(b) 人体坐标

图 3-47 人体坐标系

（NED）坐标系与东-北-天（ENU）坐标系是日常使用中最为方便也是常见的两种坐标系。本书选择北-东-地（NED）坐标系，如图3-48。

④ 坐标变化　空间中，两个不同的坐标系通过旋转和平移可以得到。动作捕捉系统的惯性传感器是传感器坐标系，与接收器坐标系相比，地理坐标系是身体上的相对坐标系，为了转换成下列数据传感器坐标系，身体坐标需要转换。推导坐标变换过程如下：

设空间矢量 V 在坐标系 $O\text{-}X_sY_sZ_s$ 表示为 $[x_0, y_0, z_0]^T$，在地理坐标系 $O\text{-}X_gY_gZ_g$ 表示为 $[x_1, y_1, z_1]^T$，地理坐标系先绕 OX_g 旋转角度 θ，再绕 OY_g 旋转角度 γ，然后绕 OZ_g 轴转动 φ，得到与传感器坐标系重合的坐标系，则有：

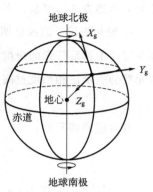

图 3-48　地理坐标系

$$\begin{bmatrix} x_1 \\ y_1 \\ z_1 \end{bmatrix} = \begin{bmatrix} \cos\varphi & -\sin\varphi & 0 \\ \sin\varphi & \cos\varphi & 0 \\ 0 & 0 & 1 \end{bmatrix} \begin{bmatrix} \cos\gamma & 0 & -\sin\gamma \\ 0 & 1 & 0 \\ \sin\gamma & 0 & \cos\gamma \end{bmatrix} \begin{bmatrix} 1 & 0 & 0 \\ 0 & \cos\theta & \sin\theta \\ 0 & -\sin\theta & \cos\theta \end{bmatrix} \begin{bmatrix} x_0 \\ y_0 \\ z_0 \end{bmatrix} \tag{3-1}$$

$$= \begin{bmatrix} \cos\theta\cos\varphi & \cos\theta\cos\varphi & -\sin\theta \\ \sin\gamma\cos\varphi\sin\theta - \cos\gamma\sin\varphi & \sin\gamma\sin\theta\sin\varphi + \cos\gamma\cos\varphi & \sin\gamma\cos\theta \\ \cos\gamma\sin\theta\cos\varphi + \sin\gamma\sin\varphi & \cos\gamma\sin\theta\sin\varphi - \sin\gamma\cos\varphi & \cos\gamma\cos\theta \end{bmatrix} \begin{bmatrix} x_0 \\ y_0 \\ z_0 \end{bmatrix} \tag{3-2}$$

令：

$$\boldsymbol{R} = \begin{bmatrix} \cos\theta\cos\varphi & \cos\theta\cos\varphi & -\sin\theta \\ \sin\gamma\cos\varphi\sin\theta - \cos\gamma\sin\varphi & \sin\gamma\sin\theta\sin\varphi + \cos\gamma\cos\varphi & \sin\gamma\cos\theta \\ \cos\gamma\sin\theta\cos\varphi + \sin\gamma\sin\varphi & \cos\gamma\sin\theta\sin\varphi - \sin\gamma\cos\varphi & \cos\gamma\cos\theta \end{bmatrix} \tag{3-3}$$

$$\begin{bmatrix} x_1 \\ y_1 \\ z_1 \end{bmatrix} = \boldsymbol{R} \begin{bmatrix} x_0 \\ y_0 \\ z_0 \end{bmatrix} \tag{3-4}$$

⑤ 姿态描述　在导航系统中，姿态是指刚体坐标系与参考坐标系之间的角

位置关系。上文中，传感器坐标系相对于地理坐标系的方向余弦矩阵即是姿态描述的一种方式，此外还有欧拉角、四元数以及轴角[18]。姿势分辨率或姿势更新是如上所述方式的更新。下面对常用几种不同的姿势表达方法进行简要介绍。

a. 轴角表示。欧拉证明了物体旋转可以使用一个旋转矩阵来表示，因此物体在空间中移动任意的角度都可以表示为绕一个轴的一个旋转。但是这个方法同四元数的表示法相似度过高，所以不太被使用。设角度为 θ，周矢量如下：

$$\boldsymbol{n} = \begin{bmatrix} n_x & n_y & n_z \end{bmatrix} \tag{3-5}$$

其对应的四元数：

$$\boldsymbol{q} = \begin{bmatrix} \cos\left(\frac{\theta}{2}\right) & \sin\left(\frac{\theta}{2}\right)\boldsymbol{n} \end{bmatrix} \tag{3-6}$$

即

$$\boldsymbol{q} = \begin{bmatrix} \cos\left(\frac{\theta}{2}\right) & \sin\left(\frac{\theta}{2}\right)n_x & \sin\left(\frac{\theta}{2}\right)n_y & \sin\left(\frac{\theta}{2}\right)n_z \end{bmatrix} \tag{3-7}$$

b. 旋转矩阵。在空间中坐标系可以通过在不同的轴上进行连续的旋转来实现由一个坐标系到另一个坐标系的变换，将这些连续的旋转动作转化为方向余弦矩阵，通过矩阵的运算即可表示旋转矩阵。

$$\boldsymbol{R} = \begin{bmatrix} \cos\theta\cos\varphi & \cos\theta\cos\varphi & -\sin\theta \\ \sin\gamma\cos\varphi\sin\theta - \cos\gamma\sin\varphi & \sin\gamma\sin\theta\sin\varphi + \cos\gamma\cos\varphi & \sin\gamma\cos\theta \\ \cos\gamma\sin\theta\cos\varphi + \sin\gamma\sin\varphi & \cos\gamma\sin\theta\sin\varphi - \sin\gamma\cos\varphi & \cos\gamma\cos\theta \end{bmatrix} \tag{3-8}$$

c. 四元数。除了欧拉角、四元数是常用的解决方案，使用四元数可以跟踪姿态角的变化，减少计算量，并确保高效率和高精度。四元数由一个标量分量和一个三维矢量分量组成。将标量分量设为 q_0，矢量分量设为 $\begin{bmatrix} q_1 & q_2 & q_3 \end{bmatrix}$，则四元数表示如下：

$$\begin{cases} q = q_0 + q_1 i + q_2 j + q_3 k \\ \sum_{i=0}^{3} q_i^2 = 1 \end{cases} \tag{3-9}$$

d. 欧拉角。欧拉角用来描述姿态，任何三维空间中的坐标系的方向都可以用欧拉的三个角度来表示。参考系也被称为实验室，是静止的。而坐标系固定在刚体上，随着刚体的旋转而旋转。

（2）系统框架设计

基于 IMU 设计的动作采集设备实现的功能有数据采集、数据处理、无线通信和无线使用四项。IMU 将实现频率为 50Hz 的实时动作姿态数据的采集，将

IMU 采集到的姿态数据通过串口发送到主控芯片进行处理,再通过无线传输实时传输到计算机。系统设计硬件框图如图 3-49 所示,分为 IMU 传感器、控制器、无线通信模块及稳压电源。

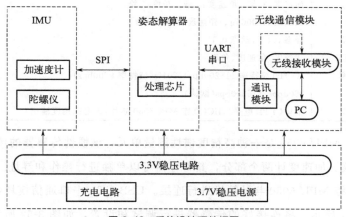

图 3-49　系统设计硬件框图

动作采集是指对安装在被测物体不同临界点上的惯性测量单元进行实时数据采集。本书选用 JY61 六轴惯性测量单元(图 3-50),采用高精度的陀螺加速度计 MPU-6050 作为数据采集单元,通过 JY61 上集成的微处理器读取惯性传感器的测量数据并对数据进行简单的处理,之后通过串口输出。在稳定电压默认的情况下,IMU 传感器实时获取当前姿态数据,SPI 窗口总线在控制器的命令下通过循环把读取命令向各个选片组件不断发送,将数据进行读取。

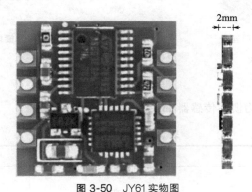

图 3-50　JY61 实物图

如表 3-6 所示为 JY61 的性能参数表。

表 3-6　JY61 性能参数表

性能	参数说明
测量范围	加速度：±16g。角速度：±2000(°)/s。角度：X、Z 轴为 ±180°，Y 轴为 ±90°
电压、电流	$U=3.3\sim5V$, $I<10mA$
测量维度	加速度：3 维。角速度：3 维。角度：3 维
分辨率	加速度：0.0005g。角速度：0.61(°)/s
测量精度	静态 0.05°，动态 0.1°
输出内容	加速度、角速度、角度
输出频率	100Hz(波特率 115200bps)/20Hz(波特率 9600bps)
波特率	9600bps、115200bps(默认)
数据接口	串口(TTL 电平)、IIC(直连 MPU6050 芯片，无姿态角度输出)

其中，MPU-6050 是一种高精度惯性测量单元，该惯性传感器的传感单元可分为陀螺仪、加速度计两个部分，其寄存器可以单独进行操作和寻址。通过串口 USB-TTL 将 MPU-6050 与计算机进行连接。USB-TTL 串口通信模块和 JY61 模块如图 3-51 所示。将连接好的传感器进行调试和设置，如图 3-52 所示。MPU-6050 系统结构图见图 3-53。

USB-TTL模块

JY61模块

图 3-51　USB-TTL 串口通信模块和 JY61 模块

图 3-52　JY61 模块调试

如表 3-7 所示为惯性传感器 IMU 指令表。

表 3-7　IMU 指令表

指令内容	功能	备注
0xFF 0xAA 0x52	角度初始化	校准加速度零偏
0xFF 0xAA 0x67	加速度计校准	校准加速度零偏
0xFF 0xAA 0x60	休眠及解休眠	待机模式和工作模式
0xFF 0xAA 0x61	使用串口，禁用 IIC	设置为串口输出

续表

指令内容	功能	备注
0xFF 0xAA 0x62	禁用串口,使用 IIC 接口	设置为 IIC 接口输出
0xFF 0xAA 0x63	波特率 115200bps,回传速率 100Hz	设置波特率为 115200bps
0xFF 0xAA 0x64	波特率 9600bps,回传速率 20Hz	设置波特率为 9600bps
0xFF 0xAA 0x65	水平安装	模块水平放置
0xFF 0xAA 0x66	垂直安装	模块垂直放置

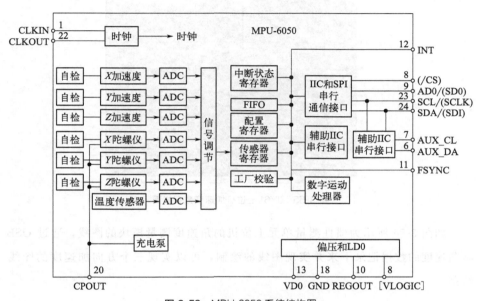

图 3-53 MPU-6050 系统结构图

安装 CH340 驱动将传感器与电脑连接开启上位机,在上位机上对惯性传感器 JY61 的波特率进行设置,为惯性传感器与无线传输模块的通信做准备。供电开始后上位机对传感器发送初始化指令,对惯性传感器的姿态进行校对,完成校对后对传感器传输的数据进行读取,根据包头判断该数据的数据类型,读取角度数据后,将数据输出到上位机上,利用惯性传感元件测量出一定条件下的步长、步数、支撑时间等步态信息。

JY61 模块的上位机默认开启界面(图 3-54),装好 CH340 驱动后将传感器与电脑进行连接,然后开启上位机,上位机自动开始搜索与电脑

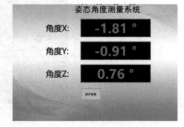

图 3-54 JY61 上位机初始界面

连接的惯性传感器，搜索成功后对惯性传感器采集、发送的数据进行读取与处理，并将数据打印在上位机软件界面。

上位机能如图 3-55 所示对采集的数据进行曲线的绘制，Z 轴由于地球重力的影响，其一开始就有 1 个单位的加速度。

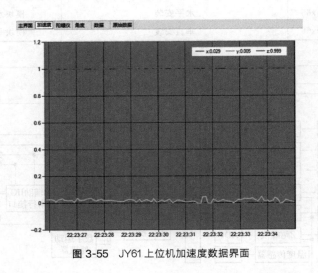

图 3-55　JY61 上位机加速度数据界面

如图 3-56 所示为惯性测量单元上位机的角速度测量模块的图线，通过 USB 将角速度的数据记录下来并实现图线的绘制，可以实现三个方向加速度的图线绘制。

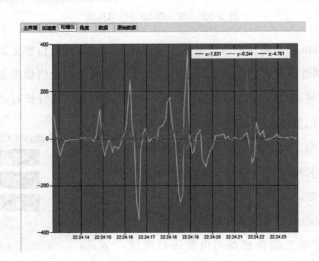

图 3-56　JY61 上位机角度界面

如图 3-57 所示，在上位机上对惯性传感器 JY61 的波特率进行设置，将波特率统一设为 9600bps，为惯性传感器与无线传输模块的通信做好准备。

图 3-57 设置 JY61 模块波特率设为 9600bps

如图 3-58 所示为上位机读取传感器数据的流程图，供电开始后上位机对传感器发送初始化指令，对惯性传感器的姿态进行校对，完成校对后对传感器传输的数据进行读取，根据包头判断该数据的数据类型，读取完角度数据后将数据进行输出，打印在上位机上。

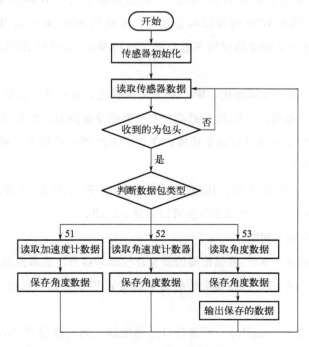

图 3-58 上位机读取传感器数据流程图

动作捕捉系统结合无线通信技术，需要考虑数据传输速率、传输距离、传输数据的可靠性、功耗等影响因素，四种无线通信技术对比如表 3-8 所示。

表 3-8　四种无线通信对照表

名称	工作频带	传输速率/Mbps	数据类型	功耗	安全性	通信距离/m
WiFi	2.4GHz	6～54	数据	大	低	100
Zig Bee	2.4GHz	0.02～0.25	数据	小	高	10～100
蓝牙	2.4GHz	1～24	数据/语音	中	中	10
无线传输	433.4/474MHz	—	数据	中	中	1000

动作捕捉系统结合短距离无线通信技术，需要考虑数据在过程中的传输速率、传输距离、传输数据的可靠性、功耗等影响因素，本节对 WiFi 技术、ZigBee 技术、蓝牙技术进行简单的分析和比较，并选择一种无线通信技术作为无线传感器的无线传输方式。

① WiFi 技术　WiFi 技术是无线局域网络的拓展，被广泛应用于日常生活生产中。IEEE 802.11 协议是电气与电子工程师协会于 1997 年定义的无线网络通信标准，IEEE 802.11b 是 IEEE 802.11 的物理层补充。WiFi 主要采用 IEEE 208.11b 协议，随着 WiFi 的发展与普及，后来就用 WiFi 来代指 IEEE 208.11b 协议。随着其他相关标准协议的不断拓展，现用 WiFi 来统称 IEEE 802.11 这个标准[19]。

与其他无线通信技术相比，WiFi 技术发展迅速，具有以下优势：

a. 网络覆盖范围广：WiFi 电磁波具有较强的穿透能力，在有障碍的情况下，WiFi 能有效地穿透墙体进行数据传输，在空旷无遮挡的环境下，WiFi 的传输距离可以达到数百米。

b. 传输速率高且稳定：IEEE 802.11b 标准下 WiFi 数据传输速率可达 11Mbps，IEEE 802.11n 协议下甚至可以达到 600Mbps。

但其也存在如下问题：

a. 安全性较低：WiFi 数据传输的安全性较低，容易出现数据泄露等问题。

b. 功耗高：WiFi 的高速稳定传输速率造成 WiFi 设备的功耗比其他无线通信设备大很多。

② ZigBee 技术　ZigBee 一词源自自然界蜜蜂之间的信息传递，当有一只蜜蜂发现了食物以后，会通过舞蹈的形式告知给附近的同伴，附近的同伴重复该舞

蹈进行下一步传递,直到将食物的相关信息传递到蜂房内的蜂群[20]。ZigBee 又称紫蜂,是一种低速、短距离传输的无线网络协议。底层是媒体接入层和物理层,采用 IEEE 802.15.4 标准规范。其主要特点是低速、低功耗、低成本、支持大量网络节点、支持多种网络拓扑、复杂度低、快速、可靠、安全。

③ 蓝牙技术 蓝牙技术是 1994 年由瑞典爱立信公司的一位工程师首次开发的,后经多年的发展广泛应用于各个领域。技术特征:多节点;通过蓝牙技术可以实现多点连接,并利用多点连接构建蓝牙局域网。抗干扰能力强:蓝牙采用的是跳频技术,可在多个信道中进行伪随机跳变,降低了同频段其他无线通信设备的干扰。功耗低:与其他无线通信相比,大大降低了功耗。体积小、成本低:得益于蓝牙技术的快速发展,各蓝牙产品的制作工艺得到了极大的提升,成本和体积得到了进一步的缩减。但其也存在通信距离短、数据传输速率低等问题。

对比上述技术的优缺点,结合实际应用需求,本书选用无线传输进行通信,该传输速率适中,功耗较小,很适合集成于步态采集系统。HC-12 无线串口通信模块是多通道嵌入式无线传输模块,最大发射功率为 100mW(20dBm),5000bps 空中波特率下接收灵敏度为 -116dBm。HC-12 模块有四种串口模式:FU1、FU2、FU3 和 FU4。使用时,只收发串口数据,在同样的空中波特率下,以半双工的方式互相传送数据,实现互相通信。

HC-12 无线串口通信模块是新一代多通道嵌入式无线数传模块。无线工作频段为 433.4~473.0MHz,可设置多个频道,步进是 400kHz,总共 100 个。开阔地 1000m 通信距离。如图 3-59 所示是汇承 HC-12 无线模块实物图。

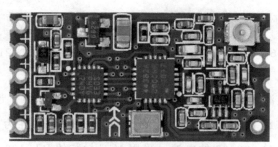

图 3-59 汇承 HC-12 无线模块实物图

串口透传特性:HC-12 模块有四种串口透传模式,用 FU1、FU2、FU3 和 FU4 表示。使用时,各个模式都是只管收发串口数据即可,不用管空中无线传送部分,但只有在同样的空中波特率下才能互相通信。系统默认工作在 FU3 全速模式下,此模式可以根据串口波特率自动调节空中波特率,在低波特率下通信距离最远。不同模式是不能互传数据的,用户可以根据实际情况选择最优模式。一般采用两个或两个以上模块连接使用,以半双工的方式互相传送数据。同时,透传模式、波特率、无线通信频道必须设置成一样的。出厂默认设置为 FU3、9600bps(8 位数据、无校验、1 位停止位)、CH001(433.4MHz)。使用时一般不限定一次连续往模块串口发送的字节数。但鉴于环境干扰等因素,一次连续发送大量数据时,有可能会丢失一些字节。所以,上位机最好要有应答和重发等机制,避免信息丢失。

图 3-60 HC-12 测试架

图 3-60 所示为 HC-12 的测试架,通过 MicroUSB 将计算机与无线传输模块 HC-12 进行连接,并进行数据交换。分别对设置好的无线传输模块进行标记,为以后的制作做好准备,如图 3-61 所示。通过测试架对 HC-12 的通信频道、波特率、工作模式等进行设置,如图 3-62 所示。

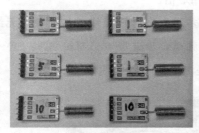

图 3-61 对 HC-12 分组标记

图 3-62 HC-12 连接电脑

增加移动电源可提升设备的易穿戴性,提高续航能力。设计的单个姿态采集硬件单元搭载 IMU 传感器及无线传输模块的工作功耗为 80mA,选择容量为 300mA·h 的 602030 的电池,采用 Mini 封装的 RT9193,将电压稳定在 3.3V。

增加动作捕捉设备的电源可提升设备的易穿戴性、提高设备的使用体验。本章根据设计的动作捕捉设备设计其电源提供方案。通过对市面上电池方案的了解与分析,拟选用 3.7V 锂电池作为设备的电源。锂电池具有能效比高、寿命长、充电容易等特点。对市场电池型号进行分析得到表 3-9。

表 3-9 电池型号参数表

电池型号	电压/V	电流/A	容量/mA·h	质量/g	尺寸/mm³	价格/元
301730	3.7	2	120	1.6	3×17×30	10
401730	3.7	2	160	2.2	4×17×30	12
302030	3.7	2	200	4.3	3.8×19.7×31.6	11.5
501730	3.7	2	220	5.7	5.0×17×30	13.5
601730	3.7	2	260	6.0	6.0×17×30	13.5
303040	3.7	2	300	7.9	3.0×30×40	11.8
401430	3.7	2	220	9.6	4×14×30	13.5
501430	3.7	2	600	11.5	5.0×14×30	13.5
603040	3.7	2	800	13.5	5.0×30×40	14.8

本次设计的单个姿态采集硬件单元搭载 IMU 传感器及无线传输模块的工作功耗约为 80mA,考虑了单个捕捉设备体积的限制,最终在多种常用的电池里选择容量为 300mA·h 的 602030 的电池。该电池能在尽可能小的体积下满足动作捕捉设备的续航要求,同时其质量为 6g,不会影响设备佩戴者的使用。

锂电池输出的电压会随电量的减少从 4.2V 降低到 3.7V,在为传感器供电之前需要进行稳压。采用 Mini 封装的 RT9193,将输出电压稳定在 3.3V。该芯片具有限流保护等优点。如图 3-63 所示为电源稳压芯片电路。

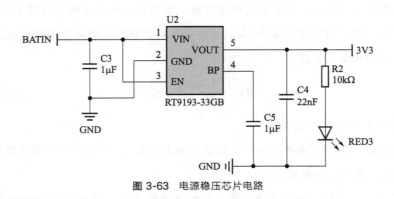

图 3-63 电源稳压芯片电路

设备使用过程中需解决设备充电问题,故在硬件系统中加入了充电电路设计。充电芯片采用较为常用的 TC4056A,其主要参数如表 3-10 所示。

表 3-10 TC4056A 参数表

引脚	参数
VCC	−0.3～8V。BAT 短路持续时间：连续
PROG	+0.3V。BAT 引脚电流：1200mA
BAT	−0.3～7V。PROG 引脚电流：1200μA
CHRG	−0.3～10V。最大结温：145℃
STDBY	−0.3～7V。工作环境温度范围：−40～85℃
TEMP	−0.3～7V。储存温度范围：−65～125℃
CE	−0.3～7V。引脚温度：260℃

TC4056A 引脚图如图 3-64 所示。

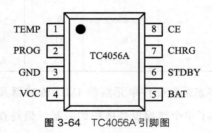

图 3-64 TC4056A 引脚图

引脚 1（TEMP）：电池温度检测引脚，将引脚接到 NTC 传感器输出端，若小于输入电压的 45% 则表示电池温度过低，若大于输入电压的 80% 则表示电池温度过高。当温度过低或过高时将暂停充电。引脚 1 直接接地则取消温度检测功能。

引脚 2（PROG）：充电电流检测引脚，预充电阶段此引脚电压为 0.1V，到恒流充电阶段其电压被固定为 1V。同时 PROG 引脚可以串联电阻对电流进行编程。测量引脚电压公式：

$$I_{BAT} = \frac{U_{PROG}}{R_{PROG}} \times 1200 \tag{3-10}$$

引脚 3（GND）：电源地。

引脚 4（VCC）：电源正极，引脚电压为工作电源。引脚 4 与引脚 5 压差小于 30mV 时，进入待机模式。

引脚 5（BAT）：电池连接引脚，与电池正极连接。引脚充电时为电池提供电流和限制电压。

引脚 6（STDBY）：充电完成指示灯，当充电完成时引脚内部拉到低电平，此时表示为充电完成,其他情况下引脚处于高阻态。

引脚 7（CHRG）：漏极开路指示引脚,当电池充电时引脚内部开关为低电平,除此之外引脚内部为高电平。

引脚 8（CE）：芯片始能输入端,控制芯片的工作状态,高电平时为工作状态,低电平时为禁止充电状态。引脚 8 可被 TTL 电平驱动。

参考数据手册设计如图 3-65 所示的充电电路。

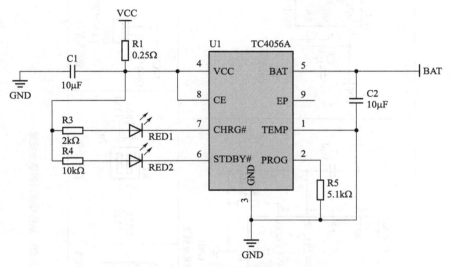

图 3-65 锂电池充电电路

图 3-65 所示电路中 R4 电阻的阻值是依据电池容量计算得到的,一般充电电流为电池容量的 10%～150%,通常我们选择 50% 的电池容量,考虑设备对充电速度的需求,选择 100% 的电池容量。

将上述 IMU 模块、无线通信模块、电源模块、稳压模块等结合在一起,增加一个电源开关和一个拨码开关,构成如图 3-66 所示的原理图。动作捕捉接收端原理图如图 3-67 所示。

设备接收端的连线如图 3-68(a) 所示,由三个无线传感器组成,连接到 Arduino 接口,通过 Arduino 对传感器采集的数据进行汇总。无线动作捕捉设备发射端连线图如图 3-68(b) 所示,分别将惯性传感器与无线发射模块输出、输入接口连接,使用电池进行设备的供电。如图 3-69 所示为动作捕捉设备数据发射端、接收端实物图。

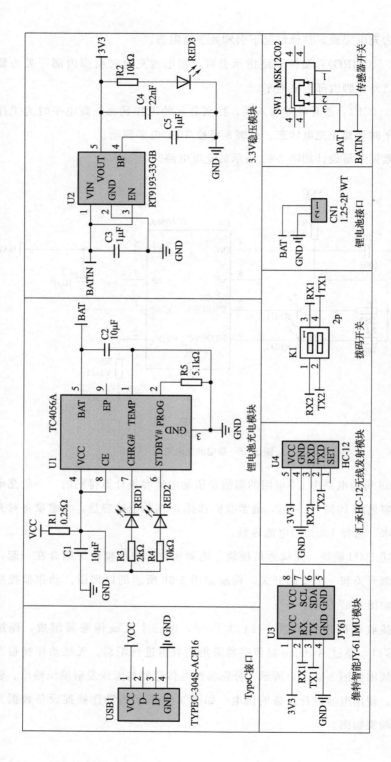

图 3-66 动作捕捉发射端原理图

188 | 人体下肢能量收集管理与跨肢体能量迁移研究

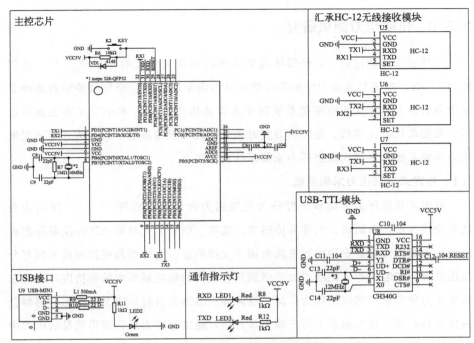

图 3-67 动作捕捉接收端原理图

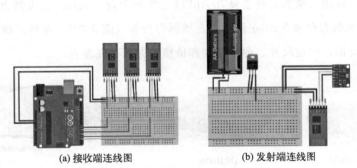

(a) 接收端连线图　　(b) 发射端连线图

图 3-68 模拟连线图

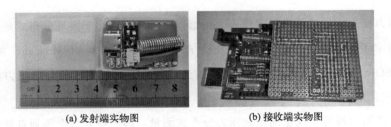

(a) 发射端实物图　　(b) 接收端实物图

图 3-69 实物图

3.5.2 足底压力测试研究

人体正常运动过程中,外部环境对人体的作用力主要有足底压力[21]、空气阻力[22]等,在进行运动力学分析时通常只考虑足底压力。当穿戴矫形器或外骨骼设备后,人体还受到所穿戴系统对于人体的作用力[23]。本小节主要论述足底压力采集系统研究现状。足底压力实时采集系统可根据测量形式分为外置式足底压力采集系统和穿戴式足底压力采集系统两大类[24]。

(1) 外置式足底压力采集系统

外置式足底压力采集系统可分为三维测力台和测力板等[25,26]。三维测力台通常为长方形,由踏板、六维力传感器、底座、信号放大器和AD转换器等器件组成。六维力传感器安装在底座四角用于支撑踏板。力传感器根据原理不同可分为压电式、压阻式等。压电式力传感器具有较高的响应频率和采集精度,因此在足底压力采集领域的应用较为广泛。当踩踏三维测力台时,四个六维力传感器分别得到其局部三维坐标系下的三轴力和力矩,通过力和力矩合成得到足底压力中心点的三维力和力矩,即真实的足底压力。

目前,商用三维测力台主要有AMTI三维测力台、Bertec三维测力台、BTS P-6000三维测力台和Kistler便携式三维测力台等(图3-70)。各种三维测力台原理和结构类似,但在尺寸、测量精度和价格等方面存在差异。

(a) AMTI　　　　(b) Bertec　　　　(c) BTS P-6000　　　　(d) Kistler

图3-70　三维测力台

测力板的核心组件为高密度压力传感器矩阵阵列,用于实现分布式足底压力的动态和静态测量。国内外代表性产品主要有比利时RSscan、加拿大XSENSOR、德国Novel和国内行正科技公司,各公司代表性的足底压力测力板如图3-71所示。

上述测力板可实现正向足底压力分布式测量,即先得到每个阵列点处的足底压力,即分布式足底压力,通过压力合成得到足底压力合力和压力中心点位置估

(a) Footscan®   (b) StancePads   (c) Novel emed®   (d) 行正科技

图 3-71 国内外代表性的足底压力测力板

计。测力板主要用于临床评估、步态分析、足部评估及矫形等研究[22]。

（2）穿戴式足底压力采集系统

由于三维测力台和测力板体积较大、便携性不足，因此穿戴式足底压力采集系统的应用和研究热点较高[27-29]。穿戴式足底压力采集系统主要有足底压力采集鞋[30]、足底压力采集鞋垫[31]、足底压力采集袜[32]等。

足底压力采集鞋通常将力传感器安装在鞋底，进行穿戴式足底压力测量。目前，商用足底压力采集鞋较少，如图3-72所示为Xsens公司和美国特温特大学联合研发并于2014年向美国国家航空航天局（NASA）交付的足底压力采集及运动状态监测鞋，此鞋被用于研究机组成员在空间站锻炼期间产生的载荷，帮助科学家为宇航员定制训练方案。

图 3-72 Xsens 足底压力采集鞋

足底压力采集鞋垫可分为单点式和分布式两种类型[26]。单点式足底压力采集鞋垫一般由多个压力传感器按一定方式组合而成，只能测量有压力传感区域的力，如图3-73所示。分布式足底压力采集鞋垫为高密度压力传感器阵列，轮廓形状为鞋垫形，如图3-74所示。

单点式足底压力采集鞋垫仅可测量传感器覆盖区域的正压力信号，多用于步

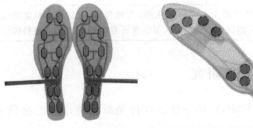

(a) FSRTEK足底压力鞋垫   (b) 能斯达ZNX足底压力鞋垫

图 3-73 单点式足底压力采集鞋垫

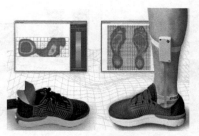

(a) F-Scan™ 分布式足底压力鞋垫　　　　(b) Tactilus 分布式足底压力鞋垫

图 3-74　分布式足底压力采集鞋垫

态识别、正向足底压力估计等场合。分布式足底压力采集鞋垫可测得足底压力分布、正向足底压力合力,多用于步态评估、足部矫形、鞋类研发等行业。分布式足底压力采集系统比单点式足底压力采集系统的精度更高、应用场合更广,但成本较高[33,34]。

各种足底压力采集系统的传感器类型及优缺点如表 3-11 所示。由于真实人体行走过程中足底压力为三维矢量,且存在绕三轴的力矩,因此三维测力台测量得到的足底压力最接近真实的足底压力。但三维测力台重量和体积过大,便携性不足,所以陆续开发了测力板和穿戴式足底压力采集鞋垫,但二者目前只能测量正向的足底压力,即足底压力在垂直于鞋垫受力区域的分力,并不适用于对足压真实性要求较高的场合。

表 3-11　足底压力采集系统对比

名称	传感器类型	优点	缺点
三维测力台	六维力传感器	可测量三轴力和力矩、测量精度高、动态响应好	体积大、成本高、多块组合才能实现步态周期压力采集
测力板	高密度正压力传感器阵列	体积和重量小,价格低,可测量足底压力分布	只能测量正向足底压力,且测量精度比三维测力台低
压力鞋垫	高密度/单点式正压力传感器	便携性高,实现穿戴式实时测量,可测量压力分布	只能测量正向足底压力,且测量精度较低

3.5.3　肌电信号测试研究

表面肌电信号(sEMG)是一种通过神经系统传递的生物信号,在运动中有着重要作用[35-38]。人体运动是大脑产生的运动指令经过脊柱中枢神经传递到骨骼肌,肌肉兴奋收缩造成肌纤维末端的运动神经元产生神经冲动触发动作电位。其中，控制肌肉收缩的电信号称为肌电信号[39]，表面肌电信号产生机制如图 3-75 所示。

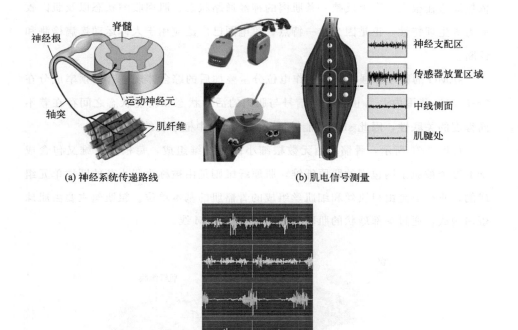

图 3-75 表面肌电信号产生机制

肌电信号（electromyography，EMG）是由所有被电激活的肌纤维细胞膜表面上的动作电位（action potential，AP）叠加所形成的。人体运动神经中枢系统将人体运动意图以电信号的形式向肢体传送，经由运动神经元将包含人体运动意图的电信号传递至肌纤维膜，随着动作电位在肌纤维膜上的传播，经由 T 管传递到肌质网释放出钙离子，从而开启分子马达的工作循环，使肌肉产生收缩力。同时，被电激活的肌细胞中钙离子浓度随着激发动作电位的频率增加而增加，从而使对应肌纤维的收缩力增大。另外，一条肌肉由成百上千的运动神经元所控制，随着中枢系统激活的运动神经元数量的增加，对应电激活的肌纤维细胞的数量也随之增加，从而使这些激活的运动神经元对应的肌肉收缩力增大，而其肌电信号的强度也随着动作电位分量的增加而增强。

肌肉的收缩力与相对应的被激活的运动神经元数量以及相应运动神经元的激

活频率密切相关。因此，肌电信号能够反映人体运动中枢系统的运动意图，其频率、强度虽然是各动作电位分量叠加后的综合体现，但其频率、强度等统计特性依然能够在很大程度上反映一条肌肉的神经通路状态、肌肉收缩状态以及肌肉收缩力等生理特性。正是因为这一特点，肌电图已广泛应用于人体运动疾病检测和诊断。

sEMG 的频率和强度是各动作电位分量叠加后的综合体现，有用频率成分在 0～500Hz 范围内[40]。由于肌电信号与肌肉的活动状态和功能状态之间存在着不同程度的关联性，因此 sEMG 能够反映人体运动中枢系统的运动意图。

如图 3-76 所示，骨骼肌由无数根细小的肌纤维组成，每根肌纤维又包含成千上万个被肌浆网包围的肌原纤维，肌原纤维则是由被称为肌小节的圆柱单元组成的，肌小节是由粗肌丝和细肌丝组成的骨骼肌的基本单位。粗肌丝主要由肌球蛋白构成，通过头部球状的肌联蛋白连接 Z 线与 M 线。

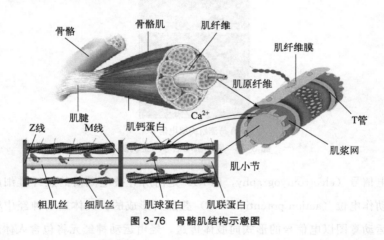

图 3-76 骨骼肌结构示意图

人体运动过程中，骨骼肌的收缩是由神经系统进行控制的，当大脑产生的运动指令经过脊柱中枢神经传递到骨骼肌时，骨骼肌开始收缩，与此同时，骨骼肌会产生一定的动作电位，该电位在皮肤表面表现为肌电信号。

肌电信号是一个复杂的空间和时间信号，它是由众多的肌纤维运动单元的动作电位叠加形成的，大量肌纤维收缩产生肌肉力。肌电信号是肌肉收缩时伴随的电信号。表面肌电信号主要是浅层肌肉 EMG 和神经干上电位变化的综合效应，与肌肉的活动状态和功能状态之间存在着不同程度的关联性，因而能够在一定程度上反映出不同的运动模式。大量研究实验表明，肌电信号是一种非常微弱的神经电信号，幅度为微伏级别，峰峰值在 0～6mV 之间。有用的信号频率成分在 0～500Hz 范围内，其中能量大部分集中在 50～150Hz 之间[41]。根据奈奎斯特采样定理，要想获取完整的肌电信号信息，设计的表面肌电信号采集系统的采样频率应不小于信号最大频率的两倍，这样采样之后的数字信号才可能完整地保留相应的信号特征。为了提高运算效率，同时采集肌电信号的全部有用信息，本书中设计的肌电采集器采样频率为 1000Hz。

肌电信号是一种非平稳时变特性信号，作为人体常见的电生理信号之一，在研究中有着广泛的应用，其作为人体肌肉细胞电位活动的外在综合表征，可以反映出当前人体的生理状态特征和意识状态特征。同时，其信号变化特性与骨骼肌在疲劳收缩过程中发生的生化和生理变化有关。在骨骼肌趋向于疲劳的过程中，运动单元的同步化（synchronization）程度加深，通过叠加效应，反映为幅值的明显增加。同时，随着疲劳程度的加深，低频发射单元的活性被激发出来，高频单元活性降低，使信号频谱发生左移趋势。根据肌电信号的这些变化特性，可以对疲劳进程的表面肌电信号进行分析。

表面肌电信号（sEMG）作为一种无创式的人机接口信号，其本质上即为从中枢神经信号传导至肌肉的神经脉冲序列信号。相较于传统的侵入式肌电信号（invasive EMG，iEMG）的采集，其采集具有无创、采集方便等特点而为大众所接受。但与此同时，sEMG 信号较 iEMG 信号的信号幅值更小、通道间的串扰更大、信号信噪比更低，这直接导致了利用 sEMG 进行数据处理的难度更大，策略也更复杂。

在人体内，电信号的产生总是超前于人体肢体动作的发生，通过对不同肌肉状态下电信号的分析，可以发掘出与之对应的机体骨骼肌状态信息，从而完成对人体运动意图的识别。

根据离子流学说，肌肉细胞膜复极化和去极化是形成肌电的根本原因[42]。在肌肉松弛的状态下，由于细胞膜是半透膜，又通过离子泵的效应，细胞膜外阳离子浓度比膜内高，故形成了肌肉细胞膜外电位高、细胞膜内电位低的极化状态。而在肌肉收缩的状态下，细胞膜得到刺激，其通透性也出现变化，更多钠离子通道打开，大量钠离子流入细胞膜内，膜内外电位差就到 0mV（去极化）直至 +30mV（超极化）。待肌肉放松，钠离子又迅速外流并关闭通道，直至恢复静息电位，即复极化。上述过程产生的电位变化就是肌肉电的来源。

人体运动状态预测与感知作为一种控制动力外骨骼的方法，目前主要基于人体加速度、足底压力、关节角度等传感器数据来识别人体运动意图。在人体内，电信号的产生总是超前于人体肢体动作，比肢体动作提前 100ms 左右。通过对不同肌肉状态下电信号的分析，可以发掘出与之对应的人体状态信息，完成对人体运动意图的识别。人体运动状态预测与感知流程如下：

① 通过表面肌电传感器采集人体 sEMG。
② 对采集到的数据进行处理，如滤波、整流等。
③ 利用一些特征提取的方法提取 sEMG 的特征。
④ 将处理好的新数据用于状态识别。

基于人机交互接口的形式直接决定了检测结果对环境噪声的鲁棒性。直接测量人机交互力的结果往往具有更高的可信度。为了降低单一信号的偶然性，本书采用位置姿态信号进行闭环控制，实现对人体运动意图更快、更精确的识别。

3.6 人机交互控制系统设计

目前大多数人机信号控制型外骨骼通常都会利用传感器检测穿戴者的运动意图，使用人群具有一定的自主调节能力，外骨骼只需要在适当的时刻对其进行一定的辅助。外骨骼与穿戴者之间存在交互，传感器可以直接获取穿戴者的位置姿态，进而预测穿戴者的运动意图，快速准确地获取穿戴者的步态周期，使用适当的转速对能量实现精准释放，实现下肢助力。

3.6.1 控制系统设计

电机输出轴带动凸轮转动，采用几何形封闭式的凸轮机构，如图 3-77(a) 所示，利用凸轮或推杆的特殊几何结构使凸轮与摆动推杆保持接触。图中所示的等宽凸轮机构中，因与凸轮轮廓线相切的任意两平行线间的宽度处处相等，且等于内框上下壁间的距离，所以凸轮与推杆可始终保持接触。齿轮与齿条脱离的时候，凸轮会带动齿条下降。图 3-77(b) 所示凸轮为推程状态，齿条与齿轮啮合，此时卷簧无法恢复弹性变形，能量锁止。图 3-77(c) 所示凸轮为回程状态，齿条与齿轮脱离，卷簧恢复形变，此时能量释放。

控制系统硬件处理流程如图 3-78 所示，采用 LabVIEW 虚拟平台，通过位置

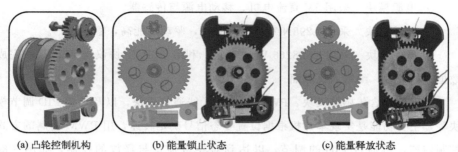

(a) 凸轮控制机构　　　　(b) 能量锁止状态　　　　(c) 能量释放状态

图 3-77　能量管理与释放控制结构

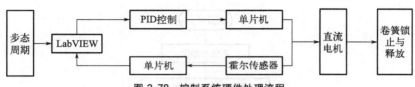

图 3-78　控制系统硬件处理流程

姿态信号处理得到步态周期时长、步态周期百分比，确定控制电机的转速。采用 PID 控制，利用无线通信模块实现 LabVIEW 和 MCU 的通信，对电机转速采用 PWM 控制，由电机驱动模块对直流电机进行驱动，进而对卷簧的锁止与释放进行控制。转速通过霍尔传感器采集信号，传输到单片机转换，并用无线模块传输。

控制系统硬件组成如图 3-79 所示，控制系统选用单片机，并且在原有的控制系统中添加一些外部电路。该控制系统内容包括：

① 核心微处理器　STC89C52RC 单片机。

② 传感器模块　选用 3144E 霍尔传感器。

③ 显示模块　采用 PC 端以及 LabVIEW 显示，方便观测。

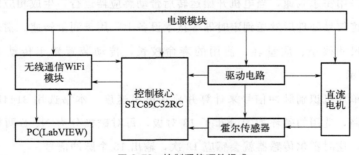

图 3-79　控制系统硬件组成

④ 电源模块　采用 5V 直流电机、移动电源与传感器。

⑤ 驱动模块　采用 L298N 专用驱动芯片，驱动性能高，稳定性好。

⑥ 通信模块　采用 ESP8266 WiFi 模块，利用 TCP/IP 协议与 WiFi 模块完成数据通信处理，编写人机界面。

主程序包含传感器模块、PWM 模块、无线通信模块，以及转速 PID 调节模块等，主要功能是实现单片机根据位置姿态信号确定转速，用 PWM 调制的方式控制转速，再通过 PID 的调节，以达到对卷簧锁止与释放的控制，如图 3-80 所示。

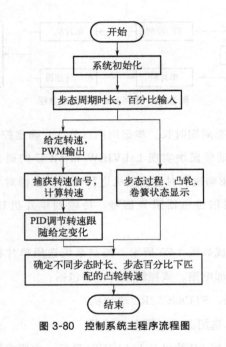

图 3-80　控制系统主程序流程图

本书采用霍尔测速，当电机开始运转后带动感应器运行，生成相应的频率脉冲信号，将信号处理后发送到定时器等技术设备上，用于测量转速。霍尔元件结构稳定、尺寸很小、质量轻、使用的寿命较长，传动装置置于传动盒内，如图 3-81 所示。

利用单片机识别脉冲信号来计算并显示电机速度。本书选用 3144E 霍尔开关集成电路，选用的磁环均匀分布有 13 对极，每对磁极分为 N、S 两极，磁环每转一圈，这时霍尔传感器就会感应 13 次，输出 13 个脉冲信号。

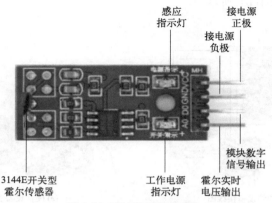

图 3-81 3144E 霍尔传感器

本书选用 ESP8266 WiFi 模块，如图 3-82 所示，它是一种低功率消耗的 UART WiFi 芯片模块。本书选用 L298N 驱动芯片用于系统驱动，该芯片能够经受高电压和大电流。另外，输入可以与 MCU 相连接，便于 MCU 的操作，并且发热量低、抗干扰性强、工作可靠，其驱动原理如图 3-83 所示。

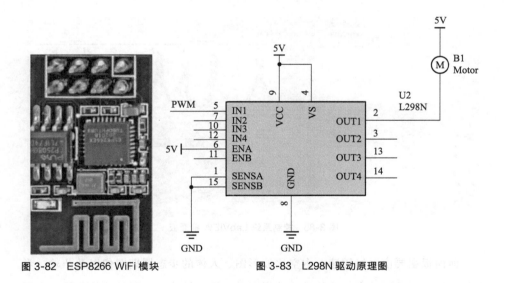

图 3-82 ESP8266 WiFi 模块　　　　图 3-83 L298N 驱动原理图

硬件设备的接线图如图 3-84(a) 所示，由 51 单片机、ESP8266 WiFi 模块、L298N 电机驱动模块、直流减速电机、霍尔传感器构成。传感器分别连接到 51 单片机的接口，通过单片机对传感器测到的信号进行处理，传输到 LabVIEW 显示，实物如图 3-84(b) 所示。

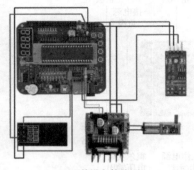
(a) 硬件设备接线图

(a) 硬件设备实物图

图 3-84 控制系统硬件设备接线与实物图

PC 端监测软件主要作为系统调试的辅助工具，保证 PC 机和单片机数据的稳定性与实时性。所监视的信息传入 PC 机时，图形对已接收数据进行记录。监测窗口须同时呈现对不同状态下的信息，为了方便对信息进行观测与研究，被监测对象均以相同的时间轴分布在监测界面上，如图 3-85 所示。

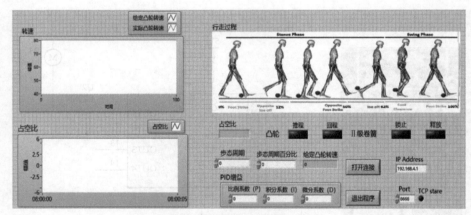

图 3-85 控制系统 LabVIEW 前面板

前面板主要由电机转速、占空比波形图、人体的步态周期图像以及凸轮、卷簧状态显示组成。其中，凸轮转速波形图显示设定转速和实际转速的曲线，实际转速由 PID 调节得到。占空比波形图是电机此时高电平占整个周期的比值。当凸轮推程时，Ⅱ级卷簧锁止，储存能量，凸轮为回程时，Ⅱ级卷簧释放，释放能量。

控制系统总体设计如图 3-86 所示，通过初始化，输入步态周期时长，通过步态周期与电机转速运算，就得到了电压。同理，霍尔传感器测得的实际转速用同样的方法，通过 PID 调节输出电压，在 100% 工作时，输出 5V 之间的这种联系，计算得到占空比的数值，由无线通信模块发送给单片机，此时单片机就会输出 PWM 信号来驱动电机转动，进而控制卷簧的锁止与释放。

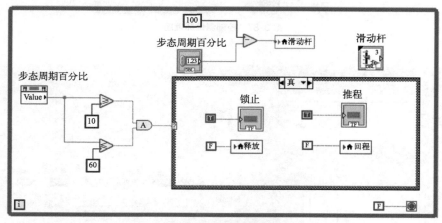

图 3-86 控制系统总体设计

对应步态周期百分比，进行状态判断。当步态周期百分比为 10%～60% 时，凸轮为推程，齿轮齿条啮合，Ⅱ级卷簧为锁止状态。当步态周期百分比为 0%～10% 和 60%～100% 时，凸轮为回程，齿轮齿条脱离，Ⅱ级卷簧为释放状态。

3.6.2　控制系统测试

利用单片机将制定好的编程命令下发给单片机，接着将霍尔传感器、WiFi 模块 ESP8266、L298N 模块以及直流电机之间通过杜邦线相连接，在通上电之后即可对整个测控流程进行测量，测试环境如图 3-87 所示。

经过测试，对于不同步态周期时长都有相匹配的凸轮转速，不同步态周期百分比确定此时的传动装置凸轮的状态、Ⅱ级卷簧的状态。

在步态周期为 0.81s，如图 3-88 所示，步态周期为 8% 时，通过计算，此时给定的凸轮转速是 74.07r/min，通过传感器测得的实际的凸轮转速是 74r/min，转速和占空比图像、行走过程、凸轮和卷簧的状态在图中显示，这时右脚即将开始蹬地，左腿在行走，齿轮与齿条是脱开的，需要Ⅱ级卷簧能量的释放，凸轮也

图 3-87 控制测试环境图

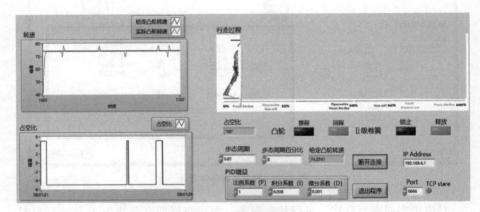

图 3-88 人体步态周期状态（一）

就处于回程状态。

在步态周期为 36% 时，如图 3-89 所示，通过计算，此时给定的凸轮转速是 60r/min，通过传感器测得的实际的凸轮转速是 60r/min，转速和占空比图像、行走过程、凸轮和卷簧的状态也在图中显示，这时右腿在蹬地，右腿绳子伸长，是收集能量的过程，此时齿轮与齿条是啮合的，需要Ⅱ级卷簧锁止，储存能量，凸轮处于推程状态。

在步态周期为 1.18s，如图 3-90 所示，步态周期为 53% 时，通过计算，此时给定的凸轮转速是 50.85r/min，通过传感器测得的实际转速是 50.8r/min，转速和占空比图像、行走过程、凸轮和卷簧的状态在图中显示，此时右腿抬起，右腿绳子收缩，但齿轮与齿条保持啮合，需要Ⅱ级卷簧锁止，实现能量管理，助力左腿抬起，凸轮处于推程状态。

在步态周期为 1.44s，如图 3-91 所示，步态周期为 87% 时，通过计算，此时，给定的凸轮转速是 41.67r/min，通过传感器测得的实际的凸轮转速是

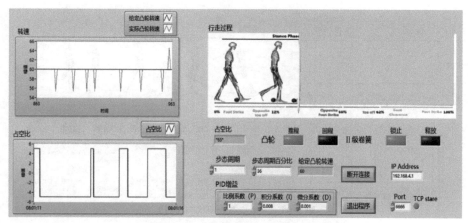

图 3-89 人体步态周期状态（二）

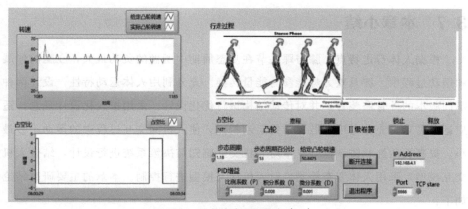

图 3-90 人体步态周期状态（三）

41.6r/min，转速和占空比图像、行走过程、凸轮和卷簧的状态也在图中显示，这时左腿要抬起，需要齿轮与齿条脱开，Ⅱ级卷簧能量的释放来助力，凸轮也就处于回程状态。

在人体的步态周期为 0.81s、1s、1.18s、1.44s 时，LabVIEW 显示的凸轮转速分别为 74r/min、60r/min、50.8r/min、41.6r/min，同时Ⅱ级卷簧根据控制信号做出锁止与释放，通过传动装置模型的测试，可以验证根据不同步态周期的时长和所处的步态周期的状态，通过对凸轮转速的控制来实现能量的收集、管理和释放，最终达到助力的效果，基本符合本书的设计目标。

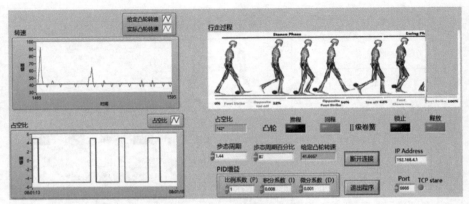

图 3-91　人体步态周期状态（四）

3.7　本章小结

根据人体行走特点，膝与踝关节在步态周期中所做的负功最大，在腿的伸展和摆动过程中，涉及重力势能参与能量转换。充分利用人体运动特性，设计两种不同版本的外骨骼装置，并对传动结构进行优化设计。采用拟人化设计理念，适应运动需求。充分考虑下肢关节的运动特点，使人机间交互过程中的运动干涉最小，提高灵活性和协调性。本章对人机交互感知与决策系统进行设计，结合人机交互模型，采用人体姿态检测，对人机交互模型进行控制。本章的主要研究结论如下：

① 构建人体能量迁移方法，总结发现人体下肢的能量释放主要包括三种情况：单关节能量利用、跨关节能量迁移、跨肢体能量迁移。下肢运动障碍患者关节自由度受限，腿部肌肉力量缺乏，抬腿力量不足。健侧腿补偿患侧腿，造成重心偏移，步态周期变长。研究发现，患者健侧下肢先行方案最优，有利于能量收集，进而补偿给患侧下肢。

② 采用多级卷簧并联驱动的运动学异构设计方案。在一条腿上装上能量收集装置，在行走过程中，机械装置通过卷簧收集、储存能量，并在合适时机释放，实现助力。利用人体步高周期性变化特点，卷簧刚度可调，结构紧凑，并且能够适应人体大多数运动。弹簧模拟人体肌肉和肌腱配合可以储存、释放、传导形变势能，使得人体运动过程中浪费的能量循环再次利用，从而降低穿戴者自身

的能量耗散。

③ 充分利用行走过程中的步高变化，高效利用 0.1m 左右的绳长变化，采用两级卷簧并联设计。针对能量管理的不同方式，设计两种不同版本的外骨骼装置，并对传动结构进行了优化设计。一种是利用锁紧机构实现能量管理，主要包括摩擦锁紧与齿条锁紧。另一种是利用离合器参与能量管理，实现能量保持与释放的切换。分别采用 7075 铝合金和高韧性树脂 3D 打印材料，加工研制了 6 款样机，进行综合对比分析。

④ 基于人机工程学，对人体穿戴结构采用拟人化的设计，采用激光扫描技术进行三维逆向设计，将外骨骼与人体的尺寸、体型和捆绑连接部位的曲面造型进行充分匹配。使用 EinScanPro 2X 专业手持式三维扫描仪进行人体腿部表面三维数据采集，获得腿部的表面复杂曲面的形状信息。利用 Solidworks 三维建模软件依据腿部曲面模型进行穿戴夹具设计，采用 3D 打印技术加工人体穿戴结构。

⑤ 对人机交互感知与决策系统进行系统设计，提出生机之间协调运动的控制目标及方向。以 STC89C52RC 为基础，通过霍尔传感器作为系统的数据输入，完成了对凸轮转速的测量，采用 L298N 驱动模块作为直流电机的功率放大器，以实现驱动电路的简化、驱动效能高效。利用 WiFi 模块 ESP8266 使单片机与 LabVIEW 设备实现通信，并进行了实验。结果表明，在不同步态周期时长和百分比下，都有确定的凸轮转速相匹配，最终得到凸轮和 Ⅱ 级卷簧的状态。

参考文献

[1] 周欣，刘更，汤运启，等．人体下肢能量收集与行走助力外骨骼分析与评价［J］．西北工业大学学报，2022，40（01）：95-102.

[2] Aguirre-Ollinger G, Colgate J, Peshkin M, et al. Design of an active one-degree-of-freedom lower-limb exoskeleton with inertia compensation [J]. International Journal of Robotics Research. 2011, 30 (4): 486-499.

[3] Aguirre-Ollinger G, Colgate J, Peshkin M. Inertia compensation control of a one-degree-of-freedom exoskeleton for lower-limb assistance: Initial experiments [J]. IEEE Transactions on Neural Systems and Rehabilitation Engineering, 2012 (20): 68-77.

[4] Browning R C, Modica J. The effects of adding mass to the legs on the energetics and biomechanics of walking [J]. American College of Sports Medicine, 2007, 39 (3): 515-525.

[5] Jin X, Cai Y S, Prado A. Effects of exoskeleton weight and inertia on human walking

[C].IEEE International Conference on Robotics and Automation. Singapore, 2017: 1772-1777.

[6] Junlin W, Xiao L. Comfort-centered design of a lightweight and back drivable knee exoskeleton [J].IEEE Robotics and Automation Letters, 2018, 3(4): 4265-7272.

[7] Ferris D, Sawicki G, Daley M. A physiologist's perspective on robotic exoskeletons for human locomotion [J]. International Journal of Humanoid Robotics, 2007, 4(3): 507-528.

[8] 周欣,刘更,韩冰,等.一种辅助人体下肢能量收集管理与迁移的柔性外骨骼:CN111102147A[P].2020-05-05.

[9] 周欣,姚元宸,罗强,等.一种具有能量离合管理装置的柔性外骨骼:CN113319824B[P].2022-06-24.

[10] Pons J L. Wearable robots biomechatronic exoskeletons [M].CSIC Madrid Spain: John Wiley & Sons Ltd, 2008: 211-216.

[11] Krouskop T A, Williams R, Krebs M, et al. Effectiveness of mattress overlays in reducing interface pressures during recurnbency [J].Journal of Rhabilitation Research and Development, 1985, 22(3): 7-10.

[12] 赖琦矗,陈苏阳,张宇玲,等.应用盘簧扭矩的踝关节运动助力器的设计[J].中国保健营养, 2015, 25(013): 38-39.

[13] 向泽锐,支锦亦,徐伯初,等.运动捕捉技术及其应用研究综述[J].计算机应用研究, 2013, 30(08): 2241-2245.

[14] Zhou X, Liu G, Han B, et al. Design of a human lower limbs exoskeleton for biomechanical energy harvesting and assist walking [J].Energy Technology, 2020, 9(1): 1-12.

[15] Niu P, Chapman P, Riemer R, et al. Evaluation of motions and actuation methods for biomechanical energy harvesting [C]. Aachen, Germany, IEEE 35th Annual Power Electronics Specialists Conference, June 20-25, 2004: 2100-2106.

[16] Paradiso J A, Starner T. Energy scavenging for mobile and wireless electronics [J]. IEEE Pervasive Computing, 2005, 4(1): 18-27.

[17] 全国老龄工作委员会办公室.21世纪——中国人口老龄化发展趋势与对策[J].社会福利, 2006, 000(003): 25-27.

[18] 倪朝民.脑卒中不同恢复时期的康复治疗[J].安徽医学,2009,12: 1377-1378.

[19] 巢晟盛.基于三维运动捕捉数据关键帧的动画合成研究[D].镇江: 江苏大学,2017.

[20] 周瑞文.基于惯性测量单元的三维动作捕捉系统关键技术研究[D].哈尔滨: 哈尔滨工业大学, 2020.

[21] Ylli K, Hoffmann D, Willmann A, et al. Energy harvesting from human motion: exploiting swing and shock excitations [J]. Smart Materials and Structures, 2015, 24(2): 025029.

[22] Dai D, Liu J, Zhou Y X. Harvesting biomechanical energy in the walking by shoe based on liquid metal magnetohydrodynamics [J]. Frontiers in Energy, 2012, 6(2): 112-121.

[23] Liu H C, Gudla S, et al. Investigation of the nonlinear electromagnetic energy harvesters

from hand shaking [J].IEEE Sensors Journal, 2015, 15(4): 2356-2364.

[24] Halim M A, Cho H,Salauddin M, et al. A miniaturized electromagnetic vibration energy harvester using flux-guided magnet stacks for human-body-induced motion [J].Sensors and Actuators: A. Physical, 2016, 249(1): 23-31.

[25] Halim M A, Park J Y. A non-resonant, frequency up-converted electromagnetic energy harvester from human-body-induced vibration for hand-held smart system applications [J].Journal of Applied Physics, 2014, 115(9): 094901.1-094901.6.

[26] Geisler M, Boisseau S, Perez M, et al. Human-motion energy harvester for autonomous body area sensors [J].Smart Materials and Structures, 2017, 26(3): 035028-035033.

[27] Halim M A, Rantz R, Zhang Q, et al. An electromagnetic rotational energy harvester using sprung eccentric rotor, driven by pseudo-walking motion [J].Applied Energy, 2018, 217(1): 66-74.

[28] Yan B P, Zhang C M, Li L Y. Magnetostrictive energy generator for harvesting the rotation of human knee joint [J].AIP Advances, 2018, 8(5): 056730-056735.

[29] Romero E, Neuman M R, Warrington R O. Rotational energy harvester for body motion [C].Cancun, Mexico, 2011 IEEE 24th International Conference on Micro Electro Mechanical Systems,january 23-27, 2011: 1325-1328.

[30] Rao Y, Cheng S, David P A. An energy harvesting system for passively generating power from human activities [J].Journal of Micromechanics and Microengineering, 2013, 23(11): 114012-114018.

[31] Liu H C, Hou C, Lin J H, et al. A non-resonant rotational electromagnetic energy harvester for low-frequency and irregular human motion [J].Applied Physics Letters, 2018, 113(20): 203901.1-203901.5.

[32] Zhao JJ, Zheng Y. A shoe-embedded piezoelectric energy harvester for wearable sensors [J].Sensors, 2014, 14(7): 12497-12510.

[33] Shenck N, Paradiso J A. Energy scavenging with shoe-mounted piezoelectrics [J]. IEEE Micro, 2001, 21(3): 30-42.

[34] Xue T, Ma X, Rahn C, et al. Analysis of upper bound power output for a wrist-worn rotational energy harvester from real-world measured inputs [J].Journal of Physics: Conference Series, 2014, 557(1): 012090-012095.

[35] Farina D, Merletti R, Enoka R M. The extraction of neural strategies from the surface EMG: an update [J].Journal of Applied Physiology, 2014, 117(11): 1486-1495.

[36] Alessandro D V, Francesco N, Francesco F, et al. Associations between motor unit action potential parameters and surface EMG features [J].Journal of Applied Physiology, 2017, 123(4): 1-12.

[37] Farina D,Holobar A. Characterization of human motor units from surface EMG decomposition [J].Proceedings of the IEEE, 2016, 104(2): 353-373.

[38] Marco G, Alberto B,Taian V. Surface EMG and muscle fatigue: multi-channel approaches to the study of myoelectric manifestations of muscle fatigue [J].Physiological Measurement, 2017, 38(5): 27-60.

[39] 范渊杰.基于sEMG与交互力等多源信号融合的下肢外骨骼康复机器人及其临床实验研究

[D].上海：上海交通大学，2014.

[40] Li G L, Li Y N, Yu L, et al. Conditioning and sampling issues of EMG signals in motion recognition of multifunctional myoelectric prostheses [J].Annals of biomedical engineering, 2011, 39（6）：1779-1787.

[41] Li G, Li Y, Yu L, et al, Conditioning and sampling issues of EMG signals in motion recognition of multifunctional myoelectric prostheses [J]. Ann Biomed Eng,2011,39（6）：1779-1787.

[42] KonradP. A practical introduction to kinesiological electromyography [J].The ABC of EMG,2005,4（6）：46-51.

第 4 章
人体下肢能量收集与迁移系统特性研究

4.1 引言

  本书选用平面蜗卷弹簧作为储能元件，针对不同程度的下肢运动障碍患者，需要匹配使用不同刚度的平面蜗卷弹簧，以达到更好的助力效果。另外，由于行走频率较高，卷簧工作时需在行走过程中频繁变形，并且持续工作时间较长。因此，对卷簧的储能能力、应力应变等分析对机械系统至关重要，直接影响到外骨骼的能量收集与迁移能力。

  首先对平面蜗卷弹簧建立简化力学模型，确定影响因素，进行力学特性分析与储能分析。其次，利用柔性体理论对平面蜗卷弹簧进行仿真，为外骨骼卷簧的选取提供理论依据。为了实现远距离跨肢体能量迁移，减少人体运动干涉，在外骨骼输出端使用绳索进行末端助力。为了分析人体穿戴外骨骼动力学特性，探究影响外骨骼传动效果的因素，对绳索简化力学模型为绳模型，进行传动特性分析。最后，由于弹簧的介入，对传动系统进行人机耦合力学分析以及仿真分析研究，验证外骨骼传动助力的效果。

  外骨骼末端采用绳驱动，为了探究人体行走频率、与绳缠绕方向等因素对于传动系统的影响，根据绳传动的结构组成和特点，在绳与弹簧连接点处引入质量块，并在绳末端引入外部负载力，建立人机振动力学模型，探究弹簧刚度以及外骨骼助力之间的关系，确定刚度变化对于助力效果的影响。

将外骨骼的能量存储单元简化为弹簧模型,利用人体下肢连杆模型进行人机耦合分析,探究外骨骼对于人体下肢的助力效果,确定卷簧不同刚度参数以及外骨骼不同固定位置对于外骨骼助力性能的影响。另外,由于人体与外骨骼之间存在运动与动力耦合,设计参数变量较多,呈现出非线性特点,动力学建模也较为复杂,因此利用虚拟样机仿真技术对人机系统动力学特性进行仿真分析。

本章研究内容是对人体跨肢体能量迁移方案的特性研究,包括了储能元件卷簧的力学建模以及仿真分析,传动系统的力学建模与分析,人机耦合系统的建模与仿真分析。本章研究内容是在第 2 章人机耦合动力学的理论分析,以及第 3 章能量迁移方法研究与系统设计的基础上进行的特性分析,对于外骨骼的助力效果评价、结构性能优化等方面具有重要意义。

4.2　平面蜗卷弹簧力学模型

平面蜗卷弹簧属于弹簧的一种,由一根等截面的细长材料在一个平面上弯曲缠绕而成,其横截面通常是矩形[1]。当卷簧转动时,将卷簧的一端固定,另一端加载转矩发生变形,将能量以弹性势能的形式存储,实现能量的转换和存储。

根据平面蜗卷弹簧的簧片之间的接触情况,蜗卷弹簧分为接触型和非接触型。非接触型簧片之间没有接触,作为短时间的转矩输出,或者瞬时动作的动力源使用,根据形线分为阿基米德螺旋线和对数螺旋线。接触型簧片有一个从接触到分离再到接触的过程,转矩作用簧片长度是变化的,计算相对复杂。

非接触型卷簧在工作时是不与卷簧片的每一圈接触的,因此被用来当作反作用转矩的动力源。非接触型卷簧安装时,其外端被固定,另一端缠绕在芯轴上,如图 4-1 所示。

在芯轴上施加转矩 T_0 后,外端的点 A 受到转矩 T_1、切向力 P_t 和径向力 P_r。根据力矩平衡原则,可以得到转矩 T_0 和

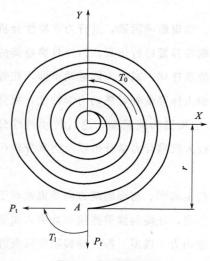

图 4-1　非接触型卷簧

转矩 T_1 以及切向力 P_t 之间的关系：

$$T_0 = P_t r + T_1 \tag{4-1}$$

设卷簧的坐标为 (x,y)，其任意一点的弯矩 T、转矩 T_1、切向力 P_t 和径向力 P_r 之间的关系为：

$$T = P_t(r+y) + T_1 - P_r x \tag{4-2}$$

联立式(4-1)与式(4-2)可得：

$$T = T_0\left(1+\frac{y}{r}\right) - T_1\frac{y}{r} - P_r x \tag{4-3}$$

在卷簧上取一个微单元体，并且其长度为 $\mathrm{d}s$，则单元体中的弯曲弹性变形能 $\mathrm{d}U$ 为：

$$\mathrm{d}U = \frac{T^2 \mathrm{d}s}{2EI} \tag{4-4}$$

卷簧的有效长度为 l，对上式沿曲线全长度积分，为卷簧的总变形能 U：

$$U = \int_0^l \mathrm{d}U = \int_0^l \frac{T^2 \mathrm{d}s}{2EI} \tag{4-5}$$

当卷簧发生变形时，由于力矩 T_1、径向力 P_r 的做功为 0，所以存在：

$$\begin{cases} \dfrac{\partial U}{\partial T_1} = \int_0^l \dfrac{T}{EI} \times \dfrac{\partial T}{\partial T_1} \mathrm{d}s = 0 \\ \dfrac{\partial U}{\partial P_r} = \int_0^l \dfrac{T}{EI} \times \dfrac{\partial T}{\partial P_r} \mathrm{d}s = 0 \end{cases} \tag{4-6}$$

分别对式(4-3)求关于 T_1 和 P_r 的偏导数，结果分别是 $\dfrac{\partial T}{\partial T_1} = -\dfrac{y}{r}$，$\dfrac{\partial T}{\partial P_r} = -x$，然后将弯矩 T 代入式(4-6)中，因此有：

$$\begin{cases} \int_0^l \left[T_0\left(1+\dfrac{y}{r}\right) - T_1\dfrac{y}{r} - P_r x\right]\dfrac{y}{r}\mathrm{d}s = 0 \\ \int_0^l \left[T_0\left(1+\dfrac{y}{r}\right) - T_1\dfrac{y}{r} - P_r x\right]x\mathrm{d}s = 0 \end{cases} \tag{4-7}$$

$$\varphi = \frac{\partial U}{\partial T_0} = \int_0^l \frac{T}{EI} \times \frac{\partial T}{\partial T_0} \mathrm{d}s \tag{4-8}$$

把式(4-3)关于 T_0 求偏导数，结果是 $\dfrac{\partial T}{\partial T_0} = 1+\dfrac{y}{r}$，把式(4-3)中的 T 代入式(4-8)中，得到变形角 φ 的计算公式：

$$\varphi = \frac{1}{EI}\int_0^l \left[T_0\left(1+\frac{y}{r}\right) - T_1\frac{y}{r} - P_r x\right]\left(1+\frac{y}{r}\right)\mathrm{d}s \tag{4-9}$$

通过式(4-7)得到：

$$\int_0^l T_0 x \mathrm{d}s + \int_0^l T_0 \frac{xy}{r} \mathrm{d}s - \int_0^l T_1 \frac{xy}{r} \mathrm{d}s - \int_0^l P_r x^2 \mathrm{d}s = 0 \qquad (4\text{-}10)$$

当卷簧的缠绕圈数较大时，此种情况下得到：

$$\int_0^l x \mathrm{d}s \approx 0, \int_0^l y \mathrm{d}s \approx 0, \int_0^l xy \mathrm{d}s \approx 0$$

所以把式(4-10)整理之后得到：

$$\int_0^l P_r x^2 \mathrm{d}s = 0 \qquad (4\text{-}11)$$

因此可得 $P_r = 0$，把式(4-12)推导出来：

$$\int_0^l (T_0 - T_1) \left(\frac{y}{r}\right)^2 \mathrm{d}s = 0 \qquad (4\text{-}12)$$

因为 $\int_0^l \left(\frac{y}{r}\right)^2 \mathrm{d}s \neq 0$，可得 $T_0 = T_1$。由式(4-1)和条件 $P_r = 0$，可以在式(4-2)中，把卷簧任一点的弯矩 T 推导出来，即：

$$T = T_0 \qquad (4\text{-}13)$$

根据上述推导得出结论：当转矩 T_0 作用在卷簧芯轴上时，非接触式卷簧所承受的弯矩在其全长的所有部分都是相等的，并且等于芯轴上的转矩 T_0。

接触型卷簧的外端固定在卷簧盒的内壁上，内端被固定在卷簧的芯轴上，在贴近卷簧盒内壁的区域，卷簧片是彼此接触的，这样的结构可以使卷簧的工作圈数大大增加，提高卷簧的储能量，这也是选择接触型卷簧作为储能单元的原因。接触型卷簧的结构如图4-2所示。

把卷簧储能与卷簧所加载的工作转矩联系在一起，故必须先分析卷簧的形状，因此需要对卷簧的弯矩进行分析和计算。第一种状态是自由状态，自由放置，表现出卷簧的自然形式；第二种状态被称作初始状态，就是把卷簧放置在卷簧盒中，其中一端被固定在芯轴上，另一端被固定在卷簧盒的内壁上，此时没有工作转矩。初始状态卷簧在卷簧盒内壁层层压紧，芯轴和压紧的簧片之间的部分卷簧是呈自由状态的。

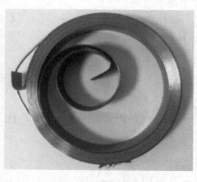

图4-2 接触型卷簧

根据机械传动装置的工作原理，卷簧安装时其外端被固定，另一端缠绕在轴上。当转矩作用在轴上时，非接触型卷簧所承受的弯矩是相等的，等于轴上转矩。初始状态卷簧在卷簧盒内壁层层压紧，轴和压紧的簧片之间的部分卷簧呈自由状态，如图 4-3 所示，其符合阿基米德螺旋线特征方程：

$$\rho(\theta) = a + b\theta \tag{4-14}$$

式中　a——螺旋线的基圆半径；
　　　b——螺旋线的螺距。

自由状态的卷簧未给轴加载转矩，不受外力，是卷簧最原始的状态，簧片之间未接触。自由状态的卷簧处于平衡态，卷簧截面上没有弯矩作用，因此，自由状态卷簧的形状为对数螺旋线，如图 4-4 所示，对数螺旋线的特征方程表达如下：

$$\rho(\theta) = a e^{k\theta} \tag{4-15}$$

式中　a——螺旋线起点的半径；
　　　θ——极角，沿螺旋线通过的角度；
　　　k——极径和切线夹角的余切值，$k = \cot\alpha$。

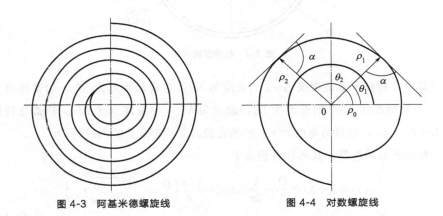

图 4-3　阿基米德螺旋线　　　　图 4-4　对数螺旋线

初始状态的卷簧如图 4-5 所示，当输入侧下肢步高变化时，拉动输入绳，Ⅰ级卷簧开始变形储能，卷簧加载转矩后，在储能过程中形态不断发生变化，如图 4-6 所示。卷簧片不相互接触，因此它的形态从 AS-1 逐渐变成 LS-2，而且由于轴上输入的转矩带动发生弯曲变形，在轴上越缠越紧，最终变成特殊的阿基米德螺旋线，即 AS-3，如图 4-7 所示。

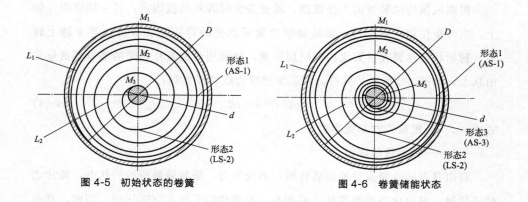

图 4-5　初始状态的卷簧　　　　　图 4-6　卷簧储能状态

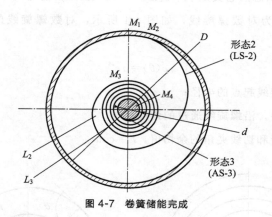

图 4-7　卷簧储能完成

其中，阿基米德螺旋线 AS-1 的长度为 L_1，卷簧起始点为 M_1，卷簧终点为 M_2。对数螺旋线 LS-2 的长度为 L_2，起点为 M_3，卷簧终点为 M_2。卷簧总长度为 $L=L_1+L_2$，卷簧的厚度为 h，芯轴直径为 d，卷簧盒的内径为 D。

初始状态的卷簧，其形状方程如下：

$$\begin{cases} \rho(\theta)=a+b\theta=\dfrac{D}{2}-\dfrac{h}{2\pi}\theta,\ 0\leqslant\theta\leqslant\dfrac{2\pi}{h}\left(\dfrac{D}{2}-\sqrt{\dfrac{D^2}{4}-\dfrac{h}{\pi}L_1}\right) \\ \rho(\theta)=a\mathrm{e}^{k\theta}=\dfrac{d}{2}\mathrm{e}^{\frac{2\rho_{M_2}-d}{2L_2}\theta},\ 0\leqslant\theta\leqslant\dfrac{2L_2}{2\rho_{M_2}-d}\ln\dfrac{\rho_{M_2}}{\rho_0} \end{cases} \quad (4\text{-}16)$$

根据卷簧在储能过程中的变化过程分析卷簧储能时三个形态之间的相互转化，两两之间不是线性关系。若将卷簧的储能看作静力学问题，则符合力学平衡，于是卷簧工作转矩和卷簧变形受到的弯矩是相同的。

AS-1 和 AS-3 的卷簧片彼此紧密连接，两部分卷簧是相对静止的，当卷簧施加转矩后，只有 LS-2 卷簧受到转矩影响，LS-2 卷簧变形之后的转角为 φ。卷簧在各个横截面上所受的弯矩相同，则 LS-2 卷簧的弯矩 T 的方程式如下：

$$T = \frac{EI}{L_2}\varphi \tag{4-17}$$

由上式可得，LS-2 卷簧所受的弯矩与长度 L_2 成反比，与转角 φ 成正比。由于 LS-2 卷簧转动过程中，卷簧的长度 L_2 是随着卷换转动角度 φ 非线性变化的，因此，卷簧在整个储能过程当中，输入转矩 T 与工作转角 φ 之间的关系也是非线性。但是由于缠线盒的转动受到步高的限制，仅能转动 3 圈，因此，卷簧的弯矩与转角之间可以简化为线性关系。

4.2.1 平面蜗卷弹簧应力分析

卷簧在整个储能过程中，LS-2 部分的卷簧弯矩和施加的转矩相同，AS-1 和 AS-3 的弯矩不变。因此，仅对 LS-2 形态的卷簧分析应力。当卷簧轴加载转矩后，卷簧发生形变，此时卷簧只受弯矩作用，这种变形称为纯弯曲变形。对卷簧 LS-2 部分，先把厚度为 $d\rho$ 的两个圆柱面取出，然后把夹角为 $d\varphi$ 的两个平面取出，四个面围成一个曲边四面体，如图 4-8 所示。把曲边四面体的厚度设成单位 1，在 ρ 方向列平衡方程如下：

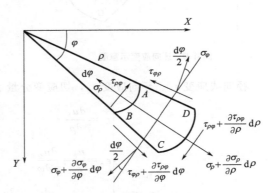

图 4-8 单元体受力分析

$$\left(\sigma_\rho + \frac{\partial \sigma_\rho}{\partial \rho}d\rho\right)(\rho + d\rho)d\varphi - \sigma_\rho \rho d\varphi - \left(\sigma_\varphi + \frac{\partial \sigma_\varphi}{\partial \varphi}d\varphi\right)d\rho \sin\frac{d\varphi}{2} - \sigma_\varphi d\rho \sin\frac{d\theta}{2}$$
$$+ \left(\tau_{\varphi\rho} + \frac{\partial \tau_{\varphi\rho}}{\partial \varphi}d\varphi\right)d\rho \cos\frac{d\varphi}{2} - \tau_{\varphi\rho} d\rho \cos\frac{d\varphi}{2} + F_\rho \rho d\rho d\varphi = 0 \tag{4-18}$$

式中 σ_ρ ——径向正应力；

σ_φ ——环向正应力；

$\tau_{\rho\varphi}$ ——圆柱面切应力，见式 (4-19)；

$\tau_{\varphi\rho}$ ——径向面切应力。

去掉高阶无穷小量，列 φ 方向的平衡方程，得到单元体极坐标微分方程组如下：

$$\begin{cases} \dfrac{\partial \sigma_\varphi}{\rho \partial \varphi} + \dfrac{\partial \tau_{\rho\varphi}}{\partial \rho} + \dfrac{2\tau_{\rho\varphi}}{\rho} + F_\varphi = 0 \\ \dfrac{\partial \tau_{\rho\varphi}}{\rho \partial \varphi} + \dfrac{\partial \sigma_\rho}{\partial \rho} + \dfrac{\sigma_\rho - \sigma_\varphi}{\rho} + F_\rho = 0 \end{cases} \quad (4-19)$$

其中，u 为径向位移；v 为环向位移。

假设曲边四面体 $ABCD$ 变形为四面体 $A'B'C'D'$，如图 4-9 与图 4-10 所示。

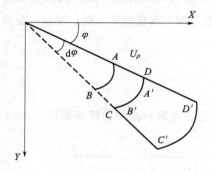

图 4-9 环向应变示意图　　　　图 4-10 单元体变形示意图

径向线应变 ε_ρ、环向应变 ε_φ，切应变分量 $\gamma_{\rho\varphi}$ 如下：

$$\begin{cases} \varepsilon_\rho = \dfrac{\partial u_\rho}{\partial \rho} \\ \varepsilon_\varphi = \dfrac{u_\rho}{\rho} + \dfrac{\partial u_\varphi}{\rho \partial \varphi} \\ \gamma_{\rho\varphi} = \gamma_{\varphi\rho} = \dfrac{\partial u_\rho}{\rho \partial \varphi} + \dfrac{\partial u_\varphi}{\partial \rho} - \dfrac{u_\varphi}{\rho} \end{cases} \quad (4-20)$$

平面应力状态下应变方程的极坐标形式如下：

$$\begin{cases} \varepsilon_\rho = \dfrac{1}{E}(\sigma_\rho - \mu \sigma_\varphi) \\ \varepsilon_\varphi = \dfrac{1}{E}(\sigma_\varphi - \mu \sigma_\rho) \\ \gamma_{\rho\varphi} = \dfrac{2(1+\mu)}{E} \tau_{\rho\varphi} \end{cases} \quad (4-21)$$

利用应力函数法对上述方程求解，在直角坐标下的形变协调方程如下：

$$\nabla^2 (\sigma_x + \sigma_y) = 0 \quad (4-22)$$

由 $\sigma_x + \sigma_y = \sigma_\rho + \sigma_\varphi$ 可得，在极坐标下得到方程如下：

$$\nabla^2(\sigma_x+\sigma_y)=\left(\frac{\partial^2}{\partial\rho^2}+\frac{1}{\rho}\times\frac{\partial}{\partial\rho}+\frac{1}{\rho^2}\times\frac{\partial^2}{\partial\varphi^2}\right)(\sigma_\rho+\sigma_\varphi)=0 \tag{4-23}$$

卷簧微体的应力为零，极坐标形式的应力函数方程如下：

$$\begin{cases}\sigma_\rho=\dfrac{\partial^2 U}{\rho^2\partial\varphi^2}+\dfrac{\partial U}{\rho\partial\rho}\\[6pt]\sigma_\varphi=\dfrac{\partial^2 U}{\partial\rho^2}\\[6pt]\tau_{\rho\varphi}=\dfrac{\partial U}{\rho^2\partial\rho}-\dfrac{\partial^2 U}{\rho\partial\rho\partial\varphi}=-\dfrac{\partial}{\partial\rho}\left(\dfrac{\partial U}{\rho\partial\varphi}\right)\end{cases} \tag{4-24}$$

代入形变协调方程，得应力函数 $U(\rho,\varphi)$ 方程如下：

$$\left(\frac{\partial^2}{\partial\rho^2}+\frac{\partial}{\rho\partial\rho}+\frac{\partial^2}{\rho^2\partial\varphi^2}\right)\left(\frac{\partial^2 U}{\partial\rho^2}+\frac{\partial U}{\rho\partial\rho}+\frac{\partial^2 U}{\rho^2\partial\varphi^2}\right)=0 \tag{4-25}$$

方程进行化简整理，可得常微分方程如下：

$$\left(\frac{\mathrm{d}^2}{\mathrm{d}\rho^2}+\frac{1}{\rho}\times\frac{\mathrm{d}}{\mathrm{d}\rho}\right)\left(\frac{\mathrm{d}^2 U}{\mathrm{d}\rho^2}+\frac{1}{\rho}\times\frac{\mathrm{d}U}{\mathrm{d}\rho}\right)=0 \tag{4-26}$$

令 $\rho=\mathrm{e}^t$，得到应力函数方程如下：

$$\begin{cases}\sigma_\rho=\dfrac{A}{\rho^2}+B(1+2\ln\rho)+2C\\[6pt]\tau_{\rho\varphi}=0\\[6pt]\sigma_\rho=-\dfrac{A}{\rho^2}+B(3+2\ln\rho)+2C\end{cases} \tag{4-27}$$

卷簧 LS-2 在储能的过程中的边界条件如下：

$$\begin{cases}(\sigma_\rho)_{\rho=a}=0\\(\sigma_\rho)_{\rho=b}=0\end{cases};\quad\begin{cases}(\tau_{\rho\varphi})_{\rho=a}=0\\(\tau_{\rho\varphi})_{\rho=b}=0\end{cases};\quad\begin{cases}\int_a^b\sigma_\varphi\mathrm{d}\varphi=0\\\int_a^b\rho\sigma_\varphi\mathrm{d}\varphi=M\end{cases} \tag{4-28}$$

化简求得常数的值如下：

$$\begin{cases}A=4\dfrac{M}{N}a^2b^2\ln\dfrac{b}{a}\\[6pt]B=2\dfrac{M}{N}(b^2-a^2)\\[6pt]C=\dfrac{M}{N}[b^2-a^2+2b^2\ln b-2a^2\ln a]\end{cases} \tag{4-29}$$

令 $N = (b^2 - a^2)^2 - 4a^2b^2\left(\ln\dfrac{b}{a}\right)^2$。卷簧的应力表达式如下：

$$\begin{cases} \sigma_\rho = 4\dfrac{M}{N}\left(\dfrac{a^2 b^2}{\rho^2}\ln\dfrac{b}{a} - b^2\ln\dfrac{b}{\rho} + a^2\ln\dfrac{a}{\rho}\right) \\ \tau_{\rho\varphi} = \tau_{\varphi\rho} = 0 \\ \sigma_\varphi = 4\dfrac{M}{N}\left(-\dfrac{a^2 b^2}{\rho^2}\ln\dfrac{b}{a} + b^2\ln\dfrac{b}{\rho} + a^2\ln\dfrac{a}{\rho} + b^2 - a^2\right) \end{cases} \quad (4\text{-}30)$$

在式(4-30)中只考虑其弯曲应力 σ_ρ，卷簧应力分布情况如图 4-11 所示。

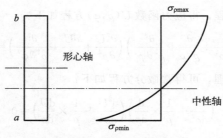

图 4-11　卷簧应力分布图

由图 4-11 可得，卷簧在 $\rho = b$ 时承受弯矩，弯曲拉应力达到最大值。因此，在设计卷簧盒时，加大卷簧盒轴向尺寸半径，便于卷簧恢复形变，更好地释放能量，减轻高频次使用后的应力劳损。

4.2.2　平面蜗卷弹簧储能分析

卷簧能量的积累过程，是指卷簧在变形弯曲的作用下发生旋转，发生角度变化，产生能量。卷簧做功的计算如下：

$$W = T\varphi \quad (4\text{-}31)$$

式中　W——加载转矩所做的功；

T——卷簧产生的弯矩；

φ——卷簧旋转的角度。

储能密度是把能量存储在储能材料中，用来衡量材料储能的能力，卷簧的储能密度用单位质量的卷簧材料储能来衡量，其储能密度的方程如下：

$$\rho_W = \dfrac{E}{m} \quad (4\text{-}32)$$

式中 ρ_w——卷簧储能密度；

E——卷簧存储的能量；

m——卷簧的质量。

假设不考虑摩擦等其他因素带来的损失，卷簧存储的能量都能被利用。由此可得 $E=W$。联立上式可得：

$$\rho_w = \frac{T\varphi}{m} \tag{4-33}$$

由此方程可得，储能密度和加载转矩以及转角成正比，和质量成反比。由上式可知，当卷簧的变形角已知时，卷簧存储能量只与卷簧工作转矩 T 有关。而卷簧其产生的弯矩是随着输入转角 φ 的增大而积累变大的。卷簧在储能的过程中，每个输入转角所产生的弯矩 T_2 的增量如下：

$$\Delta T_2(\varphi) = \frac{EI}{L_2 + y(\varphi) - x(\varphi)} \Delta \varphi \tag{4-34}$$

卷簧在变形产生转角 $\Delta\varphi$ 时，卷簧所做的功如下：

$$\Delta W = \left(\sum_n \Delta T_2(\varphi) \right) \Delta\varphi = \left(\sum_n \frac{EI}{L_2 + y(\varphi) - x(\varphi)} \Delta\varphi \right) \Delta\varphi \tag{4-35}$$

整个储能过程中，卷簧外部所加载的转矩对于卷簧所做的总功如下：

$$W = \sum_n \left(\sum_n \frac{EI}{L_2 + y(\varphi) - x(\varphi)} \Delta\varphi \right) \Delta\varphi \tag{4-36}$$

对卷簧储能方程分析可得，储能量和卷簧的变形转角有关，储能函数如下：

$$N(\varphi) = \sum_n \left(\sum_n \frac{1}{L_2 + y(\varphi) - x(\varphi)} \Delta\varphi \right) \Delta\varphi \tag{4-37}$$

$$W = N(\varphi) EI \tag{4-38}$$

综上所述，卷簧存储能量和储能函数 $N(\varphi)$、弹性模量 E 以及惯性矩 I 成正比。其中，弹性模量与卷簧材料和热处理有关，惯性矩与卷簧的截面形状尺寸有关。由于卷簧盒的转动圈数受限，在装置整体尺寸的约束下，卷簧盒的尺寸受限，所以，卷簧的长度无法过长。因此，当卷簧类型确定后，在后续设计合适卷簧对患者输出助力需求进行匹配时，卷簧的材料、截面尺寸的选择尤为重要，会直接影响到卷簧的储能能力，进而影响到装置的输出助力效果。

4.3 平面蜗卷弹簧储能研究

ADAMS 软件是由美国 MDI 公司开发出来的一款用于对纯机械结构仿真的虚拟样机分析软件,该软件具有建模的零件库、自由度约束库、各种特殊受力库,将设计的机械结构几何模型用参数来展示,利用系统动力学方程对机械结构进行静力学、运动学和动力学分析求解[2]。

对储能装置中的关键部件——平面蜗卷弹簧进行动力学分析,由于储能是通过卷簧产生变形来实现的,必须将卷簧作为柔性体进行分析。柔性体是相对于刚体而言,施加外力时,卷簧内的应变与应力对应,卸载外力后卷簧复原。柔性体是用若干个离散单元的有限自由度来表示无限个自由度。借助 ADAMS 柔性体分析模块对卷簧进行动力学仿真分析。

本书以动力学为例,对 ADAMS 关于这一方面做出初步研究探讨。为了进一步了解卷簧的动力学性能,必须要将卷簧作为弹性体(即柔性体)进行分析。本书借助动力学仿真软件 ADAMS,运用其柔性体分析模块,对卷簧进行动力学仿真分析。

本次设计采用 ADAMS 软件来对卷簧进行仿真,要先建好模型,再以 X_T 格式将模型导入 ADAMS 软件中,对其进行仿真。柔性体是相对于刚体来说的,柔性体包括了弹性体,弹性体是在外力作用下,内部各点的应变和应力一一对应,当外力撤销后能恢复到原来状态的物体。柔性体是用几个离散单元的有限自由度来表示无限个自由度来描述的。

在 ADAMS 中,创建柔性体有三种方法:①可以在 ADAMS/VIEW 模块直接创建柔性体,简单的零件可以用这种方法;②可以通过 ADAMS/AutoFlex 模块直接把刚体转换成为柔性体,直接把刚体替换掉;③组件可以用有限元法离散,文件是通过模态计算转换为 MNF 文件的,可以直接读入 ADAMS 软件。本书应用的是第二种方法来创建柔性体。

4.3.1 平面蜗卷弹簧柔性体模型构建

首先,使用 SW(SolidWorks)三维建模软件对卷簧建模,包括卷簧、轴,如图 4-12 所示。卷簧截面宽 5mm,厚度为 0.5mm,长度为 1000mm,圈数为 8

圈。其次，将模型导入 ADAMS，对卷簧施加约束。卷簧与轴之间施加固定约束，芯轴与地面之间施加转动约束，地面与卷簧之间施加固定约束。最后，添加驱动，输入弹性模量、泊松比以及密度，本模型的材料是 65Mn，弹性模量是 197000MPa，泊松比是 0.3，密度是 7.85×10^{-6}。对卷簧进行柔性化处理，由 ADAMS 中的 AutoFLX 模块来生成，柔性化之后进行仿真分析。

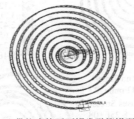

(a) 卷簧的实体模型　　(b) 带约束的平面蜗卷弹簧模型　　(c) 卷簧的柔性体模型

图 4-12　平面蜗卷弹簧模型

4.3.2　平面蜗卷弹簧有限元仿真分析

（1）平面蜗卷弹簧有限元仿真云图

设置仿真时间与步长，进行仿真分析，进入后处理界面，提取卷簧特征曲线并进行对比分析。图 4-13 所示为不同阶段卷簧变形图，当卷簧加载后，可得卷簧整个形变过程。卷簧在受到转矩后，各圈由内向外依次发生变形，所受到的应力也随着卷簧卷紧圈数发生变化。图 4-14 所示是卷簧的等效应力图，其等效应力的最大值是 8.25×10^{8}Pa。图 4-15 所示是卷簧的切应力图，其切应力的最大值是 4.76×10^{7}Pa，许用切应力是 570MPa，其最大值小于许用切应力的值。切应力的大小集中在 $1.25\times10^{6}\sim4.76\times10^{7}$Pa，越靠近卷簧轴其切应力越集中。图 4-16 所示是卷簧的正应力图，正应力的最大值是 3.32×10^{8}Pa，最小值是

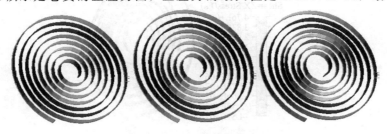

图 4-13　不同阶段卷簧变形图

$-3.34×10^8$ Pa，其中性轴在卷簧轴的下侧，与前面理论分析相符。

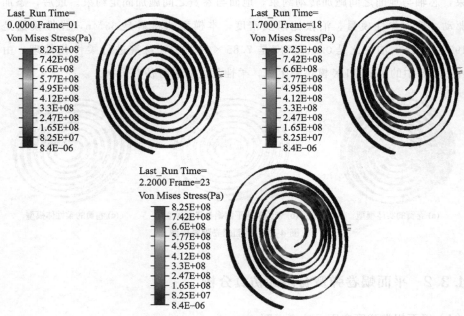

图 4-14 不同阶段卷簧等效应力图

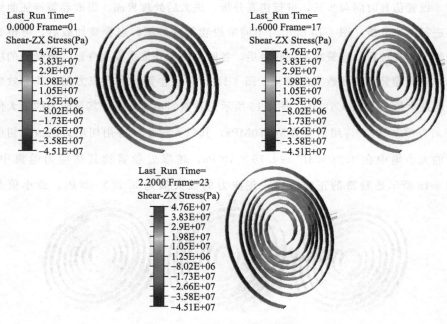

图 4-15 不同阶段卷簧切应力图

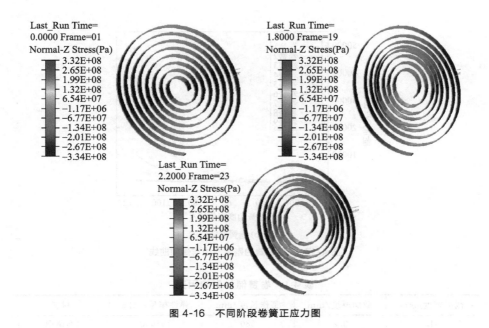

图 4-16 不同阶段卷簧正应力图

通过 ADAMS 仿真得到恒角速度作用下的转矩变化,如图 4-17(a) 是卷簧刚度曲线,纵坐标表示卷簧的转矩 T,横坐标表示变化的角度 φ。由于起初该卷簧的空转圈数较多,该卷簧刚度曲线较平,刚度曲线呈线性变化。当卷簧完全发生变形的时候,卷簧开始每一圈都发生形变,此时卷簧的刚度曲线陡然增大,变成增量型。卷簧储能过程中情况复杂,影响因素众多,因此对卷簧的截面宽度、截面厚度、工作长度、弹性模量四种主要影响因素进行仿真分析,如表 4-1 所示。

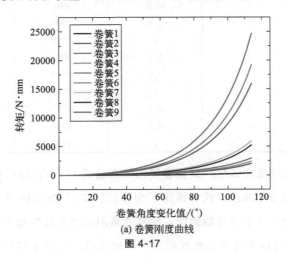

(a) 卷簧刚度曲线

图 4-17

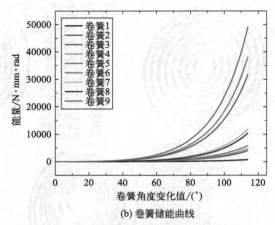

(b) 卷簧储能曲线

图 4-17 9 组卷簧的刚度曲线与储能曲线

表 4-1 卷簧储能影响因素

截面宽度/mm	截面厚度/mm	工作长度/mm	弹性模量/MPa	材料
4	0.2	680	193000	不锈钢
5	0.5	1000	197000	65Mn
6	1	1400	206000	合金钢

选取 9 组卷簧分别建立三维模型,导入 ADAMS 进行柔性化处理后,开展储能分析实验,具体参数如表 4-2 所示。

表 4-2 9 组待测卷簧参数

组号	截面宽度/mm	截面厚度/mm	工作长度/mm	弹性模量/MPa
1	4	0.2	680	193000
2	4	0.5	1000	197000
3	4	1	1400	206000
4	5	0.2	680	206000
5	5	0.5	1000	193000
6	5	1	1400	197000
7	6	0.2	680	197000
8	6	0.5	1000	193000
9	6	1	1400	206000

得到卷簧的刚度曲线后,根据卷簧的储能公式 $U=T\varphi$ 得到角度和能量的数据,作出卷簧的储能曲线。曲线描述了变化的转矩 T 对扭转角 φ 的关系。卷簧加载转矩后,发生变形时开始储能,随着卷簧圈数增多储能量不断增大。

9 组卷簧进行仿真后得到刚度曲线和储能曲线,由图 4-17(a) 可以看出,卷簧转角在 20°前，刚度曲线近似为一条直线，此后转矩开始发生明显变化。分析表明，由于卷簧不断储能，致使转矩逐步增大，直至达到峰值。由图 4-17(b) 可以看出，第 9 组卷簧在同一转角下转矩最大，高达 32500N·mm，其储能量也最大。由此可得，卷簧厚度是影响储能量的最大因素。根据卷簧的储能曲线，卷簧从一开始加载转矩发生变形之后就开始储存能量，而且随着卷簧圈数的增加，储能量也在不断地增加。

（2）卷簧刚度影响因素的正交分析

卷簧储能过程中情况复杂，影响因素众多，卷簧的刚度计算公式对卷簧的截面宽度、截面厚度、工作长度、弹性模量 4 种主要影响因素进行分析，进而确定影响卷簧刚度的关键因素。

$$K = \frac{T_0}{\varphi} = \frac{EI}{l} = \frac{Ebh^3}{12l} \tag{4-39}$$

对上述 4 种影响因素采用正交实验进行分析，可以利用正交性筛选出具有特征的点进行有效实验。为了减少实验次数，但同时又不影响实验结果的准确性，根据卷簧的设计准则设计正交实验，可以保证每一个因素水平都能够重复 3 次，使每一个因素都不会漏掉，因此选取卷簧 4 个影响因素，每个影响因素均为 3 的水平，其正交实验表如表 4-3、表 4-4 所示。选取卷簧的时候，卷簧刚度作为正交实验的目标值。

表 4-3 正交实验表（一）

组号	截面宽度 A/mm	截面厚度 B/mm	工作长度 c/mm	弹性模量 D/MPa	刚度 Y
1	4	0.2	680	193000	3.027
2	4	0.5	1000	197000	32.833
3	4	1	1400	206000	196.190
4	5	0.2	680	206000	4.039
5	5	0.5	1000	193000	40.208
6	5	1	1400	197000	234.524
7	6	0.2	680	197000	4.635
8	6	0.5	1000	193000	48.25
9	6	1	1400	206000	294.286

表 4-4 正交实验表（二）

考察指标	组合 1	组合 2	组合 3	组合 4
K_1	$Y_1+Y_2+Y_3$	$Y_1+Y_4+Y_7$	$Y_1+Y_6+Y_8$	$Y_1+Y_5+Y_9$
	232.051	11.7019	285.801	337.521

续表

考察指标	组合1	组合2	组合3	组合4
K_2	$Y_4+Y_5+Y_6$ 278.771	$Y_2+Y_5+Y_8$ 121.291	$Y_2+Y_4+Y_9$ 331.158	$Y_2+Y_6+Y_7$ 271.992
K_3	$Y_7+Y_8+Y_9$ 347.171	$Y_3+Y_6+Y_9$ 725	$Y_3+Y_5+Y_7$ 241.034	$Y_3+Y_4+Y_8$ 28.479
$k_1=K_1/3$	77.3504	3.9006	95.267	112.507
$k_2=K_2/3$	92.9237	40.4305	110.386	90.644
$k_3=K_3/3$	115.7236	241.666	80.3447	82.826
$R=k_{max}-k_{min}$	38.3732	237.766	30.0413	29.680

$K_i(i=1\sim3)$ 分别是刚度影响因素 A、B、C、D 第1、2、3水平实验中的考察指标。$k_i(i=1\sim3)$ 是等于 $K_i/3$ 的。R 是 k_i 三个值中的最值之差,用来反应某个影响因素对于刚度的影响程度。由实验结果可以得到,卷簧刚度的4个影响因素对于卷簧刚度的影响程度,由大到小为 B(卷簧截面厚度)>A(卷簧截面宽度)>C(卷簧工作长度)>D(弹性模量)。卷簧截面厚度对于刚度影响最大,截面厚度增加,卷簧储能量明显增加,其次是卷簧截面宽度,影响最小的是弹性模量。

图4-18所示是9组卷簧进行动力学仿真之后得到的刚度曲线和储能曲线,图4-18(a)所示的是卷簧的转角在20°前,刚度曲线近似为一条直线;在此角度以后转矩开始随角度的变化明显发生变化,后逐渐变为增量式,不断增大。分析表

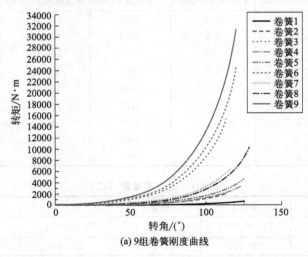

(a) 9组卷簧刚度曲线

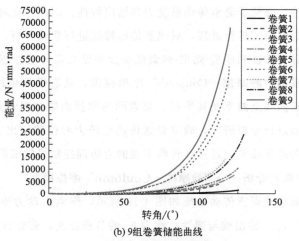

(b) 9组卷簧储能曲线

图 4-18　9组卷簧的刚度曲线和储能曲线

明：由于卷簧储能的不断进行，致使转矩逐步增大，直至达到峰值。由图 4-18(b) 可以看出，第 9 组卷簧在同一转角下，它的转矩最大，最大转矩是 32500N·mm，其储能量是最大的，因此得到卷簧厚度是储能量的最大影响因素。

从数学理论方面论证：根据刚度计算公式、能量计算公式 $U=T\varphi$ 可以知道，卷簧的截面厚度 h 是三次方，因此它对于卷簧刚度的影响是最大的，从而得到其对卷簧储能量的影响也是最大的。因此得到以下结论，卷簧的截面宽度、截面厚度、工作长度以及弹性模量中，对卷簧刚度影响最大的是卷簧的截面厚度，为接下来研究卷簧储能的人奠定了基础。

4.4　传动系统力学建模与分析

绳作为一种柔性结构，具有良好的传动特性，可以缓解冲击、减缓振动、吸收和存储能量。绳传动存在以下优点：①质量轻；②实现较长距离传动；③挠性传动。因此，绳传动常用于可穿戴式外骨骼设计，受到了更多的研究与使用。

4.4.1　绳索传动力学模型构建

为实现跨肢体长距离能量迁移，采用绳索进行传动，在接触面上存在一定的摩擦力，且绳索受力后易产生弹性变形，使套索传动具有死区、迟滞、方向依赖性等非线性特性,降低了套索传动系统力和输出特性。因此,在对装置进行动力建模时,简化为绳模型进行处理,对绳索传动特性进行建模分析。

利用微元分析方法和质量-阻尼-弹簧模块分别建立绳传动静态模型和动态模型。静态模型采用"静摩擦+Coulomb"摩擦模型,动态模型采用"LuGre"摩擦模型。从套索曲线全曲率及其半径、套索间的摩擦因数、绳索等效弹性系数、传输速度等方面进行分析研究,确定套索传动系统力和位移输出特性影响因素,为实现绳索驱动能量收集与迁移外骨骼末端助力协调控制提供依据。

(1) 静态模型微元分析——"静摩擦+Coulomb"摩擦模型

空间任意曲线状绳索传动系统如图 4-19 所示,绳索由动力驱动机构提供输入力 T_{in} 或位移 x_{in},输出端与弹性系数为 k_L 的负载相连,套管 A 端和 B 端相对固定,s 是指从 A 点起沿绳方向弧长为 s 的点。

图 4-19 空间任意曲线状绳索传动系统

绳初始预紧力为零,给定绳任意大小正向位移,输出端响应输出。曲率 $\rho(s)$ 和挠率 $\tau(s)$ 分别表示绳弯曲和扭转程度。由于绳单位质量小,可忽略不计。绳间摩擦力主要由弯曲绳与套管之间所受外界拉力产生,可用微元分析方法建立空间绳传动静态模型。绳微元平面曲线,质量微小不计,任意两相邻微元以图 4-20 所示方式连接。相邻微元所在密切平面间存在绕绳索轴心线的扭转角 α_i,表征套索曲线挠率 $\tau(s)$ 的大小,通过分析微元轴向拉力传递情况研究套索力和位移传递特性。

套索传动特性静态模型如图 4-20 所示,根据受力平衡可得:

$$\begin{cases} f + F(s+ds)\cos\dfrac{1}{2}\Delta\theta = F(s)\cos\dfrac{1}{2}\Delta\theta \\ F(s)\sin\dfrac{1}{2}\Delta\theta + F(s+ds)\sin\dfrac{1}{2}\Delta\theta = N \end{cases} \quad (4\text{-}40)$$

式中　　ds——点 s 处绳索微元的弧长;

$F(s)$,$F(s+ds)$——微元两端所受拉力;

N——套管对绳索的法向压力;

f——套管对绳索的摩擦力；

R——微元曲率半径；

$\dot{s}$——绳索微元相对套管的运动速度。

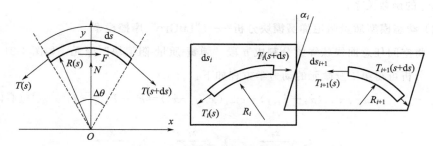

图 4-20 套索传动特性静态模型分析

根据处于移动状态的绳索微元分析，微元所在 s 点处，绳索力和位移输出关系如下：

$$\begin{cases} F(s) = F_{in} e^{-\mu\rho(s)\text{sgn}(\dot{s})} \\ x(s) = x_{in} - \delta(s) \end{cases} \quad (4\text{-}41)$$

其中，$\delta(s) = \dfrac{1}{EA} F_{in} L_{\mu\theta(s)}$；$\theta(s) = \int_0^s \rho(s) ds$；$L_{\mu\theta(s)} = \int_0^s e^{-\mu\rho(s)\text{sgn}(\dot{s})} ds$；$0 \leqslant s \leqslant L_1$。

当整根绳索移动时，所有微元都有移动且方向一致。套索力和位移输出关系如下：

$$\begin{cases} F_{out} = F_{in} e^{-\mu\rho(s)\text{sgn}(\dot{s})} \\ x_{out} = x_{in} - \delta(L) \end{cases} \quad (4\text{-}42)$$

套索传动末端为弹性负载，根据胡克定律，绳索末端输出力和输入位移如下：

$$F_{out} = k_t x_{in} \quad (4\text{-}43)$$

式中 k_t——套索传动系统等效弹性系数；

k_e——绳索等效弹性系数；

k_L——负载弹性系数。

分别表示如下：

$$(k_t)^{-1} = (k_e)^{-1} + (k_L)^{-1} \quad (4\text{-}44)$$

$$k_e = EA e^{\mu\rho(s)\text{sgn}(\dot{s})} L_{\mu\theta(L)}^{-1} \quad (4\text{-}45)$$

由上式可知,空间任意曲线状套索传动系统都可看作弹性系数分别为 k_e 和 k_L 的两弹簧的串联。k_e 与绳索弹性模量、横截面积、套索接触面间摩擦因数、全曲率有关,决定了输入位移和输出力的关系曲线、绳索输出拉力 F_{out} 和输入位移 x_{in} 的函数关系。

(2)动态模型质量阻尼弹簧模块分析——"LuGre"摩擦模型

将空间任意曲线状绳索分割成 n 段"弹簧-质量-阻尼块"微元,如图 4-21 所示。分析可得第 i 段微元的动力学方程如下:

$$m\ddot{x}_i + c_i(\dot{x}_i - \dot{x}_{i+1}) - c_{i-1}(\dot{x}_{i-1} - \dot{x}_i) = F_i - F_{i+1} - f_i \tag{4-46}$$

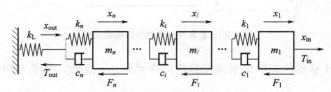

图 4-21 绳索传动动态模型分析

$$\begin{cases} F_i = F_{in}, i = 1 \\ F_i = k_{i-1}(x_{i-1} - x_i), 2 \leqslant i \leqslant n+1 \end{cases} \tag{4-47}$$

式中 m_i——第 i 段微元质量;

k_i——弹性系数;

c_i——阻尼系数;

μ_i——绳索与套管接触面间的摩擦因数;

x_i——相对套管位移;

f_i——套管摩擦力;

F_i——前一相邻微元对其所施拉力;

x_{in}——绳索输入位移;

x_{out}——输出位移;

F_{in}——输入拉力;

F_{out}——输出拉力;

k_L——负载弹性系数。

第 $n+1$ 段微元动力学平衡方程,即套索传动系统力位输出关系如下:

$$\begin{cases} F_{\text{out}} = c_n(\dot{x}_n - \dot{x}_{\text{out}}) + F_{n+1} \\ x_{\text{out}} = \dfrac{c_n}{k_n + k_L}(\dot{x}_n - \dot{x}_{\text{out}}) + \dfrac{k_n}{k_n + k_L} x_n \end{cases} \quad (4\text{-}48)$$

由静态理论分析可知，位移与力传动特性变化规律相同。由于外骨骼绳传动输出端连接在人体对侧下肢脚踝的末端，因此，负载弹性系数 $k_L \to +\infty$，即直接固定绳索输出端。此时，套索传动系统力位输出关系如下：

$$\begin{cases} F_{\text{out}} = c_n \dot{x}_n + F_{n+1} \\ x_{\text{out}} = 0 \end{cases} \quad (4\text{-}49)$$

假设各段微元阻尼、弹性系数和质量等参数相等，将各微元表达式联立，得到套索传动动态模型如下：

$$m\ddot{X} + c\dot{X} = D(kX + F_k) - f \quad (4\text{-}50)$$

式中　m——质量矩阵；

　　　c——阻尼矩阵；

　　　k——刚度矩阵；

　　　D——系数矩阵。

分别表示如下：

$$m = \begin{Bmatrix} m & & & \\ & m & & \\ & & \ddots & \\ & & & m \end{Bmatrix}_{n \times n}; \quad c = \begin{Bmatrix} c & -c & & & \\ -c & 2c & -c & & \\ & \ddots & \ddots & \ddots & \\ & & -c & 2c & -c \\ & & & -c & 2c \end{Bmatrix}_{n \times n};$$

$$X = \begin{Bmatrix} x_1 \\ x_2 \\ \vdots \\ x_n \end{Bmatrix}; \quad F_k = \begin{Bmatrix} F_1 \\ F_2 \\ \vdots \\ F_{n+1} \end{Bmatrix}; \quad k = \begin{Bmatrix} 0 & 0 & 0 & \cdots & 0 \\ k & -k & 0 & \cdots & 0 \\ 0 & k & -k & \cdots & 0 \\ \vdots & \vdots & \vdots & & \vdots \\ 0 & 0 & \cdots & k & -k \\ 0 & 0 & 0 & 0 & k \end{Bmatrix}_{(n+1) \times n};$$

$$D = \begin{Bmatrix} 1 & -1 & & & \\ & 1 & -1 & & \\ & & \ddots & \ddots & \\ & & & 1 & -1 \end{Bmatrix}_{(n+1) \times n}; \quad f = \begin{Bmatrix} f_1 \\ f_2 \\ \vdots \\ f_n \end{Bmatrix} \quad T_k = \begin{Bmatrix} T_{\text{in}} \\ 0 \\ \vdots \\ 0 \end{Bmatrix}。$$

对空间任意曲线状套索传动系统力和位移传动特性进行静态和动态建模分析，确定影响套索力和位移传动特性的主要因素。结果表明，套索传动力与套索的曲线全曲率、套索间的摩擦因数、绳索等效弹性系数有关，而和传动速度大小无关。

综上所述，外骨骼末端采用绳驱动，与人体行走频率快慢、与绳缠绕方向等因素均无关，还可以最大程度地保证传动与助力效果，实现柔性传动，更好地与人体表面贴合，减少人体运动干涉。

4.4.2 人机耦合振动力学模型构建

根据绳传动组成和特点，在绳与弹簧连接点处引入质量块，并在绳末端引入外部负载力，建立数学模型，如图 4-22 所示。为后续简化分析与计算，对模型做以下假设。

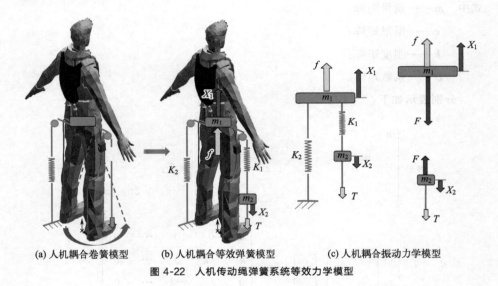

(a) 人机耦合卷簧模型　　(b) 人机耦合等效弹簧模型　　(c) 人机耦合振动力学模型

图 4-22　人机传动绳弹簧系统等效力学模型

① 伴随储能过程，卷簧圈数增多，卷簧力学分析存在非线性。由于人体步高受限，绳长变化范围较小，缠线盒转动圈数较少，卷簧变形仅发生在前三圈，基本满足线性关系，与线性弹簧特性相符，故储能元件简化为线性弹簧。

② 人体在行走过程中，身体重心会上下小幅度移动，可以近似为弹簧振子模型，将上半部躯体的质量等效于质量块 m_1。

③ 当人体健侧下肢挥摆，关节进行储能时，对侧下肢完全站立，作为支点，支撑整个躯体，因此可以等效为与大地之间的固定约束。

④ 忽略人体躯干与绷带之间的相互作用力，忽略绳传动与下肢躯体之间的摩擦力，忽略人体下肢关节肌肉与骨骼之间的相互作用力。

由于健侧下肢挥摆时，相当于绕髋关节下肢的摆动，在此期间发生重力势能参与转换。因此，将上半部身体等效于质量块 m_1，将健侧下肢小腿于足的部分等效于质量块 m_2。将装置等效为绳-弹簧等效力学模型。根据质量块 m_1 与质量块 m_2 受力平衡，以及胡克定律获得弹簧受力，分别可得：

$$f - F = m_1 \ddot{x}_1 \tag{4-51}$$

$$k_1(x_1 - x_2) - \frac{T}{r_0} = m_2 \ddot{x}_2 \tag{4-52}$$

$$F = k_1(x_1 - x_2) + k_2 x_1 \tag{4-53}$$

根据传动装置，输入端绳长变化与缠线盒几何尺寸之间的关系为：

$$x_2 = r\theta \tag{4-54}$$

式中　x_1——身体重心上下小幅度移动距离；

　　　x_2——输入端绳长变化量；

　　　k_1——等效弹簧刚度；

　　　k_2——等效弹簧绳刚度；

　　　r_0——膝关节转动半径；

　　　T——膝关节力矩；

　　　r——缠线盒半径；

　　　θ——缠线盒转动角度；

　　　f——腰部摩擦阻力；

　　　F——弹簧力。

将式(4-52)与式(4-53)联立可得：

$$F = m_2 \ddot{x}_2 + \frac{T}{r_0} + k_2 x_1 \tag{4-55}$$

将上式代入式(4-51)可得：

$$f - m_2 \ddot{x}_2 - \frac{T}{r_0} - k_2 x_1 = m_1 \ddot{x}_1 \tag{4-56}$$

将式(4-54)与式(4-56)分别进行拉氏变换如下：

$$X_2(s) = r\theta(s) \tag{4-57}$$

$$f(s) - m_2 X_2(s)s^2 - \frac{T(s)}{r_0} - k_2 X_1(s) = m_1 X_1(s)s^2 \quad (4\text{-}58)$$

联立上式可得：

$$X_1(s) = \frac{1}{(k_2 + m_1 s^2)} f(s) - \frac{1}{(k_2 + m_1 s^2)r_0} T(s) - \frac{m_2 r s^2}{(k_2 + m_1 s^2)} \theta(s) \quad (4\text{-}59)$$

则系统向对侧下肢提供的辅助拉力 F_A 如下：

$$F_A = k_2 x_1 \quad (4\text{-}60)$$

将上式进行拉氏变换后可得：

$$F_A(s) = k_2 X_1(s)$$

$$= k_2 \left[\frac{1}{(k_2 + m_1 s^2)} f(s) - \frac{1}{(k_2 + m_1 s^2)r_0} T(s) - \frac{m_2 r s^2}{(k_2 + m_1 s^2)} \theta(s) \right]$$

$$(4\text{-}61)$$

根据传动原理可得，弹簧向同侧下肢提供的辅助拉力 F_0 等于弹簧作用力 F。

$$F_0 = F = (k_1 + k_2)x_1 - k_1 x_2 \quad (4\text{-}62)$$

$$F_0(s) = (k_1 + k_2)$$

$$\times \left[\frac{1}{(k_2 + m_1 s^2)} f(s) - \frac{1}{(k_2 + m_1 s^2)r_0} T(s) - \frac{m_2 r s^2}{(k_2 + m_1 s^2)} \theta(s) \right] - k_1 r \theta(s)$$

$$(4\text{-}63)$$

式(4-61)与式(4-63)分别反映了对侧下肢助力 F_A 和同侧下肢助力 F_0 与缠线盒转动角度 θ 之间的关系。由于 θ 因人个体差异而异，但是受到步高的限制，变化范围不大，对于助力效果的影响有限。观察上式发现，通过改变弹簧刚度，会明显改变两侧助力效果。这为后续的助力效果提升提供了理论基础。

4.4.3 传动系统动力学仿真研究

利用 UG（Unigraphics NX）建立能量收集传动装置三维模型，生成"Parasolid"格式文件，并将其导入 ADAMS 软件中对其进行仿真分析，如图 4-23 所示。

ADAMS 软件中设置的约束驱动主要是平移驱动和旋转驱动。函数意义与时间分段如表 4-5 所示，缠线盒处旋转副的驱动函数设定如下：

$$(\text{STEP}(x \quad x_0 \quad h_0 \quad x_1 \quad h_1)) \quad (4\text{-}64)$$

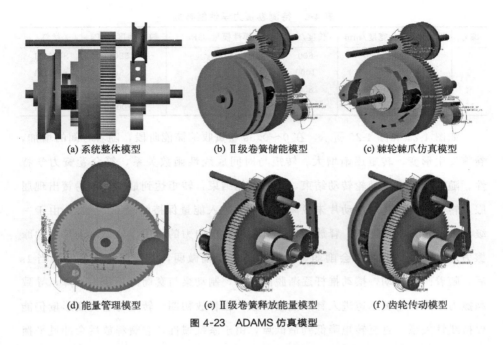

(a) 系统整体模型　　(b) Ⅱ级卷簧储能模型　　(c) 棘轮棘爪仿真模型

(d) 能量管理模型　　(e) Ⅱ级卷簧释放能量模型　　(f) 齿轮传动模型

图 4-23　ADAMS 仿真模型

其中 x 为第一个自变量，因为采用的驱动是角度关于时间的函数，所以将其设定为 time。在 ADAMS 中函数可以叠加使用，即 0～0.5s，卷簧储能，0.5～1s，保持阶段，1s 之后，释放阶段。所以缠线盒旋转副的驱动函数如下：

$$(\text{STEP}(time, 0, 0, 0.5, -720d)) + (\text{STEP}(time, 0.5, 0, 1, 720d)) \quad (4-65)$$

表 4-5　函数意义与时间分段

自变量 x	time
x_0	时间初始值
x_1	时间终止值
h_0	角度初始值
h_1	角度终止值
储能阶段	0～0.5s
保持阶段	0.5～1s
释放阶段	1s 之后

棘轮机构是一种单向间歇运动机构，由棘轮和棘爪组成。本书使用的是外啮合式的棘轮机构，主要由主动件、棘爪、棘轮、单向轴承和机架组成。主动件套在与棘轮固连的从动轴上，并与驱动棘爪用转动副相连。选用四种不同参数的卷簧进行测试，待测卷簧力学性能参数如表 4-6 所示。

表 4-6 待测卷簧力学性能参数

编号	厚度/mm	宽度/mm	长度/mm	弹性模量/GPa	拉伸强度/MPa	材料
1	0.5	6	600	196	1580	SUS301
5	0.2	5	1000	196	1580	SUS301
9	0.5	6	850	206	700	60Si2Mn
13	0.8	5	620	196	700	SUS301

如图 4-24 和图 4-25 所示，在 0~0.5s 卷簧收缩储能阶段，随着时间的增加，卷簧发生形变，转矩逐渐增大。转矩与时间成线性函数关系，符合卷簧力学特性。随着棘爪推动棘轮转动结束，弹性储能结束，转矩达到最高后，卷簧出现屈服，转矩下降。此时制动片未脱离套筒轴，进入能量保持阶段 0.5~1s。由于一级卷簧反转，收回绳子，释放能量，对主轴有反向力的作用。依靠制动片上的摩擦力对套筒锁止的效果会削弱，但整体转矩降幅微弱，能量保持较稳定。当 1s 后，随着凸轮转动，摆动推杆逐渐脱离套筒，制动梁与套筒的正压力下降，导致摩擦力下降，卷簧迅速进入释放能量阶段。在释放初期，转矩与卷簧变形量仍能保持线性关系。直至转矩降低到最低点，由于系统惯性，卷簧释放后会冲过平衡位置，进行小幅度的反向储能，但很快释放，卷簧围绕平衡位置进入振荡阶段。由于系统摩擦与阻尼，振荡会逐步衰减，直至最终达到稳定。

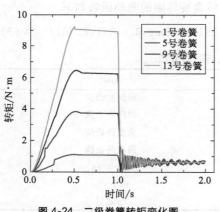

图 4-24 二级卷簧转矩变化图

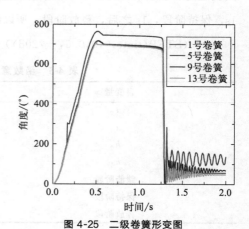

图 4-25 二级卷簧形变图

0~0.5s 内，卷簧收缩，由于转矩等于刚度与角度的乘积，所以二者图像趋势相同。在 0~0.5s 内，缠线盒转过 720°，卷簧盒上的棘爪推动棘轮与卷簧盒转动，卷簧储能。在 0.5~1s 内，被动棘爪顶住卷簧盒，缠线盒在一级卷簧作用下反转720°，回到初始位置。在0～0.5s内，卷簧盒在棘爪、棘轮的带动下，顺时针转过720°，卷簧储存能量。卷簧盒在被动棘爪的固定下未转动，直到制动梁松开套筒，卷簧带动套筒转动，卷簧释放能量。

能量保持阶段模型部分主要由卷簧盒、轴承、套筒、芯轴、凸轮以及制动部分组成。卷簧盒与轴固定，卷簧盒与套筒之间用扭转弹簧阻尼器连接。套筒与轴之间建立旋转副，制动部分分为制动梁、固定片以及摩擦皮。制动梁与固定片之间建立旋转副，梁上固定一柔性体。柔性体与套筒之间建立接触。凸轮建立与地面之间的旋转副，凸轮边与梁侧边建立特殊线线约束。在0～2s内，横梁的角度从-80°上升到0°，横梁逆时针转过了80°，在0s时，凸轮将横梁顶起，横梁与套筒紧密接触，卷簧能量保持，在横梁转动过程中，与套筒之间的摩擦力逐渐减小，套筒开始转动，卷簧释放能量。

在凸轮转动初期，随着凸轮角度的变化，摆动推杆在竖直方向发生位移，使得制动梁逐步靠近套筒的摩擦片，并产生挤压力。当凸轮位于远休止时，制动梁充分挤压摩擦片，接触力激增，充分锁止套筒反转，储存能量。摆动推杆与凸轮之间属于滚动摩擦，由于柔性体的摩擦片挤压变形，进而影响接触力，因此，接触力在该阶段会发生振荡，但不会影响锁止效果。当释放能量时，如图4-26所示。摆动推杆回程，制动梁逐步远离摩擦片，此时接触力会逐步减弱，直至制动梁完全脱离摩擦片，接触力消失。

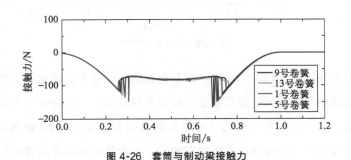

图4-26 套筒与制动梁接触力

能量释放阶段模型如图4-23所示，两个轴与地面之间建立固定副，固定位置点分别为两轴轴心，卷簧盒也与地面之间建立固定副，大齿轮与套筒之间建立固定副，套筒与轴之间建立旋转副，小齿轮与小轴之间建立旋转副，卷簧盒与套筒之间创建扭转弹簧阻尼器，最后是大齿轮和小齿轮之间创建齿轮副。

系统在储能阶段和保持阶段,如图 4-27 和图 4-28 所示。大小齿轮保持相对静止,角度变化为零。侧面证明了制动系统能够将制动梁与套筒保持稳定锁止,在能量释放阶段,大小齿轮转向相反,因为线速度相同,所以相同时间转过的角度等于大小齿轮齿数之比。

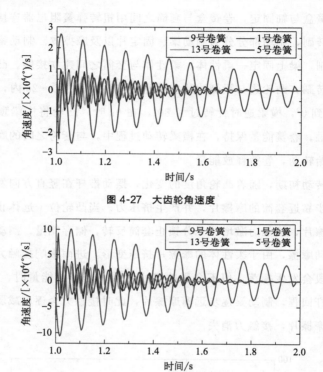

图 4-27　大齿轮角速度

图 4-28　小齿轮角速度

如图 4-27 和图 4-28 所示,在 1.1s 后齿轮的角速度开始激增,证明了制动系统能够将制动梁与套筒保持稳定锁止。在能量释放阶段,卷簧释放能量,带动齿轮高速转动,而齿轮的角速度之比符合齿轮传动比。如图 4-29 和图 4-30 所示,小齿轮的角加速度与其角速度曲线方向相反,小齿轮的角速度随着时间的变化而减小。同理,大齿轮的角速度也随着时间的变化而减小,直到大小齿轮停止转动。

由于在能量释放之前,这个力就存在,是因为负载即另一只腿的自重一直存在。释放稳定后,负载仍然存在。大小齿轮在啮合传动时,齿轮之间的受力载荷是交变的。负载力变化曲线如图 4-31 所示。随着释放的进行,转速逐渐降低,啮合力也逐渐趋于稳定。

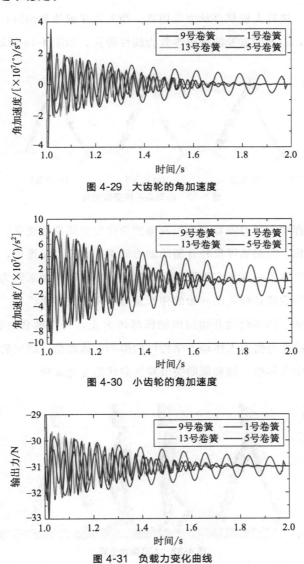

图 4-29 大齿轮的角加速度

图 4-30 小齿轮的角加速度

图 4-31 负载力变化曲线

4.4.4 人机耦合动力学仿真研究

建立人机下肢双足行走模型，简化传动结构，仅在模型中引入外骨骼的储能单元，利用 ADAMS 进行虚拟样机仿真分析，得到仿真曲线，用来分析运动学及动力学特性。由于人机之间存在耦合，动力学建模复杂。考虑人机系统交互作用力，建立人机系统动力学模型，对人机系统动力学进行分析。将人机耦合模型进行适当简化，进行人机耦合动力学仿真。当人体穿戴外骨骼时，在踝与外骨骼固定的大腿处，将卷簧以及波登线等效为线性弹簧，如图4-32所示。

(a) 人机耦合仿真模型　　(b) 位置A　　(c) 位置B　　(d) 位置C　　(e) 位置D

图4-32　传动盒不同安装位置

在行走过程中，弹力随着步长以及绳的变化发生周期性变化。通过验证等效弹簧弹力的变化，间接地评价外骨骼的助力效果。在弹力设置中，由弹簧来控制脚踝的刚度。采取单一变量实验原则设定阻尼参数，取刚度系数为变量，便于调整参数变量。预载荷是弹簧刚开始的伸长量与刚度系数相乘。

仿真过程从一侧脚蹬地开始到该侧脚落地为止，人机耦合仿真如图4-33所示，为了解下肢外骨骼对人体动力学特性的影响，运动仿真结束后，获得人体在正常行走过程中人体髋、膝和踝的关节特性曲线的变化规律。

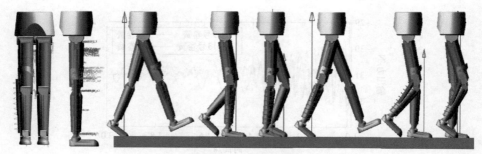

图4-33　人机耦合仿真

在同一位置取不同弹簧刚度，如图4-34(a)所示，取同一弹簧在人体不同位置时的弹力值的变化，如图4-34(b)所示，更直观地描述了对人体运动时的助力效果。由图可得，弹簧刚度越大，弹力越大，助力效果越好，与理论分析吻合。此外，在支撑末期弹力值最小，在首次触地和摆动初期弹力值最大，随后逐渐减小。由此可以看出，弹簧在首次触底和摆动初期对人体的助力效果最好。综上所述,当受试者穿戴下肢外骨骼运动时,能够跟随人体正常稳定地行走。

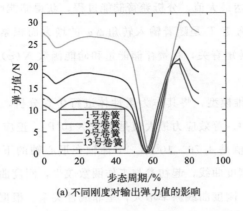

(a) 不同刚度对输出弹力值的影响

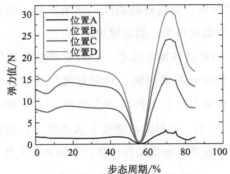

(b) 外骨骼不同固定位置对输出弹力值的影响

图 4-34 影响弹力值不同参数的人机耦合仿真

4.5 本章小结

本书选用平面蜗卷弹簧作为储能元件,针对不同人群的使用需求,确定出不同刚度的平面蜗卷弹簧进行匹配,获得良好的助力效果。外骨骼末端采用绳驱动,最大限度地保证传动与助力效果,实现柔性传动,更好地与人体表面贴合,减少人体运动干涉。为了实现上述目的,本章对人体跨肢体能量迁移方案的特性研究,包括了储能元件卷簧的力学建模以及仿真分析,传动系统的力学建模与分析,人机耦合系统建模与仿真分析。本章的主要研究结论如下:

① 根据卷簧工作原理,对卷簧形线进行分析,分别获得卷簧的形状方程。

对卷簧进行应力分析，获得应力函数，结果表明，卷簧在螺距处 $\rho=b$ 时承受弯矩，弯曲拉应力 σ_ρ 达最大值。分析卷簧储能过程，获得储能函数 $N(\varphi)$，公式表明，卷簧其产生的弯矩 T 是随着输入转角 $\Delta\varphi$ 的增大而积累变大的，卷簧存储能量只与卷簧工作转矩有关，卷簧存储能量和储能函数 $N(\varphi)$、弹性模量 E 以及惯性矩 I 成正比。

② 建立卷簧三维模型，将其作为柔性体进行仿真分析，结果表明，越靠近轴，其切应力越集中。等效应力最大值是 8.25×10^8 Pa，正应力最大值是 3.32×10^8 Pa，切应力最大值是 4.76×10^7 Pa，中性轴在形心轴的下侧，与理论分析相符。仿真获得卷簧刚度曲线，起初参与工作圈数较少，刚度曲线呈线性关系，随着卷簧发生大变形，刚度曲线斜率增大，呈非线性关系。根据卷簧的储能公式得到角度 φ 和能量 E 的数据，绘制储能曲线。结果表明，卷簧加载转矩发生变形后，开始储能，随着圈数的增加，储能增加。

③ 为了实现远距离跨肢体能量迁移，在外骨骼输出端使用绳索进行末端助力。探究影响外骨骼传动效果的因素，对绳索简化力学模型，进行传动特性分析。结果表明，套索传动力与套索的曲线全曲率 $\rho(s)$、套索间的摩擦因数 μ_i、绳索等效弹性系数 k_L 有关，而和传动速度 $\dot{s}$ 大小无关。采用绳驱动，可以最大限度地保证传动与助力效果，实现柔性传动，更好地与人体表面贴合，减少人体运动干涉。

④ 探究人体行走频率与绳缠绕方向等因素对于传动系统的影响。建立人机振动力学模型，结果表明，绳传动的输出力 F 与缠线盒转动角度 θ 之间存在复杂的函数关系，通过改变弹簧刚度 k，会明显改变两侧助力效果。

⑤ 利用 UG 建立能量收集传动装置的三维结构模型，导入 ADAMS 仿真软件，分别选用四种不同参数的卷簧，对其进行仿真，结果表明，传动路线合理，能够满足设计需求，实现设计预期功能。并且，改变弹簧刚度，可以改变外骨骼输出力的大小。

⑥ 由于外骨骼跟人体下肢存在耦合关系，结合人体连杆刚体模型，进行人机耦合分析，探究外骨骼对于人体下肢的助力效果。结果表明，外骨骼可以获得 0~30N 的辅助拉力，安装位置越靠近髋关节，绳长变化范围越大，获得辅助拉力越大。卷簧刚度越大，输出拉力也越大。从理论分析与仿真实验证明，选用合适刚度的卷簧，安装在合适的位置，可以实现不同的助力效果。

参考文献

[1] 汤敬秋.机械弹性储能用大型蜗卷弹簧力学特性研究[D].北京：华北电力大学（北京），2016.
[2] 李增刚.ADAMS入门详解与实例[M].北京：国防工业出版社,2010.
[3] 奚如如,王兴松,鲁婧,等.套索传动特性建模分析[J].机械工程学报,2012,48（17）：38-44.

第 5 章
人体下肢能量收集与迁移系统测试评价

5.1 引言

  机械做功主要发生在人体关节处，通过关节周期性地做正功与负功，维持关节运动与稳定。所以，外骨骼参与人体能量收集与迁移的直观体现，就是作用在关节处的助力水平。当外骨骼作用在关节处产生助力效果时，推动肢体前进，伴随着步长与步高的变化，力在肢体位移方向上产生累积效果，便产生了额外的机械做功，这部分能量可以进入人体能量代谢循环，在实现能量迁移的同时，最终起到行走助力的效果。本书前四章完成了人体能量收集与迁移理论研究、方法研究、系统特性研究。本章通过实验测试对上述理论开展实验研究，重点在于外骨骼助力测试以及功能性评价研究，包括传动系统测试研究、卷簧储能测试研究、人体穿戴实验研究。本章设计了物理测试与人体穿戴测试，逐层测试验证。选择客观的评价指标，建立全面的性能评价方法，建立多元化的评价体系，对系统整体性能进行综合评价，系统地验证原理样机设计及其人机交互检测和控制方法的合理性。

  本章建立外骨骼实验测试系统，制定实验方案，设计实验台，搭建实验平台。首先，为了更好地存储能量，对平面蜗卷弹簧进行储能实验，验证卷簧参数对于储能效果的影响，为不同等级的运动障碍患者的卷簧匹配依据，提供实验测试数据。其次，为了验证机械传动系统合理有效，对外骨骼传动系统进行物理测试,获得不同卷簧下的外骨骼辅助拉力,并与传动系统动力学仿真结果进行对比分析。最后,开展人体穿戴实验测试进行性能评估,通过人体穿戴外骨骼进行行走实验,分别开展了位置姿态测试,验证系统感知与识别的准确性。进行了肌电信号测试,从下肢主要肌肉活性的角度评价外骨骼助力效果。实施足底压力测试,通过足底信号评价外骨骼助力效果。

本章研究内容是对全书研究内容的验证,性能测试直接决定了人体能量收集与迁移的实际效果,为人体助力外骨骼向进一步临床实验以及推广使用奠定基础。

5.2 人体能量传动系统性能测试与评价

为了保证人体安全,准确评估和优化外骨骼的辅助效果,在进行人体穿戴实验前,需要进行物理样机测试。通过测试可以验证外骨骼的功能是否满足设计要求,收集整理实验数据,客观准确地评估外骨骼对关节助力的影响。结合外骨骼的传动结构特点和工作原理,进行力学实验测试与验证。实验台硬件部分主要由电源、电机、驱动器、控制器、丝杠滑台、夹具和测力计组成,如图 5-1 所示。

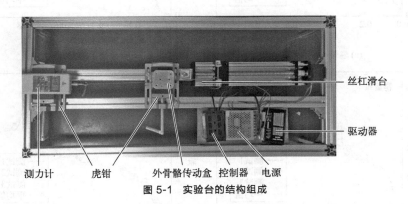

图 5-1 实验台的结构组成

选取小型精密平口钳来固定测力计和传动盒,将外骨骼传动固定在实验台的夹具上,在外骨骼的输入端,将关节旋转运动转化为丝杠滑台的线性运动,模拟绳长度的变化,作为能量输入,在控制器的作用下,可实现多次循环连续测量。

选用 4040L 型材搭建实验台,可根据实验方案调整实验台结构,实现便捷拆装。选择两相步进电机作为丝杠滑台驱动电机,选用通用模块化可编程逻辑控制器与外部主控连接，主控端口给驱动器发送指令控制启停，可以调整电机转速、电机方向等。实验台安装固定完成后，对丝杠滑台部分进行控制部分调试。选用两种不同材料制成的四组卷簧，各项参数如表 5-1 所示。为了消除随机误差，客观地反映辅助效果，分别进行三次实验。测力仪记录实时数据，导出拉力与时间的曲线，如图 5-2 所示。

表 5-1 不同卷簧进行测试实验数据

编号	厚度/mm	宽度/mm	长度/mm	弹性模量/GPa	拉伸强度/MPa	材料	拉力/N
I	0.5	6	800	206	1580	60Si2Mn	7.2
II	0.3	5	600	206	1580	60Si2Mn	6.6
III	0.5	6	800	193	700	SUS301	8.1
IV	0.3	5	600	193	700	SUS301	6.4

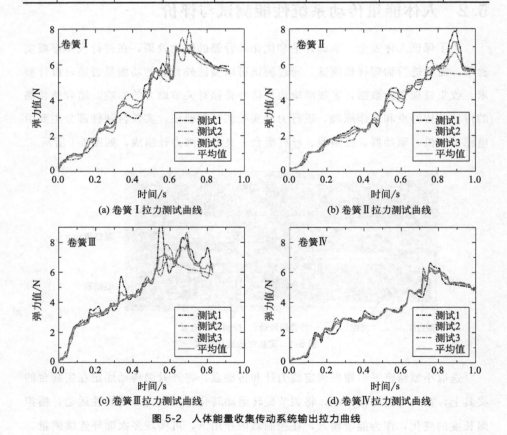

图 5-2 人体能量收集传动系统输出拉力曲线

人体行走频率约为 1Hz，下肢运动障碍的患者行走速度会更慢。由于卷簧的变形需要时间，并非瞬间释放完成，经过齿轮传动后，输出轴带动缠线轮旋转收绳，拉力增加。随着卷簧变形的恢复，弹性势能逐渐减小，由于恒定负载的作用，在输出力达到最高点后，曲线开始衰减并回落。因此，选取曲线的最高点来评估外骨骼的助力效果。

测试曲线表明，随着时间的推移，外骨骼输出拉力上升。到达最高点之前，曲线近似为线性，验证了卷簧的力学性能。由于棘轮棘爪和齿轮传动的传动间隙和装配误差，系统会产生轻微的振动，因此曲线呈锯齿形波动。系统拉力测试仅用来验证设计思路和传动原理，由于测试的弹簧种类有限，得到的输出力 7N 并非最大输出能力。理论上，根据下肢运动障碍患者对不同程度的助力需求，选择合适的卷簧，实现更广泛的输出能力。

5.3 人体能量收集存储性能测试与评价

当待测卷簧的尺寸确定后，对卷簧盒进行设计，经过对强度校核，轴的直径取 3mm，套筒直径取 5mm，如图 5-3 所示。装配完成后，固定在虎钳台上，对卷簧进行测试。本书分别选取不同长度、不同厚度、不同宽度、不同材料刚度的 4 种卷簧进行测试，图 5-4 为卷簧储能实验的刚度曲线图，将其与理论值进行比较，得出偏差（表 5-2）。

图 5-3 卷簧盒与待测卷簧

表 5-2 机械传动测试数据

弹簧	厚度/mm	宽度/mm	长度/mm	转矩/N·mm	理论刚度/[N·mm/(°)]	实验刚度/[N·mm/(°)]	偏差
I	0.3	6	1000	170	0.179	0.165	8%
II	0.2	6	400	70	0.133	0.1	25%
III	0.2	5	400	100	0.111	0.098	12%
IV	0.2	6	1000	170	0.052	0.05	4%

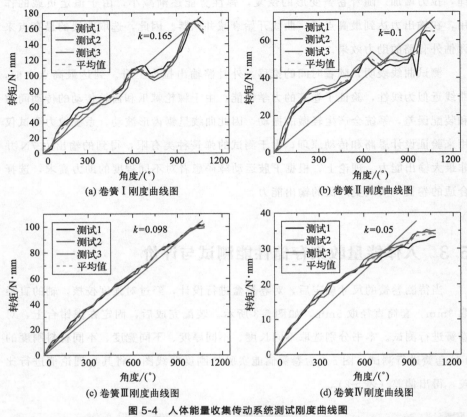

图 5-4 人体能量收集传动系统测试刚度曲线图

由图像可得，多次测量时每组实验数据会存在偏差，卷簧在 3 圈内转动时，转矩与角度均能保持一定的线性关系。实验曲线有小幅度振荡，这是卷簧每圈之间存在接触摩擦，卷簧的大变形所导致的。相比之下，卷簧Ⅳ的实验与理论刚度最为接近。

5.4 人体穿戴实验测试与评价

对外骨骼进行人体穿戴实验，建立综合性能评价。当人穿戴上外骨骼行走时，人体皮肤表面与外骨骼首先接触，随着使用时间的推移，肌肉疲劳感增强。大脑对皮肤表面的刺激信号进行处理，逐步形成整体认知与判断，然后生成一个关于舒适度的主观评价。评价指标主要包括穿戴舒适性、运动匹配性以及肌体适应性。通过相关的传感器与设备进行信号的测量与处理，得到传感器数值的分布，客观地描述外骨骼的性能，这些指标包括位置姿态、足底压力、肌电信号等。

影响外骨骼舒适度的因素主要有五个，分别是肌肉疲劳、足部压力、肌体感受、操作方式、视觉感受。其中，操作方式反映操作舒适度，肌肉疲劳反映人体穿戴疲劳程度，视觉感受反映视觉舒适度，足部压力反映运动舒适度，如表5-3所示。

表 5-3 舒适度评价指标

指标	研究方法	评价因素
穿戴舒适度	测试评价	尺寸、关节自由度、材料、重量
运动舒适度	测试评价	位置姿态、足底压力、肌电信号
操作舒适度	主观评价	身体贴合度、材料触感
视觉舒适度	主观评价	造型、外观、视觉

在本章开展的所有人体穿戴测试实验研究中，所有受试者知晓研究内容与实验方案，并签署了知情同意书。实验经西北工业大学医学伦理委员会审批（No：202102005）通过。

5.4.1 位置姿态测试与分析

招募受试者，开展人体位置姿态的测试实验，验证惯性传感器的软件与硬件协调性，信号滤波与解算的实用性，以及获取关节位置姿态数据的准确性，以便于实现能量的收集与精准控制。

实验仪器设备：基于惯性传感器设计的动作捕捉系统已广泛应用于运动检测与康复医疗领域，其中包含 Xsens 公司进行设计制造的高精度的可穿戴惯性动作测量设备 Xsens DOT，如图 5-5 所示。本书采用自研 IMU 惯性传感器与 Xsens DOT 传感器进行实验对比测试，参数对照如表 5-4 所示，IMU 与 Xsens DOT 设备对比图如图 5-6 所示。

表 5-4 Xsens DOT 参数对照表

特征量	Xsens DOT	IMU 动作捕捉设备
延迟	30ms	60ms
续航	6h	3h
电压	3.7V	3.3V

续表

特征量	Xsens DOT	IMU 动作捕捉设备
电流	45mA·h	<10mA
加速度量程	±16g	±16g
角速度量程	±2000(°)/s	±2000(°)/s
角度量程	±2000°	±180°
静态测量精度	0.05°	0.05°
动态测量精度	0.1°	0.1°

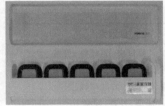

图 5-5 Xsens DOT 实物图　　图 5-6 IMU 与 Xsens DOT 的对比图

实验对象：选择受试者 14 名，患者健康状况良好，无骨骼肌、神经或其他疾病，无手术史。实验前，确保受试者在 24h 内无任何剧烈运动，每次测试结束后，休息 3～5min。受试者的身体指标如表 5-5 所示。

表 5-5 受试者相关人体指标

受试者	性别	年龄	身高/cm	体重/kg	大腿长/cm	小腿长/cm	身体状况
贺某	男	23	170	65.23	370	300	健康
李某 1	男	22	171	67.74	395	355	健康
刘某 1	男	23	176	70.19	455	392	健康
尤某	男	21	170	66.43	380	340	健康
李某 2	男	23	168	70.23	385	345	健康
韩某 1	男	22	176	70.11	405	360	健康
常某	男	23	171	68.72	385	360	健康
田某	男	23	170	70.17	350	340	健康
李某 3	男	22	184	72.34	420	360	健康
刘某 2	男	23	166	65.25	380	320	健康
李某 4	男	21	169	68.83	410	325	健康
乔某	男	23	170	69.46	400	360	健康
韩某 2	男	22	176	75.37	390	350	健康
芦某	男	23	168	55.15	340	310	健康

实验过程及方法：将惯性传感器放置在 Xsens DOT 专用绑带内，将绑带分

别固定在大腿、膝关节以及脚面处，如图 5-7 所示。为验证自制动作捕捉设备的准确性，将 Xsens DOT 与自研 IMU 惯性传感器并排放置，同时进行角度的识别与测量，获取髋、膝和踝关节的运动参数。受试者在水平地面上匀速行走，重复多次实验，如图 5-8 所示。

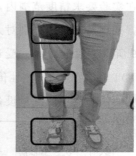

图 5-7　IMU 传感器在下肢分布与固定

图 5-8　基于 IMU 的位置姿态识别测试

对比结果可以发现[1]，人体下肢正常行走中的髋、膝和踝关节的角度如图 5-9 所示。髋关节在 $-20°\sim20°$ 范围内转动，膝关节在 $0°\sim60°$ 范围内转动，踝关节在 $-30°\sim10°$ 范围内转动。髋关节在步态周期约 20% 处，由屈曲位过渡到伸展位，髋关节角度达到 $0°$，此时躯干与大腿持平。髋关节在步态周期开始时达到 $20°$ 的最大屈曲角度，髋关节在足跟击地时达到约 $25°$ 的最大伸展角度。

起初膝关节并未完全伸直，在吸收缓冲足跟击地的冲击力，表现出 $5°$ 范围内的屈曲角。在足跟离地时，膝关节轻微屈曲，为小腿的摆动做准备。膝关节在摆动期的最大屈曲角度为 $60°$。踝关节在步态初期处于跖屈位，趾屈角度约 $13°$。在站立相的前中期，踝关节由跖屈位过渡至背屈位，在足跟离地前背屈角度达到

8°。此后踝关节开始转向跖屈，并在足尖离地前达到 28°最大趾屈角。

膝和踝关节角度曲线数据存在一定误差，可能由于工作时间过长，温度升高对传感器造成的数据偏移。从测量结果看，存在数据波动，推测可能由于两个传感器固定不稳，行走的过程中出现相对运动，导致出现角度值的跳变。但整体数据误差在实验要求精度范围内，满足设计需求。

数据处理与评价：分别对人在行走过程中的髋、膝和踝关节角度进行测量，如图 5-9 所示。通过对同一受试者进行多组实验，求取平均值绘制曲线。根据 Xsens DOT 和自研 IMU 惯性传感器采集的数据以及仿真曲线对比发现，关节测量的角度曲线与商用的测量设备和理论计算值的角度曲线有较好的贴合度。

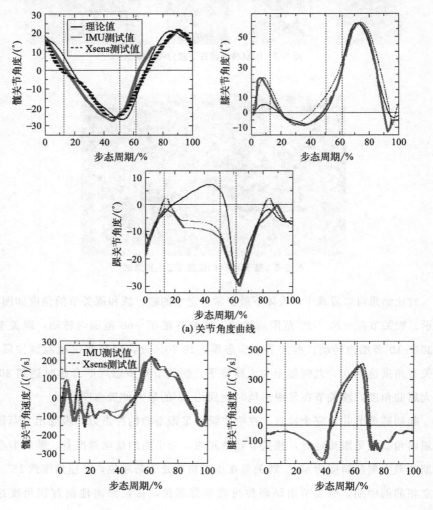

(a) 关节角度曲线

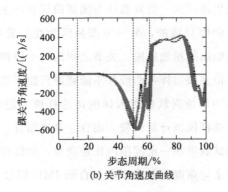

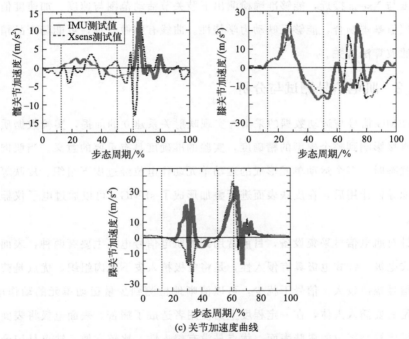

(c) 关节加速度曲线

图 5-9 测试曲线与理论曲线对比图

关节角度的仿真曲线与实际人体行走实测曲线相似,这表明刚体模型和仿真计算合理有效,与下肢肌骨模型的仿真结果差别不大。膝关节处的实验测试值与软件仿真值在前 50% 步态周期内的差距较大,这与实验测试装置安放在膝关节处的位置差异有关。

由于 ADAMS 采用简化刚体模型,不会产生变形与收缩,导致 ADAMS 仿真曲线较为平滑。而 OpenSim 仿真同时考虑了骨骼与肌肉之间的相互作用,模型更加贴近人体下肢生理结构。仿真曲线与测试曲线会产生差异，一方面是简化模型装配误差与关节间隙导致的，另一方面是因为在实验中存在许多不确定因素，例如模型与仿真地面的接触碰撞、关节之间的转动协调等。另外，模型的创建是参照统计数据，仿真采用样条曲线并不能精准反映下肢运动的情况。

使用 ADAMS 动力学仿真软件对人体刚体连杆模型进行分析时，位置姿态等运动学仿真与人体连杆模型计算值较为吻合。总体而言，仿真模型能够反映人体正常行走过程，测试数据在一定范围内比较吻合，曲线整体趋势相似。

综上所述，角速度与角度值匹配准确，自研 IMU 惯性传感器测试精度和响应速度与 Xsens 接近，能够准确检测出下肢关节活动范围与速度。加速度值的趋势与幅值基本吻合，能够反映动力学特性。曲线有细微差别，可能与产品精度与核心滤波算法有关。

5.4.2 肌电信号测试与分析

sEMG 信号与运动数据的采集为实现映射关系建立的前提，实验数据质量的优劣直接影响到整个模型的精确度，实验的准确度具有重要的意义。当肌肉处于兴奋状态时，多个运动单元形成的运动单元动作电位经过皮下组织、皮肤等组成的容积导体作用后，在皮肤表面进行叠加形成了 sEMG，可以通过电子仪器进行拾取。

针对肌电信号采集设备，目前常用到的肌电信号电极主要有两种：表面电极和针式电极。针式电极具有侵入性，是将电极植入皮下肌肉组织，优点是获得的肌电信号幅值较大，信号干扰少，可以清晰地检测到少量运动单元的动作电位，缺点是需要插入人体，在一定程度上给使用者造成了痛苦。表面电极将表面电极放在需要检测部位的皮肤表面，优点是没有侵入性，比较方便。缺点是记录的信号是很多运动单元肌电信号的综合，不能够提取出单个肌肉纤维的电信号，同时易受干扰，信号比较微弱。

Trigno 系列全无线表面肌电测试系统具有佩戴方便、数据精准、多传感器兼容技术等特点，可以把肌肉收缩产生的电位变化信号以波的形式可视化展示，并提供相应的供科学研究的数据。仪器包括信号接收器以及 16 块肌电传感器。EMGworks Acquisition 数据采集系统是与 Delsys Trgno 肌电测试仪相配套的数据采集系统，可以将肌电信号以波形图可视化展示。

结合本研究的需求完成了设备的选取及实验系统的搭建，设计实验方案对真实的人体数据进行采集，共采集数据 50 组，同时完成肌电信号的去噪与运动学数据的解算工作，为后面的建模提供数据基础。

实验仪器设备：采用 Delsys 公司的 Trigno 系列无线 sEMG 装置，采集处于收缩状态时所发出的肌电信号数据，对下肢肌肉进行肌电信号测试。设备包括信号接收器以及 8 块肌电传感器，如图 5-10 所示。该装备无线同步，重量轻便、体积小巧，单个传感器不足 15g。

 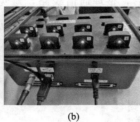 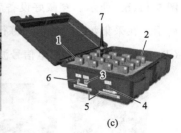

(a)   (b)   (c)

图 5-10   Delsys 表面肌电仪设备及组成结构

1—无线传感器；2—工作基站；3—USB 接口；4—电源；5—模拟输出连接器；6—触发接口；7—天线

实验对象：选择受试者 5 名，健康状况良好，无骨骼肌、神经或其他疾病，无手术史。实验前，确保受试者在 24h 内无任何剧烈运动。受试者每次测试结束后，休息 3~5min。

实验过程及方法：对受试者采集肌电信号时，通过以下原则确定待测肌肉是否合适。电极贴片的放置位置会影响到信号采集的质量、噪声的大小、电极固定的稳定性等，需要按照如下要求进行布置，同时记录每次贴片的准确位置。

① 将两电极沿着肌肉收缩的纵向布置，两电极间距约 2cm。

② 电极尽可能放在肌腹的中间位置，不能将传感器放在肌肉边缘，不然容易受到其他肌肉干扰信号的影响。

③ 传感器不能放在肌腱附近，肌纤维减少，信号较弱，影响信号质量。

④ 参考电极应该放在中性组织上。

⑤ 电极应该放在运动点和肌腱之间，或者两个运动点之间，不要放在肌肉运动点上，肌肉运动点的信号容易受到外界干扰，产生噪声。

膝关节由多块肌肉控制完成关节活动，膝关节的伸展基于股内侧肌、股内侧斜肌、股中间肌、股外侧肌和股直肌，膝关节屈曲基于腓肠肌、半膜肌、股二头肌短头、股二头肌长头和半腱肌。因此，选择股直肌、胫骨前肌、股二头肌、腓肠肌外侧、腓肠肌内侧进行测试分析，评估外骨骼的助力效果，通道 2 作为参考电极，如图 5-11(a) 所示。

皮肤与电极接触时，表面的毛发、角质层和汗液等会影响电极持续稳定的接触效果，产生噪声信号，因此必须进行预处理[2]。用脱毛器去除皮肤表面的毛发，并用 75％的医用酒精擦拭皮肤，随后打磨皮肤表面，去除皮肤角质层。为了防止肌电块松动脱落，使用皮肤膜包裹，电极安装在左侧大腿和小腿上，如图 5-11(b) 所示。穿戴好设备后，整理通信线路，避免行走干涉，如图 5-11(c) 所示。在采集数据之前，训练行走 5min，使受试者适应环境。实验时，如图 5-11(d) 所示，观察表面肌电信号波形及频率。

 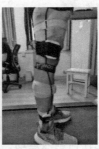  

(a) 待测肌肉　　　(b) 皮肤膜包裹肌电块　　　(c) 受试者背面　　　(d) 受试者测试

图 5-11　人体肌电测试实验

实验分为两组，一组在输入侧下肢粘贴肌电块，对输入侧下肢肌肉进行测试和评估，证明单侧下肢辅助的效果，如图 5-12(a) 所示。二组将肌电块贴于对侧下肢，用于测试和评估行走过程中对侧下肢的肌肉效果，验证外骨骼是否对下肢助力，如图 5-12(b) 所示。

数据处理与评价如下：肌电信号是一种具有强随机性和非平稳性的信号，先通过窗口划分，然后在窗内提取其特征。首先，将原始多通道 sEMG 信号进行分割，选择 100ms 的窗口，每次滑动一个点。其次，对信号采取带通滤波处理，通常选择带通滤波（20～460Hz），带通滤波器的低频截止消除了与运动和汗水有关的基线漂移以及直流偏移。为避免采样信号发生混叠，消除高频噪声[3,4]。目前，巴特沃斯滤波器作为常用的一款滤波器[5]，频谱特性稳定，处理信号响应平顺，跟理想情况更为契合。最后，利用低通滤波器（6Hz）处理信号的线性包

(a) 对输入侧下肢肌肉的测试和评估

(b) 对输出侧下肢肌肉的测试和评估

图 5-12　人体穿戴外骨骼肌电信号测试实验

络，低通滤波信号是在沿信号"滑动"的窗口中取平均值（图 5-13）。

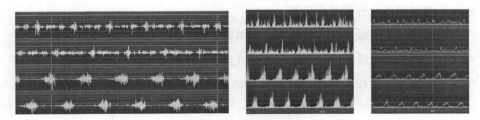

图 5-13　肌电信号处理流程

完成测试后获得下肢待测肌肉的肌电信号，该信号特征并非平稳，并且随机性较强，单个点的数据毫无参考价值。因此，可以使用 LabVIEW 软件来实现 sEMG 信号的特征提取与分析，获得相关特征值。将肌电信号原始数据划分，提取单个步态周期，对数据依次进行带通滤波、去波整流和低通滤波的包络处理后，求得肌肉在一个步态周期内的活跃度变化曲线。最后利用平均绝对值、均方根值、最大值以及肌电积分值等评价指标，对数据进行分析处理。sEMG 处理软件程序前面板如图 5-14 所示。

将采集到的数据导入肌电信号处理分析软件，设定索引数据行列及区域大小。根据采样定律，设定信号采样频率为 1000Hz。再根据数据处理要求，设定滤波器 1 高截止频率为 500Hz，低截止频率为 10Hz，滤波器类型为带通滤波，滤波器 2 截止频率设为 10Hz，类型为低通滤波。根据肌肉选择对应的通道，点

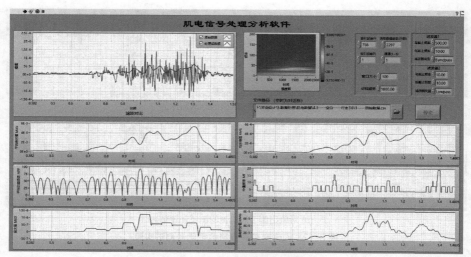

图 5-14　sEMG 处理软件程序前面板

击运行按钮即可进行数据处理。

肌电信号的时域特征与肌肉活跃频率紧密相关，可反映出振幅随时间的变化规律，反映肌肉激活程度、作用时间等信息。时域信号不用进行变换域，可保证实时性。虽对干扰较为敏感，易受肌电幅值抵消影响，但时域信号会有较好的表现。

平均绝对值（MAV）是一种与肌电幅值相关的特征，sEMG 信号是均值为零的非平稳随机信号，求出窗内 sEMG 信号幅值绝对值的平均值，可以反映振幅变化，N 为采集个数，X_i 为第 i 次采集时的信号幅值，公式如下：

$$\mathrm{MAV} = \frac{1}{N}\sum_{i=1}^{n} |X_i|, (i=1,2,\cdots,N-1,N) \tag{5-1}$$

均方根值（RMS）代表肌电信号振幅的集中趋势，反映了一段时间内的肌肉放电平均水平，是放电的有效值，RMS 可以反映出肌电振幅变化，体现肌肉兴奋节律，又取决于肌肉的负荷性因素及肌肉本身的生理生化过程。对肌电信号求取均方根，可以滤掉部分信号噪声，t 为起止时间，T 为时间间隔，公式如下：

$$\mathrm{RMS} = \sqrt{\frac{\int_{t}^{t+T} \mathrm{EMG}^2(t)\,\mathrm{d}t}{T}} \tag{5-2}$$

肌电积分值（iEMG）是指所得肌电信号经整流滤波后，单位时间内曲线下面积的总和，反映肌电信号随时间进行的强弱变化。数值大小一定程度上反映了参加活动运动单位的放电总量[6,7]。肌肉力量与运动单位募集数量密切相关，运动单位募集数量大表明放电多，即肌肉力量大。研究发现肌电信号 iEMG 随肌肉产生张力的增加而增大[8,9]。可根据 iEMG 的分析评估活动肌肉的强弱，公式如下：

$$\mathrm{iEMG} = \int_{t}^{t+T} |\mathrm{EMG}(t)| \, \mathrm{d}t \tag{5-3}$$

与时域分析相比，频域分析频谱波形变化不太明显，比较稳定，特征处理较为复杂。频域分析特征是先把时域信号数据借助快速傅里叶变换进行处理，得到频域信号数据，再分析信号特征。经常选取平均功率频谱、中值频率作为参考。

平均功率频率（MPF）是指过功率谱相关曲线的重心位置处的频率值，大小反应 sEMG 的特征频率[10]，可依据 MPF 较强的灵敏性特点来判断肌肉活跃状态情况。$p(f)$ 为表面肌电信号功率谱值，f_1、f_2 为肌电信号频率范围，公式如下：

$$\mathrm{MPF} = \int_{f_1}^{f_2} f p(f) \, \mathrm{d}f \Big/ \int_{f_1}^{f_2} p(f) \, \mathrm{d}f \tag{5-4}$$

中值频率（MF）是指人体活动时，活跃肌肉放电的频率区域内中间值的大小。由于快、慢肌肉纤维释放产生的电位频率不同，中值频率存在数值大小差异：

$$\mathrm{MF} = \int_{f_1}^{\mathrm{MF}} p(f) \, \mathrm{d}f = \int_{\mathrm{MF}}^{f_2} p(f) \, \mathrm{d}f = \frac{1}{2} \int_{f_1}^{f_2} p(f) \, \mathrm{d}f \tag{5-5}$$

在肌电信号数据处理系统前面板中，为了便于波形分析，将采集到的信号数据文件读取到系统中处理后，呈现滤波处理后的肌电信号波形对比图像，将有用特征值进行提取分析，同时显示特征值波形，观察信号特征值。软件的程序设计如图 5-15 所示。

将肌肉的原始肌电信号数据进行划分，提取单个步态周期，导入分析软件分析，绘制各时域、频域参数曲线，分析单个步态周期内肌电信号数据对应的肌肉活动强度。如图 5-16 所示，测试下肢肌肉的表面肌电信号在支撑期活跃。

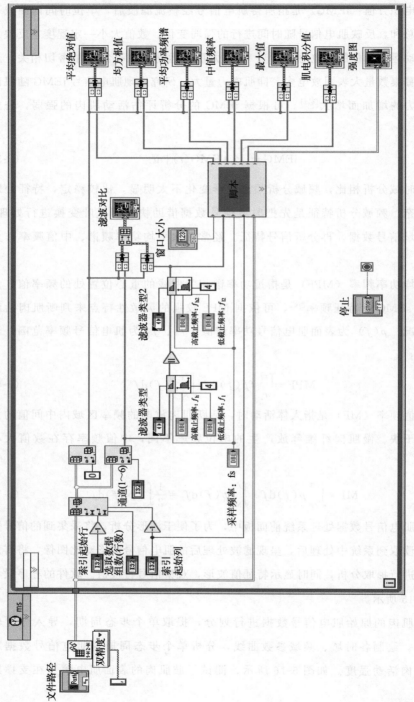

图 5-15 EMG 处理软件程序框图

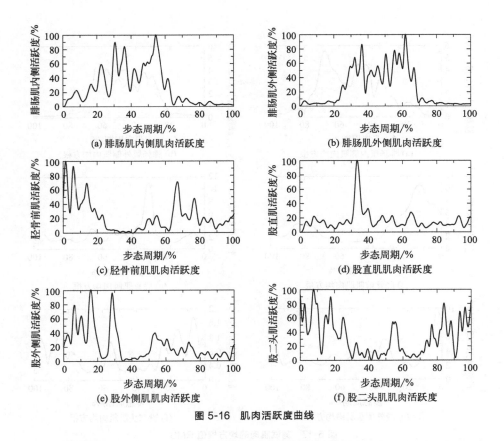

图 5-16 肌肉活跃度曲线

对时域信号进行分析,可以观察到肌肉具有相同的变化规律。肌肉的均方根值如图 5-17 所示,当步态周期终止时,膝关节进行减速,其角速度逐渐减小,股二头肌的活动强度增大。当左脚撞击地面,踝关节蹬地时,人体重心提高,股外侧肌、股内侧肌、腓肠肌与股直肌的活动强度变大,推动人体前进。

当人体处于步态周期的 20% 时,膝关节角度降低到了最小值,当到达步态周期的 30% 时,股外侧肌、股内侧肌与股直肌回落到较低水平。当到达步态周期的 60% 时,左脚脱离地面,进入摆动期,股外侧肌、股内侧肌与股直肌的活动增强,持续推动人体下肢向前挥摆,最终实现蹬腿动作。其中,腓肠肌在足击地那一刻起,活动逐步增强,当到达步态周期的 40% 时,活动达到峰值后开始下降。当到达步态周期的 80% 时,膝关节慢慢缓冲减速,为下一周期做好准备,此时股二头肌活动增强。综上所述,随着步态周期性变化,肌肉活跃强度也会发生相应变化,时域特征参数可以体现出肌电信号的活跃程度。

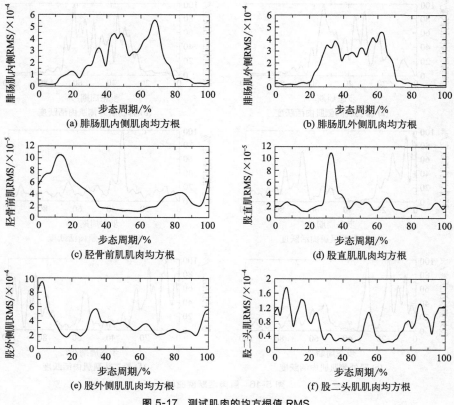

图 5-17 测试肌肉的均方根值 RMS

肌电积分值如图 5-18 所示,可反馈随时间肌电信号的强弱变化,其值的高低表明在人体运动时运动单位放电量以及肌肉活动的肌纤维数目。在行走周期中,腓肠肌内外侧肌肉全程持续高放电,呈现出基本相同活跃变化。胫骨前肌仅步态前期及中期参与运动,在步态前期最为活跃,其余阶段基本处于静息状态。

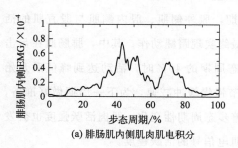
(a) 腓肠肌内侧肌肉肌电积分

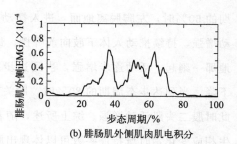
(b) 腓肠肌外侧肌肉肌电积分

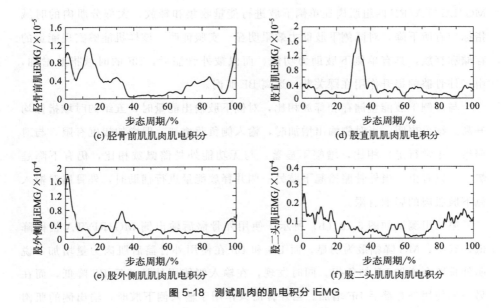

(c) 胫骨前肌肌肉肌电积分 (d) 股直肌肌肉肌电积分

(e) 股外侧肌肌肉肌电积分 (f) 股二头肌肌肉肌电积分

图 5-18 测试肌肉的肌电积分 iEMG

对数据进行处理，以平均数±标准差（$\overline{X} \pm SD$）来表示。采用统计分析软件 Concise statistics 分析，显著性水平 α 设为 0.05，用于评估外骨骼及其对肌肉的影响，如图 5-19 所示。不同肌肉与外骨骼做功对肌电信号均方根的作用显著（$p<0.05$），具有统计学差异。

定义：正常行走组为 M1，穿戴能量收集器（不工作）行走组为 M2，能量收集器作用在单侧下肢组为 M3，能量收集器作用在双侧下肢组为 M4。其中，a 表示与 M1 区有显著差异，b 表示与 M2 区有显著差异，c 表示与 M3 区有显著差异。

通过对比图 5-19 中的振幅发现，同一受试者穿戴外骨骼与正常行走时的振幅有显著差异，且穿戴外骨骼的振幅明显小于正常行走时的振幅。结果表明，使用外骨骼可以减少正常行走时的肌肉负荷，储存在收集器中的能量释放后可以辅助下肢行走。相关研究表明，偏瘫患者健康侧 AEMG 明显大于患侧 AEMG，通过加强对患者患侧的协助，保持健康侧与患侧肌力的平衡，加强患侧下肢肌力训练，有助于促进运动功能的恢复。

第一组测试如图 5-19(a) 所示，能量输入侧下肢的肌电测试结果显示，穿戴无功能外骨骼时，除 LG 和 TA 外，大部分肌电信号略有增加。这是因为外骨骼是身体的外部结构，会导致额外的肌肉代谢，增加行走过程中的能量消耗。

MG/LG/TA/RF 四组肌肉在单侧下肢进行能量收集和释放，大部分肌肉的时域指标均有所下降，对同侧下肢助力效果明显。实验证明，该样机能够实现能量的存储和释放，具有单侧下肢助力功能。而佩戴外骨骼后，BF 的时域指数增加，由于外骨骼的提升作用在踝关节，远离 BF 肌肉。

与单侧下肢能量储存和释放相比，对侧下肢输出能量时，五组的时域指标均升高。结果表明，当对侧输出增加时，输入侧负载增加，但增加幅度有限。与对照组（正常行走）相比，增幅不显著，与无功能外骨骼佩戴相比，仍有下降趋势。可以看出，当外骨骼抬起下肢另一侧并释放能量进行辅助时，外骨骼对输入侧下肢肌肉的影响有限。

第二组测试如图 5-19（b）所示，使用外骨骼后输出侧 MG/RF/TA 指标降低，其中，MG 降幅最为明显。而 LG 和 BF 在使用外骨骼后肌肉力量增加，说明外骨骼会增加 BF 的负担。同时发现，在输入侧使用外骨骼后 BF 降低，而在另一侧使用外骨骼后 BF 增加。当外骨骼只作用于输入侧下肢时，输出侧的肌肉活动也会发生变化。这可能是由于外骨骼辅助输入侧下肢时，下肢的驱动力发生

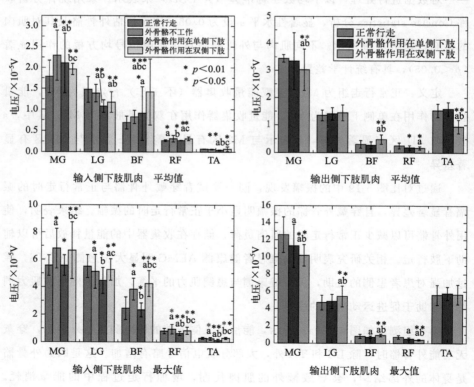

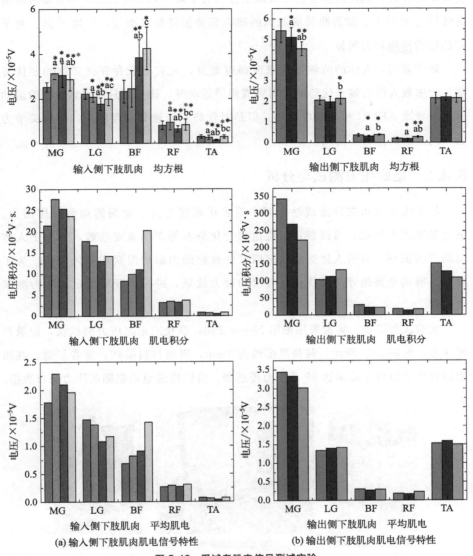

图 5-19 受试者肌电信号测试实验

了变化,两侧下肢的负载重新分配。

肌电测试结果显示,当受试者仅穿戴外骨骼行走,但外骨骼不工作时,除腓肠肌外侧和胫骨前肌外,大部分肌电信号都略有增加。这是因为外骨骼是身体的外部结构,它会导致额外的肌肉代谢做功,并在走路时消耗能量。穿戴外骨骼行走后,腓肠肌内侧、腓肠肌外侧、胫骨前肌、股直肌四组肌肉在单侧下肢进行能量收集和释放，肌肉的肌电信号时域指标均有下降，其中股直肌的均方根值的最高降幅可达 10%。腓肠肌外侧肌肉的肌电积分值降幅最明显，可达 12%，对下肢的影响作用较为明显。

研究表明，人体的两侧下肢肌肉都有差异，左右下肢存在优势侧和非优势侧，大多数人的右腿是优势侧。当完成相同运动时，优势侧只需收集较少的运动单元，导致 AEMG 和 IEMG 较小。但是对优势侧依赖和过度使用，导致关节力量不均，肌肉张力不协调。

5.4.3 足底压力测试与分析

足底压力是指在行走或站立时，足底在垂直方向所受到的地面反作用力。通过足底压力测试，可以获得足底压力变化分布等多项重要参数，可用于人体运动意图识别、分析人体运动状况以及外骨骼助力影响因素和效果评价。为了客观、准确全面地评估和优化外骨骼的助力效果，进一步开展了足底压力测试实验。

实验仪器设备：实验采用德国 Novell Pedar 鞋垫式足底压力测试仪，记录足底压力，如图 5-20 所示。鞋垫厚度约为 2mm，表面材料柔软，穿着舒适。在压力鞋垫内均匀分布着多达 99 个压力传感器，可以准确地采集脚底压力分布数据。

(a) 足底压力测试仪　　(b) 足压测试系统　　(c) 受试者进行测试

图 5-20　Novell Pedar 鞋垫式足底压力实验测试

实验对象：受试者 5 名，健康状况良好，无骨骼肌或其他疾病，无手术史。实验前，确保受试者在 24h 内无任何剧烈运动。受试者每次测试结束后，休息 3~5min。

实验过程及方法：实验分为两组，一组在输入侧足底安装压力测试仪，用于测量和评估输入侧的足底压力，用以证明外骨骼可以达到单侧下肢辅助的效果。

二组在输出侧足底安装压力测试仪,同时仍使用右腿作为输入,用以验证外骨骼具有能量迁移功能,能够对下肢助力。

受试者穿戴同规格纯棉鞋袜、相同规格与款式的运动鞋。将压力鞋垫放入实验用鞋后,紧固传感器与数据线位置。测试前,受试者先在跑步机上稳定行走 5min,当测试人员状态稳定后开始测试,单次测试时长 20s,实验行走测试速度范围为 1~16km/h。为避免肌肉疲劳效应,测试等待时间间隔不少于 5min,经实验人员确定数据有效后,再准备下一组测试,同时在每组实验测试前将实验装置归零校验,从而减少实验测量误差。

数据处理与评价如下:将足底分为三个区域,足长 0%~27% 的后跟区域 H,足长 27%~55% 的中足区域 M,足长 55%~100% 的前掌区域 F(图 5-21)。常见分析参数有接触面积、峰值压强和压强时间积分。在单次测试的有效期内,计算数据平均值,最终获得足底三个区域的参数。

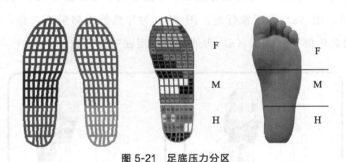

图 5-21 足底压力分区

足是人体重要的器官,也是主要承重部位,在行走过程中起着非常重要的作用:一是适应地面,调整受力状态,保持身体平衡;二是有效支撑重量,调整关节角度和动作时间以减缓地面冲击,避免肢体受伤。对于步态异常或下肢运动障碍的人,长期不规律的行走会增加骨骼和肌肉的负担,足底会产生生理性病变。因此,通过研究足底压力参数,一方面可以诊断或评估许多肌肉骨骼疾病,另一方面可以评估外骨骼的助力效果。通过足部压力测试,可检测到受试者在周期行走内的脚底压力、压力与时间积分、脚底与地面的接触面积、接触时间等数据,进行科学系统的评价。

通过足底压力检测,能揭示出其所承受压力在脚底不同区域内的分布情况。在人体行走过程中,单个步态周期内的足底压力变化如图 5-22 所示。

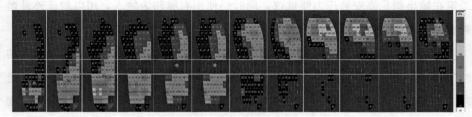

图 5-22　单个步态周期内的足底压力变化

在行走过程中，身体重心会随着人体两侧肢体不断转换而调整，以保持平衡。在行走过程中，足压与时间特征曲线能够充分反映脚底压力状态。第一个峰值发生在脚后跟着地时，受向前冲击惯性带来的影响，单脚施加给地面的力稍大于自身重力。当对侧脚着地时谷值出现，此时身体处于向上加速的状态，足压值略小，身体的重心向对侧发生转移。在脚底用力蹬地推动身体前进时，地面受到的反作用力增加，此时，曲线上的第二个峰值出现，足压值略大于身体重力。如图 5-23 所示，图（a）为正常行走，图（b）为穿戴外骨骼但不工作，图（c）为外骨骼作用在单侧下肢，图（d）为外骨骼作用在对侧下肢。

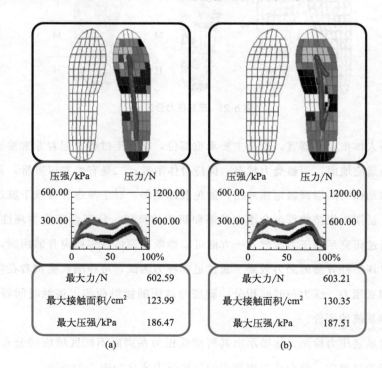

(a)　　　　　　　　　　　(b)

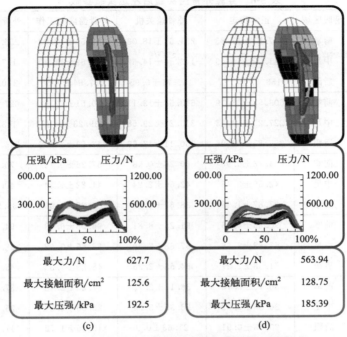

图 5-23 足底压力和时间曲线与足底传感器压力值

足底压力是防止足底局部组织暴露于过度压力和长期压力的指标,压力峰值反映单位面积上的地面反力,表示对脚底的最大作用,描述了力和作用面积的联合作用。如图 5-23 所示,在使用外骨骼行走的过程中,足底的总压力下降。压力与时间的积分(Fti)也称为冲量,描述力在时间上对物体的累积。t 表示起止时间,T 表示时间间隔,公式如下:

$$\mathrm{Fti} = \int_{t}^{t+T} F \mathrm{d}(t) \tag{5-6}$$

压强与时间的积分(Pti)是时间、压力跟受力面积三个参数指标结合。其特征数值越大,就越容易造成脚底疲劳性损伤,其公式如下:

$$\mathrm{Pti} = \int_{t}^{t+T} P \mathrm{d}(t) \tag{5-7}$$

实验完成后,整理实验测试数据,分别统计足底最大压强、足底最大压力、足底接触面积、足底压强时间积分、足底压力时间积分和足底站立时间,如表 5-6 和表 5-7 所示。

表 5-6 穿戴外骨骼实验后左足实验参数

测试变量	足底区域	正常行走	外骨骼关机	外骨骼同侧工作	外骨骼对侧工作
足底最大压强/kPa	前掌	247.51±17.85	251.51±18.03	262.59±18.03	255.47±18.96
	中足	141.52±14.40	143.56±14.62	142.52±11.70	137.24±9.19
	后跟	153.57±7.17	157.71±6.95	137.54±9.68	140.18±8.63
足底最大压力/N	前掌	603.58±13.19	613.58±13.11	630.51±22.64	627.81±11.71
	中足	227.23±31.13	219.21±29.58	139.23±8.86	143.99±3.93
	后跟	357.81±13.96	360.11±13.59	343.53±25.06	315.71±24.65
足底接触面积/cm^2	前掌	64.26±0.96	60.26±0.98	67.26±0.74	70.26±0.74
	中足	42.59±3.45	42.59±2.24	41.82±1.34	40.06±0.36
	后跟	37.67±1.28	38.67±2.73	36.67±1.99	35.67±1.278
足底压强时间积分/kPa·s	前掌	90.25±6.96	91.25±6.81	96.08±6.19	94.75±8.19
	中足	65.88±7.56	67.88±7.59	68.65±5.92	68.65±6.34
	后跟	51.58±2.27	54.58±2.25	48.88±4.32	46.53±4.10
足底压力时间积分/N·s	前掌	36.10±2.78	36.11±2.72	37.23±2.48	37.10±3.28
	中足	26.35±3.02	26.35±3.04	25.06±2.37	25.46±2.54
	后跟	20.63±0.91	21.63±0.9	16.35±1.72	17.61±1.64
足底站立时间/s	前掌	0.76±0.03	0.77±0.02	0.85±0.03	0.88±0.04
	中足	0.76±0.02	0.77±0.02	0.82±0.03	0.81±0.03
	后跟	0.76±0.02	0.75±0.02	0.74±0.03	0.72±0.04

表 5-7 穿戴外骨骼实验后右足实验参数

测试变量	足底区域	正常行走	外骨骼关机	外骨骼同侧工作	外骨骼对侧工作
足底最大压强/kPa	前掌	245.23±14.73	247.23±28.10	250.45±19.66	267.52±28.39
	中足	140.51±9.57	150.13±10.13	142.35±9.33	137.45±13.55
	后跟	165.31±8.25	187.54±10.27	157.55±9.55	135.32±9.36
足底最大压力/N	前掌	628.66±23.85	619.62±25.38	639.23±23.57	647.64±17.03
	中足	207.86±40.29	211.35±39.65	281.29±18.22	293.21±26.04
	后跟	350.63±22.82	354.14±29.51	353.91±22.16	331.24±23.31
接触面积/cm^2	前掌	63.26±0.3	65.26±0.67	70.26±1.37	62.26±2.48
	中足	42.59±8.59	42.14±7.15	42.14±1.85	41.14±3.25
	后跟	38.67±1.39	37.67±0.32	38.67±1.31	34.67±0.42
压强时间积分/kPa·s	前掌	88.20±7.71	90.53±10.34	91.33±7.95	94.93±9.28
	中足	66.78±6.6	69.63±9.01	68.48±7.51	67.28±8.07
	后跟	56.05±2.91	56.68±4.46	55.85±3.41	47.25±4.04

续表

测试变量	足底区域	正常行走	外骨骼关机	外骨骼同侧工作	外骨骼对侧工作
压力时间积分 /N·s	前掌	36.08±3.09	37.01±4.14	35.72±3.18	38.97±3.71
	中足	26.51±2.64	27.97±3.62	23.14±3.01	25.91±3.23
	后跟	21.42±1.16	24.67±1.78	25.14±1.37	18.78±1.62
站立时间 /s	前掌	0.79±0.02	0.77±0.04	0.81±0.03	0.85±0.03
	中足	0.76±0.01	0.80±0.03	0.78±0.02	0.77±0.02
	后跟	0.79±0.02	0.78±0.04	0.77±0.03	0.71±0.03

从足底数据分析发现，外骨骼行走后足部冲量增大，表明使用外骨骼可以主动增加关节缓冲，减少足部损伤。穿着外骨骼时，受试者鞋底的 Pti 略高于正常行走时。这说明在外骨骼的帮助下，通过下肢的能量转移可以降低 Pti，从而降低运动过程中过高峰值压力对足底的持续影响。另外，测试发现，机械支撑不能瞬间完成，导致支撑时间增加。然而，当外骨骼作用于对侧下肢时，对侧下肢的能量输出，增加对侧下肢的提升效果，减少足底支撑时间。将实验数据整理为柱状图，评价外骨骼对于足底参数的影响程度，绘制百分比柱状图，用来直观描述足底不同区域的变化程度，如图 5-24 所示。

就足底压强而言，由图 5-24(a) 分析可得，在脚前掌区域，双侧下肢足底压强均有小幅度增加。其中，在输出侧下肢足前掌区域增幅达 9%，前掌的足底压强增大，是由于脚尖蹬地，推动肢体所导致。并且克服外骨骼内的弹簧阻力做功，需要额外增加身体能量消耗，因此前掌蹬地作用更加明显。由此表明，当外骨骼输出助力时，向上提拉足跟，前掌区域承受大部分人体载荷，导致压强升高，这样利于脚尖蹬地前行。在脚中足区域，受试者双侧足底压强升高，其中对侧升幅明显，可达 7%。而双侧足底压强在外骨骼对侧助力时，均有 2%~3% 的小幅下降。这是由于外骨骼对足跟处提拉助力，导致足中区域悬空区域增加，压强下降。在足后跟区域，双侧足后跟处足底压强均有明显降幅，同侧下肢降幅 9%，对侧高达 18%。由此表明，外骨骼对于双侧下肢均有提拉效果。

就足底压力特征而言，而影响足底力的主要因素是载荷。由于外骨骼的重量，下肢的负荷增加。负荷越大，足底压力越高。然而，外骨骼重量轻，效果有限。使用外骨骼后，足底压力与正常行走时几乎相同。

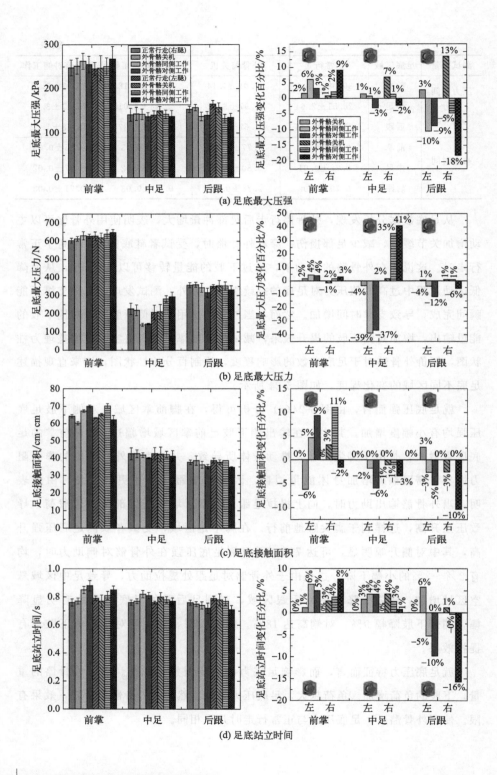

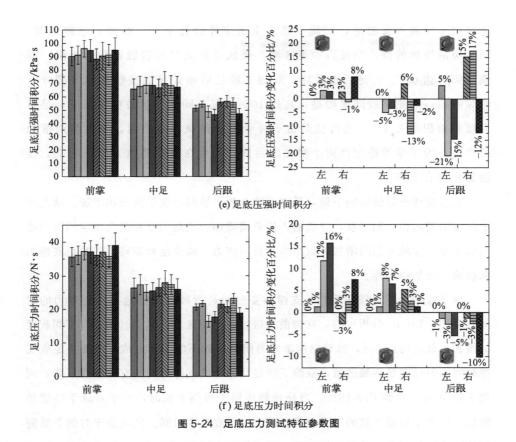

图 5-24 足底压力测试特征参数图

峰值压力反映了单位面积反力对脚底的影响,描述了力与受力面积的综合作用。由图 5-24(b) 分析可得,在脚前掌区域,有小幅度增加,变化范围不大。但在脚中足区域,受试者双侧的足底压力变化明显,其中同侧降幅明显,可达近40%,而对侧升幅明显,也高达41%。由此表明,足中区域虽然并非主要承载区域,但是连接着前掌与后跟之间,相当于杠杆中心的支点,两侧的压力细微的变化,均会在足中区域有明显的表达。在足后跟区域,双侧下肢足后跟处足底压力均有明显降幅,同侧下肢降幅明显,高达 12%,对侧高达 6%。由此表明,由于传动路线较短,作用更加迅速,外骨骼对于同侧下肢足后跟的提拉效果更加敏感。

就足底接触面积特征而言,足底接触面积是指鞋底指定区域与地面之间的接触面积。由图 5-24(c) 分析可得,在脚前掌区域,接触面积增加,最高可达 11%,而在关机状态下,在同侧下肢的足底接触面积会有 6% 的降低,这是由于穿戴外骨骼后，同侧下肢还未适应外骨骼工作，在脚前掌蹬地时，脚尖应激性地前倾；但在脚中足区域，受试者双侧足底接触面积均下降，同侧降幅可达 6%。在足后跟区域，双侧下肢足后跟处足底接触面积大部分有明显降幅，对侧下肢降幅明显，高达 10%。仅有同侧下肢关机状态下，足后跟接触面积增大 3%，这可能是由于外骨骼的弹簧提拉作用，导致脚跟落地站立时，为了维持稳定性而小幅度地后倾。其余在外骨骼拉力的作用下，接触面积均有下降。

实验发现外骨骼辅助下肢，受试者输入侧下肢的足底接触面积增加。这是由于外骨骼辅助相对侧下肢，导致输入侧负荷增加。它是关节和肌肉相应调整和适应的结果。接触面积的增加可以减少指骨的应力，减少运动障碍患者的足底撞击和碰撞，增加稳定性。

就足底站立时间特征而言，支撑站姿时间是指鞋底接触地面承受重力的时间。由图 5-24(d) 分析可得，在脚前掌区域、足中区域，站立时间均有不同程度的增加，最高可达 8%，弹簧储能单元的能量释放不能瞬间完成，增加了足底支撑时间，但是在足后跟区域，双侧下肢足后跟处的支撑时间均有大幅度下降，同侧下降 10%，对侧下降 16%。当外骨骼作用于对侧下肢时，由于对侧下肢能量输出，增加了对侧下肢的提升效果，减少了足底支撑时间。这是由于对侧下肢需要跨肢体能量迁移，传动路线较长，而人体行走周期以及行走习惯已确定，拉簧拉力作用时间较长而导致对侧站立时间缩短，降幅更大。

就足底压强时间积分特征而言，由图 5-24(e) 分析可得，在脚前掌区域均有增加，而在足中区域下降，其中最大降幅高达 13%。在足后跟区域，虽然输入侧下肢压强时间积分略有增加，但在对侧下肢处均有降幅，最高可达 21%。这说明在外骨骼的帮助下，通过下肢的能量转移可以降低压强时间积分，减少过度峰值压力对足底的影响。

就足底压力时间积分特征而言，由图 5-24(f) 分析可得，在脚前掌区域和足中区域，底压力与时间积分均有不同程度的增加，这是由于使用外骨骼后，人体会主动增加关节缓冲，造成足底冲量增加，最高可达 16%。在足后跟区域，压力时间积分下降，这是由于足跟处的接触时间缩短而导致的积分值降低。

5.5　本章小结

本章对于外骨骼的性能评价建立了多角度的评价体系。系统全面地验证原理样机结构设计及其人机交互检测和控制方法的合理性,并对外骨骼的实际助力效果进行综合评价,本章分别进行了物理测试与人体穿戴测试,逐层进行实验验证。本章的主要研究结论如下:

① 验证机械传动系统,建立外骨骼实验测试系统,选用两种不同材料制成的四组卷簧,对外骨骼传动系统进行物理测试,获得不同卷簧下的外骨骼辅助拉力,并与传动系统动力学仿真结果进行对比分析。结果表明,系统可以获得7N的输出力。

② 分别选取不同长度、不同厚度、不同宽度、不同材料刚度的4种卷簧进行测试,验证卷簧参数对于储能效果的影响。测量结果表明,卷簧在3圈内转动时,实验数据偏差不大,转矩与角度均能保持一定的线性关系。理论刚度与实验测试刚度的最小偏差为4%,最大偏差为25%。

③ 开展人体穿戴实验测试进行性能评估。通过人体穿戴外骨骼进行行走实验,开展了位置姿态测试,根据 Xsens DOT 和自研 IMU 惯性传感器采集的数据以及仿真曲线对比,结果表明,髋关节测试值和理论值的角度曲线吻合度最高,高达92%。膝关节角度和踝关节角度曲线存在一定的误差,吻合度也在84%以上。加速度值的趋势与幅值基本吻合,能够反映动力学特性。

④ 进行肌电信号测试,从下肢主要肌肉活性的角度评价外骨骼的助力效果。结果表明,穿戴外骨骼行走后,腓肠肌内侧、腓肠肌外侧、胫骨前肌、股直肌四组肌肉在单侧下肢进行能量收集和释放,肌肉的肌电信号时域指标均有下降,其中股直肌的均方根值的最高降幅可达10%。腓肠肌外侧肌肉的肌电积分值降幅最明显,可达12%,对下肢的影响作用较为明显。表明使用外骨骼可以减少正常行走时的肌肉负荷。

⑤ 开展足底压力测试,通过足底信号评价外骨骼助力。实验发现,足底压强在脚前掌区域,输出侧下肢足前掌区域增幅达9%。在脚中足区域,双侧足底压强升高,其中对侧升幅达7%。在外骨骼对侧助力时,双侧均有2%~3%的小幅下降。在足后跟区域,同侧下肢降幅9%,对侧高达18%。就足底压力在脚前

掌区域，变化范围不大，在脚中足区域，同侧降幅可达近40%，在足后跟区域，双侧下肢足后跟处均有高达12%的明显降幅。足底接触面积在脚前掌区域，最高增加11%，而在关机状态下，在同侧下肢会有6%的降低，在脚中足区域，双侧均下降可达6%，在足后跟区域，双侧有高达10%的明显降幅。足底站立时间在脚前掌区域、足中区域，站立时间均有不同程度的增加，最高可达8%，但是在足后跟区域均有大幅度下降，同侧下降10%，对侧下降16%。足底压强时间积分在脚前掌区域均有增加，而在足中区域下降，其中最大降幅高达13%。在足后跟区域，有最高可达21%的降幅。在脚前掌区域和足中区域，足底压力时间积分均有不同程度的增加，最高可达16%，在足后跟区域，压力时间积分下降。

参考文献

[1] 周欣,刘更,韩冰,等.人体下肢关节运动仿真与实验测试研究[J].机械传动，2022，46（09）：152-158.

[2] 周欣,刘更,汤运启,等.人体下肢能量收集与行走助力外骨骼分析与评价[J].西北工业大学学报，2022，40（01）：95-102.

[3] Han J D, Ding Q C, Xiong A B, et al. A state-space EMG model for the estimation of continuous joint movements [J].IEEE Transactions on Industrial Electronics, 2015, 62（7）：4267-4275.

[4] Dustin C L, Huang H. Musculoskeletal model predicts multi-joint wrist and hand movement from limited EMG control signals [J].Milan, Italy, 2015 37th Annual International Conference of the IEEE Engineering in Medicine and Biology Society, August 25-29, 2015：1132-1135.

[5] Shiavi R, Frigo C, Pedotti A. Electromyographic signals during gait：criteria for envelope filtering and number of strides [J].Medical and Biological Engineering and Computing, 1998, 36（2）：171-178.

[6] Crenshaw A G, Karlsson S,Gerdle B, et al. Differential responses in intramuscular pressure and EMG fatigue indicators during low- vs. high-level isometric contractions to fatigue [J].Acta Physiologica Scandinavica, 1997, 160（4）：353-361.

[7] Claes K L, Kurt J. Changes in conduction velocity, median frequency, and root mean square-amplitude of the electromyogram during 25% maximal voluntary contraction of the triceps brachii muscle, to limit of endurance [J].Danish Acoustical Institute; August Krogh Institute, University of Copenhagen; Department of Machinery Noise and Vibration, Danish Acoustical Institute, 1991, 63（1）：60-69.

[8] Håkkinen K, Paavo V K. Effects of fatigue and recovery on electromyographic and iso-

metric force-and relaxation-time characteristics of human skeletal muscle [J].Department of Biology of Physical Activity, University ofJyvÄskylÄ, 1986, 55 (6): 1-12.

[9] Brown J M,Gilleard W. Transition from slow to ballistic movement: development of triphasic electromyogram patterns [J].European Journal of Applied Physiology and Occupational Physiology, 1991, 63 (5): 381-386.

[10] 张肃, 郭峰, 王念辉. 等动屈伸运动诱发下肢膝关节肌肉疲劳过程中表面肌电信号的特征分析 [J].吉林大学学报(医学版), 2014, 40 (06): 1241-1246.

第 6 章
总结与展望

6.1 研究工作总结

伴随着人口数量的增长，社会人口老龄化程度日益加重，身体机能下降，运动能力减弱。另外，由于疾病和意外事故导致的肢体残疾患者与日俱增，造成下肢不同程度的运动障碍，影响正常生活。本书以患者运动需求为中心，以人机共融为核心，立足于人体自身能量的转化，提出人体下肢能量收集与跨肢体能量迁移方法。

本书围绕运动康复医学基础上探索"健侧助患侧"的人机互协作方案，提供一种实现能量跨肢体迁移的方法，并进行了相关的系统设计和实验评估研究，目的在于解决运动障碍患者辅助行走，在人体运动的过程中实现功能增强或者功能代偿，实现运动辅助和逐渐促进机体功能恢复。本书取得了一些成果，为人体能量转化与迁移的研究提供了一定的理论与技术支撑，向临床应用迈出了探索性的一步。本书的主要研究工作和结论如下：

① 分析了人体能量代谢机理与能量转换途径，确定了人体下肢能量收集方法。提出创新具有特色的跨肢体能量迁移模型，实现能量在"时空"领域的迁移。

对人体能量流动与肌肉做功进行分析，结果表明，肌肉的总能量消耗等于肌肉对外做功与肌肉产热能量之和，降低肌力可以降低肌肉的耗能功率；同时发现，人体能量收集器的核心思想是要降低肌肉的肌力，降低能量消耗，提高运动效率。对人体能量流动理论发现，在能量流中加入弹性储能元件，可以实现机械能采集、存储和迁移；对人体下肢关节进行分析，结果表明，下肢髋、膝和踝关节在运动周期内的正功和负功是相互交替变化的。膝关节吸收大量负功，踝关节在步态周期前50%做负功，但是对正功的需求量最大。髋关节正负功交替最频繁，并且可收集负功最少，由此可得，围绕膝关节与踝关节进行设计，可利用价值较高；通过分析下肢运动障碍患者的病因，结合现代康复医学理论，提出了"设计共融""任务共融"和"智能共融"的设计指导思想。

② 基于人体下肢运动特点与生理结构，对下肢关节位置姿态以及能量转换进行了分析研究，建立了下肢生物力学模型与人机耦合力学模型。

分析髋、膝、踝关节生理结构以及运动特点，发现人体的行走过程具有相似的空间特征和时间特征，左右腿之间交替。满足能量进行时间与空间维度的迁移；建立下肢外骨骼的刚体连杆模型，对下肢运动学与动力学进行分析，求解获得人体下肢位置姿态、关节力矩。结果表明，髋关节最大屈曲角 $20°$，最大伸展角 $25°$。最大屈曲力矩为 $0.6N·m/kg$，最大伸展力矩为 $1N·m/kg$，内旋外旋力矩为 $0.1N·m/kg$。膝关节最大屈曲角为 $60°$，内收角为 $25°$，外旋角为 $50°$。膝关节最大屈曲力矩为 $0.4N·m/kg$，最大伸展力矩约为 $0.3N·m/kg$。踝关节最大趾屈角为 $28°$，背屈角为 $8°$。将人体简化为骨骼与肌肉模型，使用 OpenSim 进行仿真分析，结果显示，髋关节力矩为 $1.5N·m/kg$，膝关节力矩最大为 $0.7N·m/kg$，踝关节力矩大值为 $1.2N·m/kg$。将人体简化为刚体模型，使用 ADAMS 进行动力学仿真，结果表明，AKISPL 函数生成的图像波动性小，曲线平滑。髋关节的转动范围是 $-15°\sim25°$，膝关节的转动范围是 $0°\sim60°$，踝关节的转动范围是 $-15°\sim10°$。仿真发现，左右腿的位移变化彼此差别为 $1/2$ 个周期。步高为 $0.11m$，步长为 $0.75m$，与实验结果近似。基于肌小节中分子马达的微观工作机理，建立骨骼肌生物力学模型，计算骨骼肌的主动收缩力。简化的膝关节运动模型为受一组拮抗肌——股直肌（RF）和股二头肌（BF）驱动。公式表明，交互力是一个关于人体-外骨骼角度差、系统角度和角速度的高度非线性化的方程。

③ 提出了下肢跨肢体能量迁移的具体方法，将膝关节在行走的过程中由关节产生的负功进行收集和能量迁移，辅助下肢行走。

采用多级卷簧驱动方案，高效利用 0.1m 左右的绳长变化，采用两级卷簧并联设计。利用人体步高周期性变化特点，卷簧刚度可调，结构紧凑。弹簧模拟人体肌肉和肌腱配合可以储存、释放、传导形变势能，将人体运动过程中的能量循环利用。基于"健侧教患侧"的设计理念，针对能量管理不同方式，设计了两种不同版本的外骨骼装置。一种是利用锁紧机构实现能量管理，主要包括摩擦锁紧与齿条锁紧。另一种是利用离合器参与能量管理，实现能量保持与释放的切换。分别加工研制了 6 款样机，进行综合对比分析。对不同功能、不同版本的传动装置进行结构优化，降低重量，减少整体尺寸，传动系统重量小于 200g。使用 EinScanPro 2X 专业手持式三维扫描仪进行人体腿部表面三维数据采集，设计穿戴夹具。采用 3D 打印技术对夹具进行加工。建立人机交互感知与决策系统进行人机交互感知系统，结合人机交互模型，提出生机一体协调运动系统的控制目标及方向。采用人体姿态检测，对人机交互模型进行精确控制。

④ 对人体跨肢体能量迁移方案的特性进行了研究，包括储能元件卷簧的力学建模以及仿真分析、传动系统的力学建模与分析、人机耦合系统建模与仿真分析。

对卷簧进行力学分析，获得卷簧应力方程与储能函数，确定影响储能的因素依次是卷簧截面厚度、卷簧截面宽度、卷簧工作长度、弹性模量。卷簧存储能量和储能函数与弹性模量以及惯性矩成正比。对卷簧进行仿真分析，越靠近卷簧芯轴，切应力越集中。弯曲拉应力的最大值发生在形心轴的下侧；对传动系统建模分析，采用绳传动，分析表明，套索传动力与套索的曲线全曲率 $\rho(s)$、套索间的摩擦因数 μ_i、绳索等效弹性系数 k_L 有关，而和传动速度 $\dot{s}$ 大小无关；建立人机振动力学模型，结果表明，绳传动的输出力 F 与缠线盒转动角度 θ 之间存在复杂函数关系，通过改变安装位置与弹簧刚度 k，会明显改变两侧助力效果；ADAMS 多体动力学仿真软件，分别选用四种不同参数的卷簧，对其进行仿真，结果表明，传动路线合理，实现设计预期功能。改变弹簧刚度，可以改变外骨骼输出力的大小，可以对外输出 7N 作用的辅助拉力；对人机耦合模型进行仿真分析，改变卷簧不同刚度，能量收集器固定位置不同，均会获得不同程度拉力。结果表明，外骨骼可以获得 0~30N 的辅助拉力，安装位置越靠近髋关节，绳长变化范围越大，获得辅助拉力越大。卷簧刚度越大，输出拉力也越大。

⑤ 对人体能量收集与迁移系统进行了测试，开展基于人机功效的人体穿戴

实验和功能评价。

搭建实验台对样机传动系统进行物理测试，结果表明，机械传动系统合理有效，外骨骼可以为对侧下肢提供拉力。完成了结构设计和样机加工实验，并采用两种不同材料的弹簧对样机进行了测试。结果表明，外骨骼为对侧腿提供了近 $7 \sim 15N$ 的辅助力；选取 4 种卷簧进行测试，结果表明，实验数据偏差不大，卷簧在 3 圈内转动时，转矩与角度均能保持一定的线性关系。理论刚度与实验测试刚度的最小偏差为 4%，最大偏差为 25%；开展人体穿戴实验测试，通过测量位置姿态，结果表明，髋关节测试值和理论值的角度曲线吻合度最高，高达 92%。膝关节角度和踝关节角度曲线存在一定的误差，吻合度也在 84% 以上。加速度值的趋势与幅值基本吻合，能够反映动力学特性；肌电信号测试结果表明，肌肉的肌电信号时域指标均有下降，其中股直肌的均方根值，最高降幅可达 10%。腓肠肌外侧肌肉的肌电积分值降幅最明显，可达 12%，对下肢的影响作用较为明显。足底压力测试结果表明，足底压强在脚前掌区域，在输出侧下肢足前掌区域增幅达 9%，在足后跟区域，同侧下肢降幅 9%，对侧高达 18%。足底压力在足后跟区域，双侧下肢足后跟处均有高达 12% 的明显降幅。足底压强时间积分在脚前掌区域均有增加，在足后跟区域最高可达 21%，在脚前掌区域和足中区域，足底压力与时间积分均有不同程度的增加，最高可达 16%，在足后跟区域，压力时间积分下降。

6.2 本书创新点

① 根据人体能量转换途径，提出了人体跨肢体能量迁移方案。

人体新陈代谢过程中会产生代谢能，机械能内部的动能和势能之间也在不断进行转化。根据人体能量代谢分析，建立人体能量流动系统，阐述了在外骨骼能量存储单元的参与下，能量流动循环的新途径。可以降低行走的代谢成本，将人体运动过程中的能量循环利用，提高人体行走效率。人体能量迁移方法研究揭示了人体下肢的能量迁移的主要途径分别为单关节能量利用、跨关节能量互助、跨肢体能量迁移。

② 依据人体下肢生物力学，分析人机交互机理，建立了膝关节人机耦合交互模型。

简化膝关节模型，引入弹性储能单元，建立了下肢生物力学模型与人机耦合力学模型，进行人体下肢力学分析。考虑人机系统交互作用力，建立人机系统动力学模型，对人机系统动力学进行分析。通过人体步态实验以及人体运动仿真验证了模型的准确性与实用性，为外骨骼的设计以及参数的选取优化奠定理论基础。

③ 提出基于人体下肢膝关节做功的能量收集与跨肢体能量迁移方法。

采用多级卷簧并联驱动的运动学异构设计方案，利用两级平面蜗卷弹簧进行储能，对人体下肢膝关节负功的能量进行收集，利用人体步高周期性变化特点，卷簧刚度可调，结构紧凑，并且能够适应人体大多数运动，实现对侧下肢的能量迁移，获得助力效果。

6.3 现有研究的不足与展望

本书针对人体下肢能量收集与迁移方法进行系统研究，为下肢运动障碍患者辅助行走提供了一种解决方案，达到了预期的功能，取得了一定的研究成果和进展。但由于作者水平有限、研究时间和条件受限，本书仍有以下几个方面的工作尚待深入研究：

① 实验验证了外骨骼助具有助力效果，但对于不同类型和程度的下肢疾病患者，以及不同年龄、性别与不同体重指标的人群的测试和评估，还需要大量的后续实验进行更全面、更科学的评价。此外，康复建议阈值可能会因足部位置、组织状态、压力测量技术而有所不同，这需要在未来进行更深入细致的研究。

② 机械系统和肌肉骨骼系统之间的耦合需要进一步地分析和评估。此外，外骨骼带来的额外重量和运动约束也不容忽视。除了人体的差异外，跑步机与地面行走的差异可能会干扰正常行走的运动学和动力学，影响足底压力的测量。

③ 虽然外骨骼对足底有一定的影响，但长时间穿戴外骨骼行走是否会影响人体下肢的生物力学、关节间的摩擦磨损以及肌肉的疲劳，需要新技术、多学科平台支持和人体生理综合评价。同时，优化传动结构，增加人体的可穿戴性也很重要。

6.4 未来可能的研究方向

在今后的工作中，机械和控制系统将得到改进和优化。这将有助于更精确地控制能量的释放。同时对机械结构进行优化，使其更轻、更小，减少人体额外的能量消耗。并根据运动障碍患者的临床表现，以及下肢运动的恢复情况，通过调整机械机制来适应，最终目的是帮助轻度运动障碍患者的下肢功能逐渐恢复，最终实现自主运动。通过人体关节的弯曲或摆动进行机械能存储时，重点提高功率密度、降低能量收集器体积、减轻整机质量。由于人体行走频率高，使用周期长，零件的疲劳应力增大，新型材料的使用应该在满足功能的前提下，尽可能地提高材料力学性能。

然而，外骨骼辅助效果和佩戴体验存在个体差异。下一步将充分考虑人体的差异性进行参数化设计。另外，能量收集装置需要长时间穿戴，与人体运动协调配合。继续开展人体穿戴结构的深层次优化设计，系统科学地解决散热性、舒适性以及肌肉的疲劳性。

不可否认，能量收集装置的控制单元依然需要额外电源参与人体能量循环，限制了装备的续航能力，导致系统将消耗更多的能量。下一步应该将现有技术整合，通过人体生物能量收集获取电能，然后用于控制系统以及传感系统的电源需求。

在未来的外骨骼研究与开发中，应充分整合神经控制、人体能量代谢、肌肉骨骼生物力学等跨学科知识。同时，新材料的开发降低了能量代谢，具有更好的耐磨性。为了提高传感器的抗干扰能力以及传感器的灵敏度，方便人体携带，对传感器进行了设计和优化。由于个体差异，外骨骼的设计需要定制化，考虑耐久性、兼容性和人机交互。